D1689392

Verlorene Völker?

Für Mama ✶

Uli und Kathrin

Weihnachten '93

Dieses Buch ist den eingeborenen Frauen und Männern gewidmet, die sterben mußten, um ihr Volk, ihr Land und ihre Lebensweise zu schützen – und den Kindern aller Kulturen. Mögen sie immer um die Traditionen ihrer Vorfahren wissen und in der Lage sein, das Leben ihres Volkes weiterzuführen.

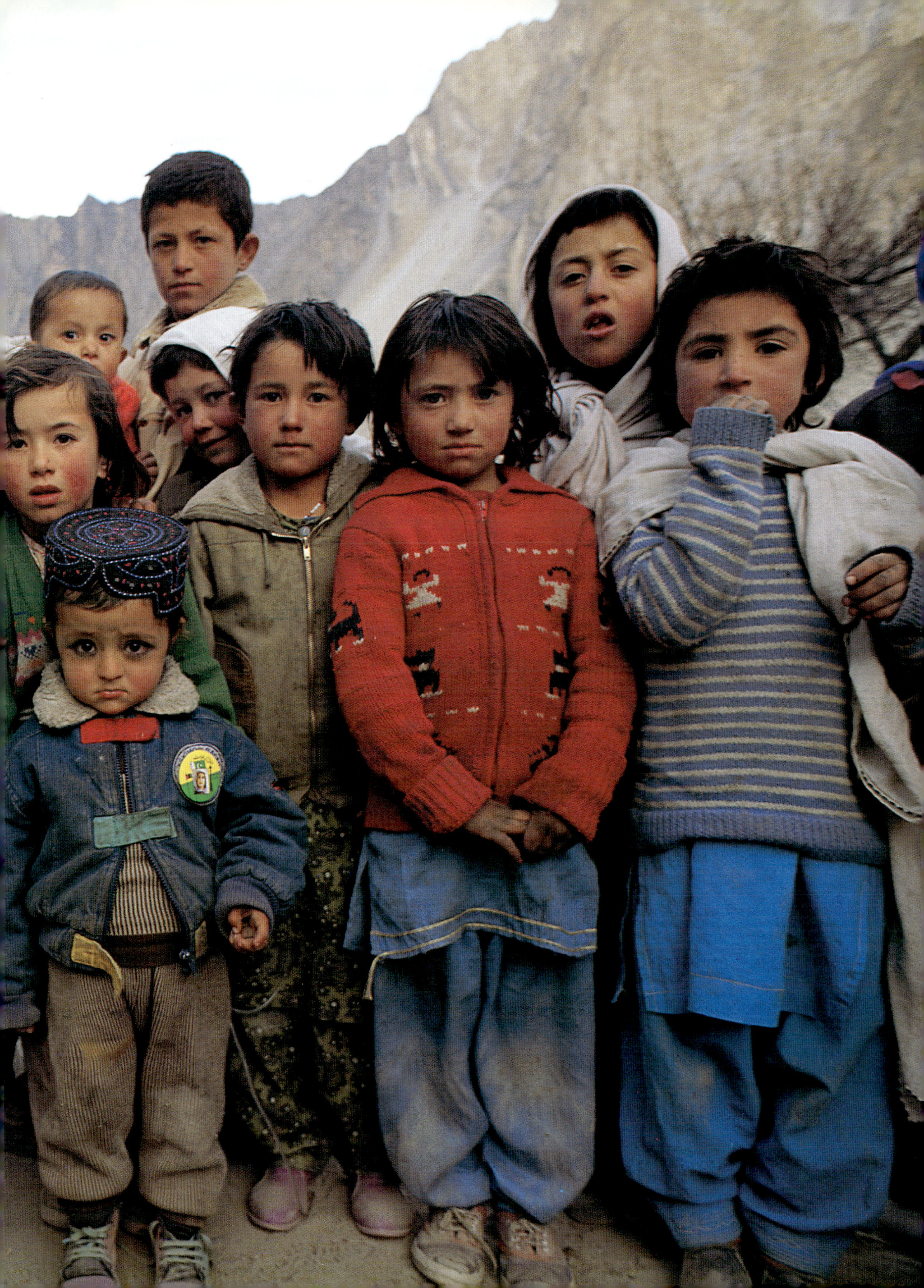

*

Unsere Welt gewinnt ihre Kraft durch das Zusammenspiel der Unterschiede. Leben bedeutet Vielfalt, der Tod macht alles gleich. Wenn wir das Besondere und Einzigartige der menschlichen Kulturen vernichten, verstümmeln wir das Leben und spielen dem Tod in die Hand. Mit jeder Facette unseres Planeten, die wir zerstören, und jeder Kultur, deren Untergang wir zulassen, stirbt ein kleiner Teil von uns selbst.

Octavio Paz

*

VERLORENE VÖLKER?

Art Davidson

Vorwort von Rigoberta Menchú

Fotos von Art Wolfe und John Isaac

Gestaltung von Charles Fuhrman

Aus dem Amerikanischen
von Kamala Kiel und Hasso Rost

vgs

Die Deutsche Bibliothek – CIP-Einheitsaufnahme

Verlorene Völker? / Art Davidson. Vorw. von Rigoberta
Menchú. Fotos von Art Wolfe und John Isaac. Aus dem
Amerikan. von Kamala Kiel und Hasso Rost. – Köln : vgs, 1993
    Einheitssacht. : Endangered Peoples <dt.>
    ISBN 3-8025-1271-5
NE: Davidson, Art; Wolfe, Art; Kiel, Kamala [Übers.]; EST

© 1993 für den Text: Art Davidson
© 1993 für den größten Teil der Fotos: John Isaac und Art Wolfe

Titel der amerikanischen Originalausgabe:
Endangered Peoples
erschienen bei
Sierra Club Books 1993

© der deutschsprachigen Ausgabe:
vgs verlagsgesellschaft, Köln 1993
Alle Rechte vorbehalten

Umschlaggestaltung: Papen Werbeagentur, Köln
(nach der amerikanischen Originalausgabe)
Lektorat: Christoph Schneider, Düsseldorf
Satz: ICS Communikations-Service GmbH, Bergisch Gladbach

Printed in Hongkong

ISBN 3-8025-1271-5

Vorhergehende Seite:
Mutter und Tochter
einer Massai-Familie aus Kenia.

Doppelseite: Eingeborene Kinder
aus dem Hunza-Tal in Pakistan.

INHALT

Vorwort · IX

Einleitung · 1

NORDAMERIKA

Ishis Vermächtnis · 7

Yup'ik · 15

Gwich'in · 25

Cree · 33

Die Indianer Amerikas · 41

LATEINAMERIKA

Mittelamerika · 53

Die Anden · 63

Amazonien · 71

AFRIKA

Tuareg · 83

Massai und Buschmänner · 89

Madagaskar · 97

EUROPA UND ASIEN

Die „Kleinen Völker" Rußlands · 107

Tibet und China · 115

Ainu · 125

Sarawak · 133

Südostasien · 141

PAZIFIK

Die Pazifischen Inseln · 155

Igoroten · 163

Indonesien · 171

Maori · 181

Aborigines · 187

EINE WELT FÜR ALLE

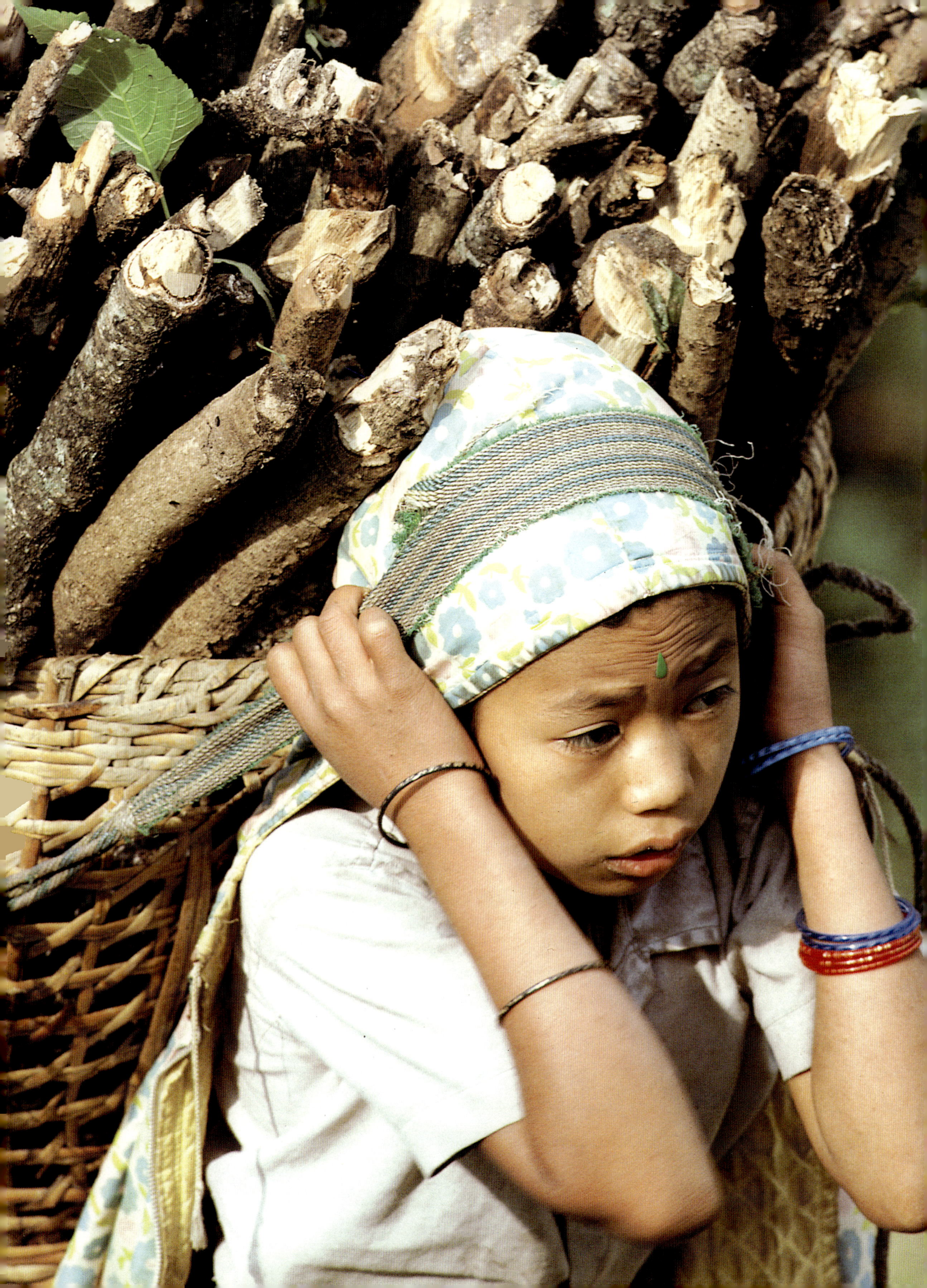

VORWORT

Viele Menschen glaubten die eingeborenen Völker bereits ausgestorben, hinweggefegt vom Wind der Geschichte. Wir erklären aber heute, daß wir allen Verfolgungen und Anfeindungen getrotzt haben und daß wir ihnen auch in Zukunft trotzen werden. Wir rufen der Welt zu: „Es gibt uns noch, und wir leben!"

Zum Antritt des neuen Jahrhunderts gewinnt der Kampf der Ureinwohner um die Anerkennung ihrer Rechte, ihrer Identität und ihrer Sehnsüchte überall neue Verbündete. Die Mächtigen, die ihre Herrschaft über ein Millionenheer von Unterdrückten zu festigen suchen, können diese kämpferischen Stimmen nicht länger zum Schweigen bringen. Nach 500 Jahren des Zurückweichens gibt es Hoffnung für all die, die nie müde wurden, ihre historischen Rechte einzufordern.

Freiheit für Ureinwohner, wo immer sie leben mögen – das ist mein Ziel. Dieses Ziel ist kein Kind der Freude, es wurde in bitterster Not und ohnmächtiger Wut geboren. Es verfestigte sich durch die Armut meines Volkes, die Ausbeutung der Menschen, den quälenden Hunger, den ich als Indianerin beobachten und selbst spüren mußte, und durch die Unterdrücker, die uns unsere heiligen Zeremonien verwehren und unsere Lebensart verachten.

Die tiefgehenden Probleme Guatemalas und überhaupt aller amerikanischen Länder werden wir ohne die vollständige Einbindung der Ureinwohner nicht lösen; ebenso brauchen die Indianer die Unterstützung anderer gesellschaftlicher Gruppen.

Ethnische Pluralität und kulturelle Vielfalt müssen endlich anerkannt werden. Wir verteidigen unsere Wurzeln nicht nur um ihrer selbst willen, sondern weil wir uns wünschen, daß aus ihnen blühendes Leben und reiche Früchte entstehen.

Wir sind nicht länger bereit, mit unseren berechtigten Forderungen nach wirtschaftlicher, sozialer, kultureller, bürgerlicher und politischer Gleichstellung mit substanzlosen Floskeln und lächerlichen Almosen abgespeist zu werden. Wir wollen diese Rechte ohne Einschränkung: lokal, regional und national!

Die Gemeinschaft der Ureinwohner ist kein Überbleibsel aus vergangenen Zeiten, auch keine Legende. Im Gegenteil: Sie sprüht vor Lebenswillen und geht beharrlich ihren Weg in die Zukunft. Sie bietet den Menschen der Welt an, von dem Geist und der Weisheit ihrer Kultur zu lernen.

Rigoberta Menchú

Tibetisches Mädchen mit Feuerholz.

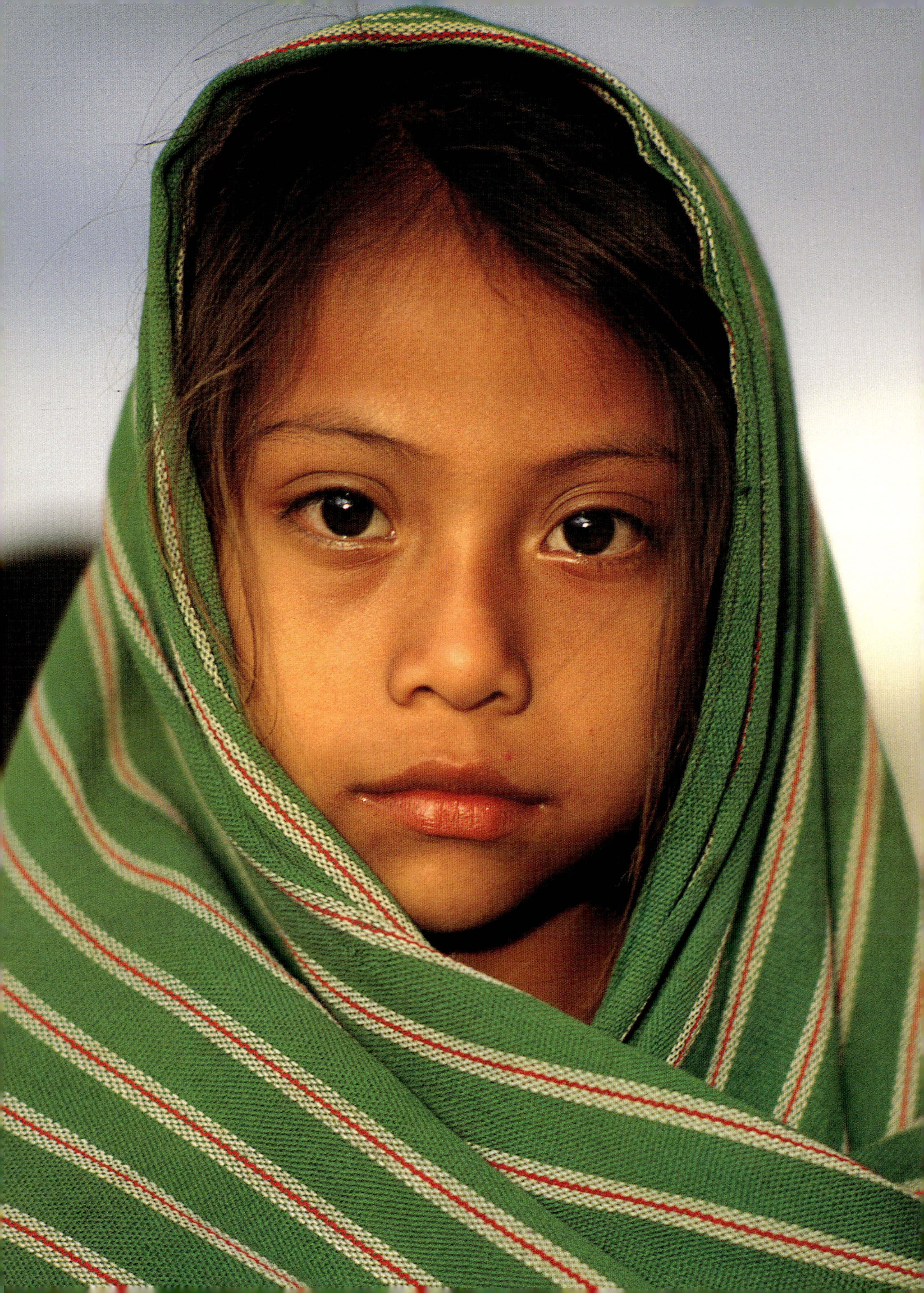

EINLEITUNG

Die Menschen in der Welt werden heute nicht durch Entfernung, sondern durch die Kultur getrennt. Wie eine solche Kluft zwischen den Völkern zu überqueren ist, könnte die Schlüsselfrage unserer Zeit sein.

„Ich bin eine dunkelhäutige, weißhaarige indianische Großmutter und fühle mich mehr und mehr unsichtbar", sagt Patricia Locke, eine Lakota-Indianerin und meine enge Freundin seit beinahe 30 Jahren. „Die Leute schauen an Flughäfen, auf der Straße, im Fleischladen einfach durch mich hindurch. Wenn ich dieses unheimliche Gefühl indianischen Freunden gegenüber erwähne, sagen sie mir, daß es ihnen ebenso ergeht. Ich habe Angst, indianische Kinder danach zu fragen. Ich weiß, diese Unsichtbarkeit muß sie verletzen. Was umwölkt die Sicht der Leute so sehr, daß sie uns nicht sehen können?"

Dieses Gefühl, unsichtbar, unbemerkt und mißverstanden zu sein, das für den Betroffenen so verletzend ist, führt zu einer grausamen Ironie unserer Zeit. Überall in der Welt verfolgen eifrige Naturschützer besorgt das Schicksal von Seeschildkröten, Kondoren, gefleckten Eulen, Nashörnern und Hunderten von anderen gefährdeten Arten, vergessen aber – oder erkennen gar nicht erst –, daß auch ganze Völker gefährdet sein können. Vor unseren Augen verschwindet menschliche Vielfalt, aber nur wenige scheinen es zu bemerken. Der kulturelle Überlebenskampf ist in jedem Erdteil zu beobachten, aber die Scharmützel finden oft fernab der Medien statt – verborgen in den entlegenen Gegenden einer Wüste, eines Regenwaldes, einer Insel oder einer Hochlandebene. In fast jedem Land kämpfen eingeborene Menschen, die ersten Bewohner der Region, um ihr Leben, ihre Identität und eine Zukunft für ihre Kinder.

Die Bedrohung dieser Menschen sollte nicht irrtümlich für eine normale kulturelle Entwicklung gehalten werden, die schon immer so ablief. Im Laufe der menschlichen Geschichte sind Völkerstämme entstanden und über Kontinente gewandert, haben sich mit anderen gemischt und sind wieder gegangen. Aber in der heutigen Zeit erlöschen einzelne Kulturen praktisch über Nacht. Seit dem Anfang dieses Jahrhunderts sind 90 brasilianische Eingeborenenstämme verschwunden. Die Chinesen haben unzählige Tibeter aus ihrer Heimat vertrieben und die Zurückgebliebenen brutal unterdrückt. Im Sudan haben die Regierungstruppen drei Millionen Stammesangehörige vertrieben. In Guatemala sind allein in den letzten 15 Jahren 45 000 indianische Frauen verwitwet,

Dieser Indianer aus Guatemala ist einer von über 200 000 Flüchtlingen, die nach Mexiko geflohen sind.

200 000 indianische Kinder verwaist, und zwei Millionen Indianer wurden Flüchtlinge. Im Jahre 1970 gab es 13 000 Penan-Stammesangehörige in Borneo; zwei Jahrzehnte später waren es weniger als 500; während dieses Buch in den Druck geht, trifft die Nachricht ein, daß es sie nicht mehr gibt.

    Dieser Sturz ins Vergessen hat viele Väter, die wir alle unterstützen mit unserer Gleichgültigkeit, mit Mißverständnissen und Verdrehungen der Wahrheit. Einige Leute romantisieren Naturvölker; für andere sind sie ein Hindernis für den wirtschaftlichen Fortschritt und unnütz. Aber keine Ansicht ist zutreffend. Die Eingeborenen wollen wirklich nur ihr Heim, ihre Bräuche und ihre Kultur erhalten . . . mit einem Wort, ihre Individualität.

Wie wohl die meisten von uns sah ich zum ersten Mal einen Indianer, während er über den Fernsehbildschirm galoppierte: Es war Tonto, der seinen Schecken Seite an Seite mit Lone Rangers weißem Hengst ritt. Daß die Indianer echte Menschen waren, merkte ich erstmals im Alter von etwa neun Jahren. Wir lebten im östlichen Colorado, und es war Ende März, als ich mit meinem Vater in die Prärie hinausging, um nach Pfeilspitzen zu suchen. Ich erinnere mich an die erste, die ich fand. Sie war halb im Sand vergraben, und als ich mich bückte, um sie aufzuheben, wurde mir plötzlich bewußt, daß *Indianer* hier tatsächlich *gelebt* hatten – genau zwischen den Steinen und Sträuchern, wo ich stand. Während ich das sorgfältig gemeißelte Stück Flint in meiner Hand drehte, fragte ich mich zum ersten Mal, wo waren sie hingegangen?

    Mit 21 Jahren ging ich nach Alaska und begann nach und nach mit Einheimischen zu arbeiten, besonders den Yup'ik-Eskimos an der Küste des Beringmeeres. Mit der Zeit wurde ich von Joe Friday, einem in weiten Kreisen respektierten Yup'ik-Ältesten, adoptiert und in seine große Yup'ik-Familie aufgenommen. Im Laufe von 25 Jahren habe ich viele Kämpfe miterlebt – um Land, Jagd- und Fischereirechte und um Selbstbestimmung. Ich habe oft eingeborene Freunde sagen hören, daß sie sich wie zwischen zwei Welten fühlen – mit einem Fuß in einer uralten Welt und mit dem anderen in der modernen. Ich fühle mich manchmal ebenfalls so, nur daß ich aus der anderen Richtung gekommen bin. Diese duale Sichtweise, wobei die Ansicht der Ureinwohner meine moderne heutige Sicht erleuchtet und umgekehrt – bildet die Grundlage dieses Buches.

    Im Jahre 1973 arbeitete ich eng mit den Yup'ik-Häuptlingen zusammen, den Dorfrat-Präsidenten, wie sie sich nennen, um einen Bericht über den Zustand ihrer Kultur zu verfassen. Heraus kam ein kleines Buch mit dem Titel: *Does One Way of Life Have to Die So Another Can Live?* Seitdem habe ich auf meinen Reisen in vielen Teilen der Welt festgestellt, daß alle eingeborenen Menschen mit diesem Dilemma ringen. Müssen ihre Kulturen sterben? Sind die amerikanischen Indianer, die Aborigines, Maori, Igoroten, Ainu und Hunderte von anderen unterschiedlichen Völkern alle zum Verschwinden verurteilt?

    Die Stimmen in diesem Buch sprechen mit der Überzeugung, daß sie nicht verschwinden werden – nicht ohne einen Kampf. Alle diese Gruppen wissen, daß sie gewaltige Hindernisse überwinden müssen, um zu überleben, und sie sind dazu fest entschlossen. Wie sagte Onondaga-Häuptling Oren R. Lyons im Jahre 1992 vor den Vereinten Nationen: „Ich stehe vor Ihnen als der Geist unseres Volkes und unseres Willens zu überleben. Das Leid, das wir durch Ihre Brüder aus Übersee erlitten haben, ist unablässig und unverzeihlich gewesen. Sie vernichteten unsere Völker und Stämme . . . Doch wir überlebten."

    Überleben allein genügt aber nicht, und das ist es auch nicht, wonach die Stimmen der Eingeborenenvölker rufen. Unter all den Hindernissen für eingeborene Menschen ist eines der wesentlichsten für nichteingeborene Menschen auch am schwersten zu begreifen. In unseren entwickelten Ländern haben sich viele von uns so an Autobahnen und Einkaufszentren, Karrieren und Pensionspläne gewöhnt, daß wir annehmen, alle Menschen wünschen sich unsere Lebensweise, unseren materiellen Reichtum und alle damit zusammenhängenden Annehmlichkeiten. Überall höre ich jedoch eingeborene Menschen die Bitte wiederholen, die ich zuerst von dem Yup'ik-Ältesten des Dorfes von Nightmute vernahm: „Bitte versuchen Sie zu verstehen, daß es unser großer Wunsch ist, auf etwas andere als Ihre Weise zu überleben."

Im Mai 1992 gaben mehr als 400 eingeborene Führer aus allen Ecken der Erde diesem Wunsch eine Form. In Kari-Oca, Brasilien, bestimmten sie auf der ersten Weltkonferenz der eingeborenen Völker das Ziel: „in den Fußspuren unserer Vorfahren in die Zukunft zu gehen . . . unsere ererbten Rechte der Selbstbestimmung aufrechtzuerhalten, unsere eigene Regierungsform zu beschließen, unsere eigenen Gesetze anzuwenden, unsere Kinder aufzuziehen und auszubilden, unsere kulturelle Identität zu bewahren."

Dieses Buch ist ein Versuch, den großen Abstand zwischen den Kulturen zu verringern. Betrachtet man jedoch *alles* menschliche Leben auf der Erde heute, wird rasch deutlich, daß sowohl nichteingeborene wie auch eingeborene Menschen großen Herausforderungen gegenüberstehen. Eine der größten darunter ist der Mangel einer umweltverträglichen Lebensweise, die es uns ermöglicht, in Balance mit der Natur zu leben. Darin ist das Schicksal aller Menschen miteinander verbunden. „Es ist eine schreckliche Ironie", sagt die Weltkommission für Umwelt und Entwicklung, „daß die weitergehende Erschließung der Regenwälder und Wüsten die einzigen Kulturen zerstört, die in diesen Umgebungen ganz natürlich leben konnten. Ihre wahrscheinliche Auslöschung bedeutet den Verlust einer globalen Ressource."

Um unsere weltumspannende gegenseitige Abhängigkeit klar zu erkennen, müssen wir in der entwickelten Welt die Ureinwohner als das ansehen, was sie sind, ihre Probleme würdigen sowie den Wert ihres Wissens und ihre Weisheit schätzenlernen. Dieses Buch hat das Ziel, durch die Geschichten dieser Menschen ihre Bedeutung zu unterstreichen.

Für jede hier beschriebene Kultur hätten Dutzende andere einbezogen werden können. Für jede Stimme, die Geschichte eines jeden Menschen sind Tausende andere ebenso wichtig. Gleichgültig, wo wir leben, unser Leben ist mit dem der eingeborenen Menschen verflochten. Gleichgültig, welche Hautfarbe wir haben oder welche Sprache wir sprechen, wir alle sind an ihrer Zukunft persönlich beteiligt. Unsere Reaktion auf die Überlebenskrise der eingeborenen Menschen wird entscheiden, ob künftige Generationen an unsere Zeit als eine Ära denken, in der die Vielfalt der Menschheit verschwand oder in der es die Völker der Erde schließlich lernten, zusammenzuleben.

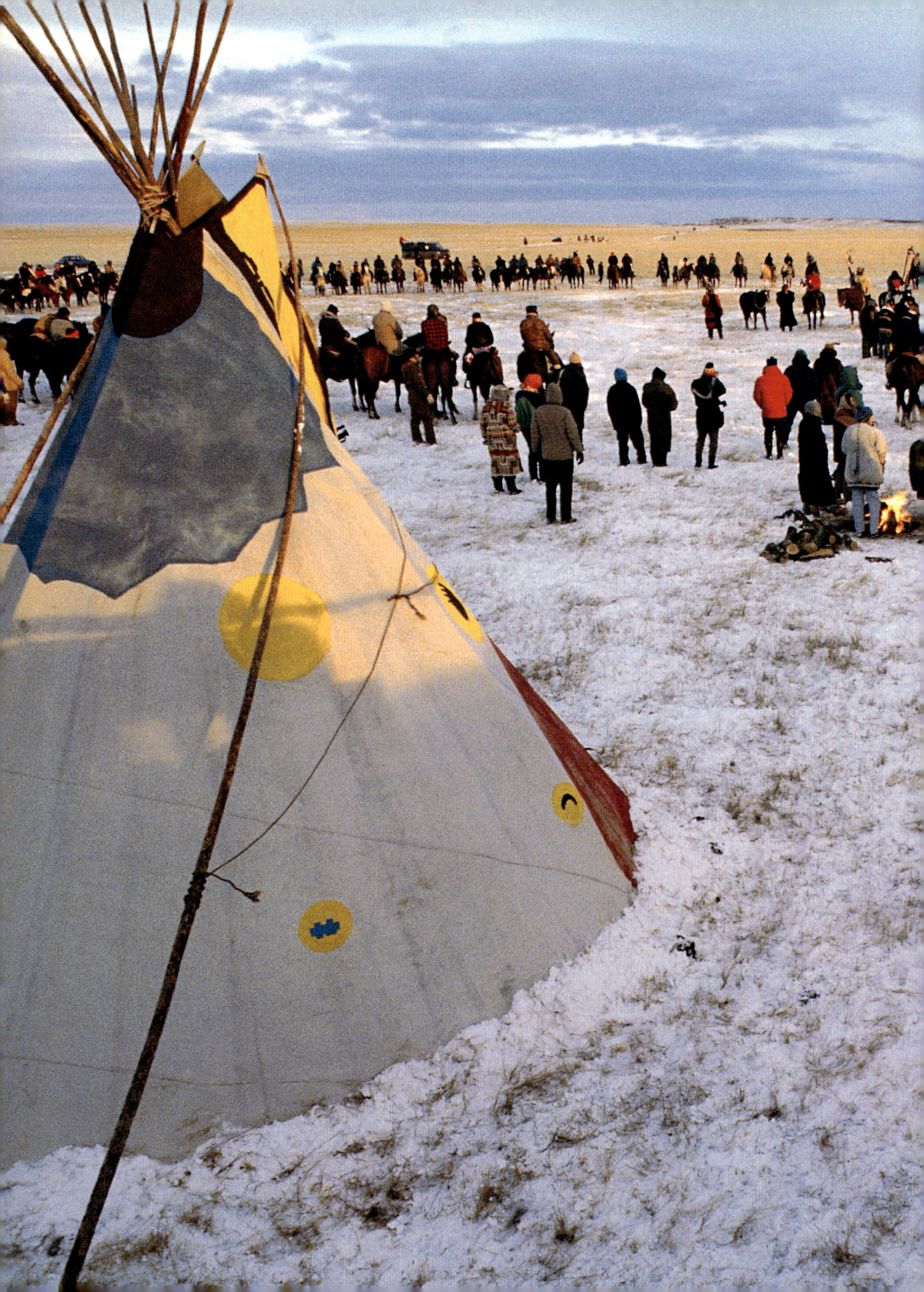

NORDAMERIKA

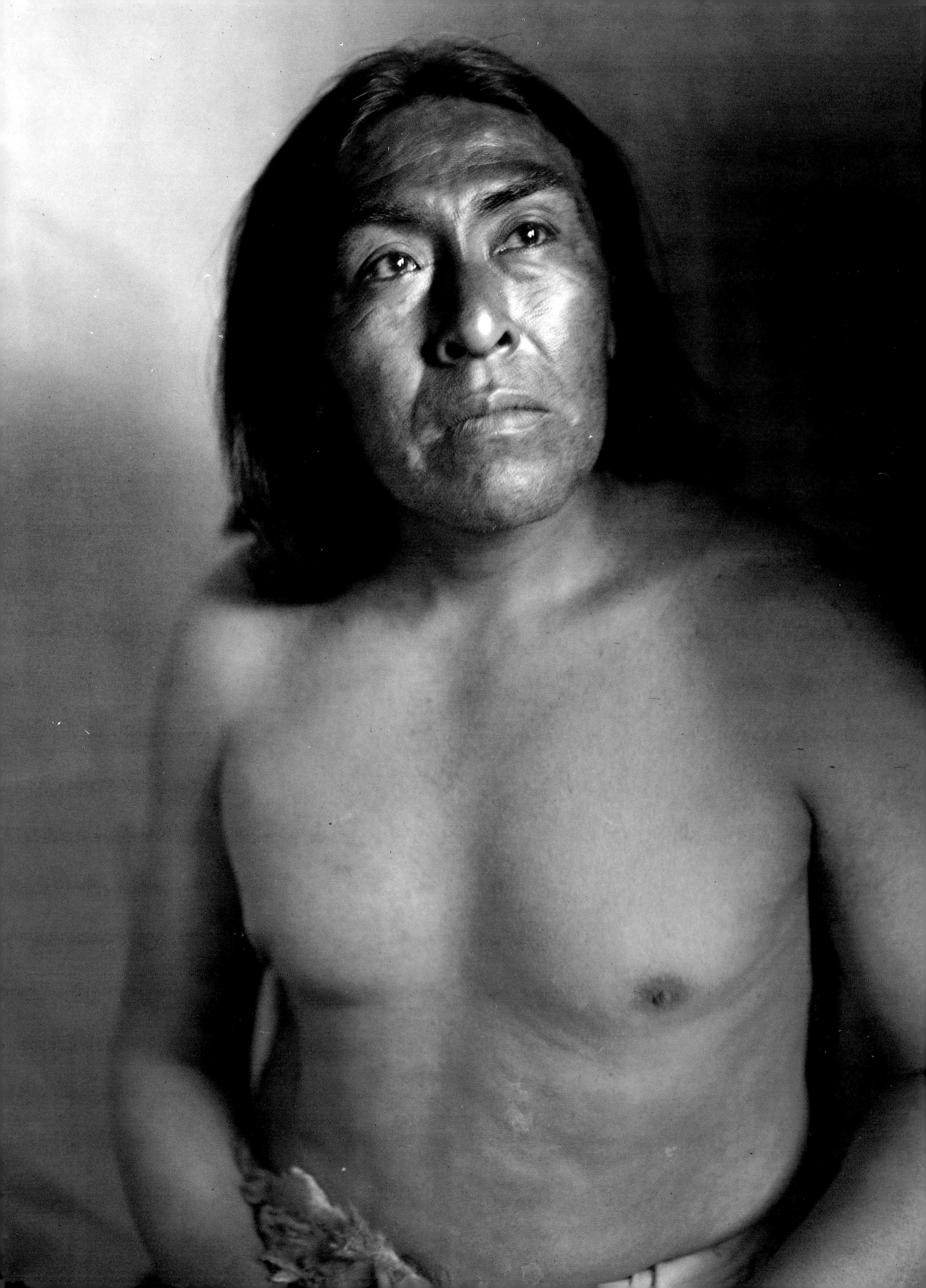

ISHIS VERMÄCHTNIS

NORDAMERIKAS AUSSTERBENDE VÖLKER

Ishi, der letzte Angehörige des Yahi-Volkes.

Seite 4/5: 1990 hielt man eine Zeremonie zur Erinnerung an die vor 100 Jahren bei dem Massaker von Wounded Knee gefallenen Lakota-Indianer ab.

Vor der Morgendämmerung des 29. August 1911 begannen die Hunde in einem Schlachthaus bei Oroville in Kalifornien zu bellen. Die Arbeiter wachten auf. Als sie in das graue Licht hinausspähten, sahen sie einen halbnackten Mann am Zaun kauern. Sein Haar war fast bis zur Kopfhaut abgebrannt. In den Ohrläppchen steckten Streifen aus Hirschleder und in der Nase ein hölzerner Stab. Bestürzt und verwirrt hatte der letzte Yahi-Indianer seinen Schlupfwinkel in den Sierra-Bergen verlassen und war in das Kalifornien des 20. Jahrhunderts getaumelt.

Der Mann, kräftig von Gestalt und in den Vierzigern, wurde eine Kuriosität, ein Relikt aus der Steinzeit. Mit der Zeit lernte er Englisch zu sprechen, aber er sprach seinen Namen niemals laut aus, als ob seine eigentliche Identität mit dem Eintritt in die zivilisierte Welt vergangen sei. Die Anthropologen, die sich um ihn kümmerten, nannten ihn Ishi. Sein Volk hatte Tausende von Jahren, bevor die Siedler Anfang des 19. Jahrhunderts kamen, in Nordkalifornien gelebt und zählte etwa 3000–4000 Angehörige. In der ersten Zeit des Kontaktes mit den neuen Siedlern wurden sie wie die meisten nordamerikanischen Indianer von Krankheiten wie Masern, Grippe und Ruhr schwer getroffen, Krankheiten, gegen die sie keine Immunität besaßen. Etwa 60 Prozent des Yahi-Volkes starb an diesen neuen Epidemien. Geschwächt, aber noch nicht zerbrochen, kämpften die Überlebenden um ihr Gebiet. Die Yahi, die keine Kriegswaffen besaßen, nur ihre Bogen und Messer für die Jagd, wurden von den Schußwaffen der Siedler überwältigt.

„Es gibt Männer in und um Chico, die einen großen Racheeid geschworen haben, daß diese Indianer einen blutigen Tod sterben sollen", schrieb Stephen Powers 1874. Er berichtete, daß die Yahi „eine bis zum letzten Mann kämpfende Zivilisation seien . . . kein menschliches Auge sieht sie jemals, nur dann und wann könnte ein einsamer Jäger flüchtig den schwachen Schein eines Lagerfeuers erblicken, um das Gestalten huschen; doch bevor er sich in Schußweite schleichen kann, sind die Gestalten verschwunden".

Die letzten Angehörigen des Yahi-Volkes flüchteten in die unzugänglichen Cañons der Sierra. Ishi war neun Jahre alt, als das Kingsley-Cave-Massaker sein Volk über die Schwelle zur Auslöschung trieb. In einer abgelegenen Bergnische, gut mit Nahrung versehen, fühlte sich eine Gruppe von 30 Yahi sicher. Als jedoch Norman Kingsley mit drei bewaffneten Männern sie fanden, gab es kein Entkommen mehr. Alle Yahi außer Ishi wurden auf der Stelle getötet. Kingsley erklärte später, daß er während des Schießens sein Spencer-Gewehr mit einem 38er-Smith-und-Wesson-Revolver vertauschte, weil das Gewehr „sie so schlimm zerriß, besonders die Babys".

Ein Rest der Yahi, die letzten des Stammes, schlossen sich zusammen und überlebten im Verborgenen. Während dieser Zeit wuchs Ishi zum Mann heran. Seine kleine Gruppe wechselte oft das Lager, immer bei Nacht. Die geheime Existenz war ein verzweifelter Versuch zu überleben, doch einer nach dem anderen starb innerhalb von 20 Jahren. Es kam der Tag, an dem Ishi nur noch einen Gefährten hatte, und dann war er allein. Welche unvorstellbare Einsamkeit muß Ishi an jenem Augustmorgen 1911 aus den Bergen in die Umgebung von Oroville hinuntergezogen haben? Seine Leute verschwanden, aber nicht sein Lebenswille.

Ishi lebte noch weitere viereinhalb Jahre. Die *University of California* unterstützte ihn sozusagen dafür, daß er eine Art lebendes Ausstellungsstück war. Als er starb, sagte sein bester Freund, Dr. S. T. Pope: „Er betrachtete uns als hochentwickelte Kinder – klug, aber nicht weise. Wir wissen viel und vieles, was falsch ist. Er kannte die Natur, die immer wahr ist. Er besaß die Charaktereigenschaften, die für immer währen. Er war freundlich; er besaß Mut und Selbstbeherrschung, und obwohl ihm alles genommen war, gab es keine Bitterkeit in seinem Herzen. Seine Seele war die eines Kindes, sein Geist der eines Philosophen."

Etwa zur gleichen Zeit, während die Yahi ihren langen Kampf in den Sierras ausfochten, verschwand eine kleine Gruppe von kalifornischen Küstenindianern praktisch über Nacht – nicht durch einen Waffenkonflikt, sondern durch den Versuch, sie zum Christentum zu bekehren. Im Jahre 1853 fuhren katholische Priester von der Mission Santa Barbara nach San Nicolas, einer 110 Kilometer von der Küste entfernten Kanalinsel. Mit dem Versprechen eines besseren Lebens überredeten sie die Indianer aus San Nicolas, mit ihnen zur Mission zurückzukehren. Nachdem das Schiff von der Insel abgelegt hatte, entdeckte man, daß ein Baby zurückgelassen worden war. Das Anlegen war schwierig, und der Kapitän weigerte sich, zur Insel zurückzukehren. Die verzweifelte Mutter des Babys sprang über Bord, und man sah sie noch auf die felsige Küste zuschwimmen. In der rauhen Brandung gab man ihr aber keine Überlebenschance.

Innerhalb weniger Jahre waren alle Indianer aus San Nicolas in der Mission gestorben. 18 Jahre später glaubten Robbenjäger, eine einsame Frau auf San Nicolas zu erblicken. Es wurde ein Suchtrupp ausgesandt. Sie fanden die Frau. Ihr Baby war gestorben, und sie blieb die einzige Überlebende ihres Stammes. Nachdem auch sie auf das Festland gebracht worden war, starb sie innerhalb weniger Monate, ohne sich irgend jemandem mitgeteilt zu haben.

Schicksale wie die von Ishis Leuten und denen auf San Nicolas haben sich vielfach wiederholt. Zudem wurden viele Eingeborenenstämme wenn nicht völlig ausgelöscht, so doch derart reduziert, daß sie heute nicht mehr wiederzuerkennen sind. Ehe die Europäer nach Nordamerika kamen, lebten nach verschiedenen Berichten nördlich des Rio Grande 10–30 Millionen Menschen. Diese bildeten nicht nur Stämme oder Gruppen oder Familiengruppen von *Indianern,* die europäische Bezeichnung, sondern große Nationen, jede mit ihrer eigenen Sprache, eigenen Bräuchen und Ritualen, komplexen religiösen Weltbildern sowie einem festen Territorium.

Als die ersten Europäer eintrafen, lebten 400 indianische Nationen auf dem Areal, das jetzt die Vereinigten Staaten ausmacht. Einige dieser Nationen wurden durch die bewaffneten Angriffe von Ranchern, Goldgräbern und Reitertruppen vernichtet. Andere verloren ihr Land durch einen Krieg mit gebrochenen Verträgen – von über 400 abgeschlossenen Verträgen wurden wenige, falls überhaupt, voll erfüllt. Europäische Krankheiten fegten durch jede Eingeborenen-Nation, und mögen die Epidemien niemals eine Kultur völlig ausgelöscht haben, so bereiteten sie doch den Niedergang vieler Völker vor. Andere Nationen wurden von ihrer traditionellen Lebensweise durch Programme abgehalten, die ihnen eigentlich helfen sollten.

Etwa Anfang des 19. Jahrhunderts verloren die Nationen der Ureinwohner in Nordamerika ihre Widerstandskraft. William Clark, ein Führer der Überland-Expedition zum Pazifik von 1804 bis 1806, stellte fest, daß „die Stämme in der Nähe unserer Niederlassungen vor dem Jahre 1815 ein gewaltiger und schrecklicher Feind waren; seitdem ist ihre Kraft gebrochen worden, ihr kriegerischer Geist unterdrückt, und sie sind zu bedauernswerten Objekten abgesunken".

Schon damals wurde allgemein angenommen, daß sich die Indianer auf dem Weg zu ihrer Auslöschung befanden. „Was kann melancholischer sein als ihre Geschichte? Durch ein Gesetz ihrer Natur scheint ihnen eine langsame, aber sichere Auslöschung bestimmt zu sein", schrieb Justice Joseph Story und drückte damit die 1828 vorherrschende Meinung aus. „Überall verschwinden sie, wenn sich der weiße Mann nähert. Wir hören das Rascheln ihrer Schritte, wie das welker Blätter im Herbst, und sie sind für immer gegangen. Sie ziehen trauernd an uns vorbei und kehren nicht mehr wieder."

Die Indianer verschwanden jedoch nicht völlig. Sie zogen sich mehr von der Bildfläche zurück, aber sie lebten weiterhin in der Gegend, und ihre Anwesenheit wurde für die Besiedlung des Landes nach Westen unbequem. Immer mehr dieser leidenschaftlich unabhängigen Völker fielen unter das Gebot der US-Regierung. Die vormundschaftsartige Beziehung nahm viele Formen an, einschließlich der Umsiedlung, angeblich zum

Ein altes Navajo-Ehepaar in Arizona. Noch 1960 lernten 90 Prozent der Kinder dieses größten nordamerikanischen Indianerstammes die Sprache der Navajo. Kurz darauf setzten die Amerikaner Englisch als offizielle Sprache durch. Heute sprechen die meisten Navajo-Kinder nur noch Englisch.

Vorteil der Indianer. Die verschiedenen Völker der Ureinwohner von Nordamerika weigerten sich aber standhaft, zu verschwinden.

Im Jahre 1835 zwang Präsident Jackson die Cherokee-Indianer, ihr ganzes Land östlich des Mississippi gegen das Land im Oklahoma-Territorium zu tauschen. „Dort werden eure weißen Brüder euch nicht stören", versprach er ihnen. „Sie besitzen keinen Anspruch auf das Land, und ihr und eure Kinder könnt darauf in Frieden und Fülle leben, so lange das Gras wächst oder der Fluß fließt. Es gehört euch für immer." Sobald der Vertrag unterschrieben war, befahl die Regierung den Cherokee, nach Oklahoma zu gehen. Auf dem Wege dorthin starben so viele, daß dieser Auszug als der Marsch der Tränen bekannt wurde. Bis zum Jahre 1843 waren die meisten östlichen Stämme entweder ihres Landes beraubt oder gezwungen worden, weiter in den Westen zu ziehen. Im Jahre 1871 schlug das allgemeine Zuteilungs-Gesetz einen weiteren Nagel in den kulturellen Sarg, indem Stammesregierungen aufgelöst, Reservate abgeschafft und Indianer in die weiße Gesellschaft gezwungen wurden.

Und die Zahl ging immer weiter zurück. Im Jahre 1850 ergab die US-Volkszählung nur 400 764 amerikanische Indianer. 20 Jahre später war die offizielle Zahl 313 712; 1890 gar nur 248 253. Dann geschah etwas gänzlich Unerwartetes: Die Ureinwohner von Nordamerika erlebten ein Comeback. Im Jahre 1938 berichtete John Collier, Kommissar für indianische Angelegenheiten, von dem „erstaunlichen und ermutigenden Umstand", daß die Indianer anzahlmäßig schneller zunahmen als jeder andere Teil der amerikanischen Bevölkerung. Collier sagte: „Seit fast 300 Jahren versuchten wir weiße Amerikaner, eine Nation maßzuschneidern, und gingen dabei von der irrigen und tragischen Annahme aus, daß . . . die Indianer eine sterbende Rasse wären."

Daraufhin verabschiedete der Kongreß das Indianische Reorganisations-Gesetz (Indian Reorganisation Act) von 1934, „um die Wirtschaftsweise der Indianer wiederherzustellen und ihnen eine Chance zu geben, ihren durch ein Jahrhundert der Unterdrückung und staatliche Bevormundung zerstörten Lebensstil wieder anzukurbeln". Doch 1953 änderte der Kongreß plötzlich seinen Kurs, vielleicht um den Erfolg dieser Politik zu mäßigen. Staatliche Unterstützungsprogramme wurden beendet und die Auflösung vieler Reservate erzwungen. Diese neue Politik lief unter dem Namen „Termination" und führte in den nächsten zehn Jahren zur Aufhebung von 109 indianischen Stammesregierungen.

Während die Zahl indianischer Menschen ständig zugenommen hat, ist gerade wegen der „Termination" die Vorstellung von ihnen als einer verlorenen und sterbenden Rasse hartnäckig bestehengeblieben, gewöhnlich zu ihrem Nachteil. Wenn die Indianer aussterben, dann könnte das, zumindest unterbewußt, als bedauernswert, aber politisch unwichtig abgetan und nicht wirklich ernst genommen werden. Ishi verbrachte sein Leben schließlich in einem Museum, ein lebendes Ausstellungsstück, für das Leute bezahlten, um es zu sehen. Und Amerikaner tendieren noch immer dazu, Indianer eher als Touristen-Attraktion anzusehen denn als wirkliche Menschen.

Ich denke an jenen Tag in meiner Kindheit zurück, als ich die Pfeilspitze in der Prärie fand und mich fragte, wohin die Indianer wohl gegangen seien? Ich weiß jetzt, daß wir einige Völker unseres Kontinents zum Aussterben gebracht haben. Wie Ishi und die San-Nicolas-Frau blieb irgendwann nur noch ein Stammesangehöriger übrig, bis auch dieser verschwand. Andere Volksgruppen hingegen haben überlebt. Einigen geht es sogar recht gut, aber die meisten kämpfen um ihr Überleben.

1990 ermittelte die US-Volkszählung 1 900 000 eingeborene Amerikaner, ein Viertel darunter Cherokee und Navajo. Die meisten der 542 weiteren erfaßten Stämme hatten weniger als 1000 Angehörige. Einige Stämme, besonders an der Ostküste, hatten nur eine Handvoll Angehörige, die letzten tiefverwurzelten Hüter des Brauchtums ihres Volkes.

Wie wird eine Kultur vernichtet? Manchmal wird schon eine einzelne Tragödie zum entscheidenden Wendepunkt: Menschen verlieren ihre Jagd- und Fischereirechte, Land geht verloren, oder ein Dammbruch überflutet eine Gemeinde. Aber meist ist es die Summe vieler Faktoren, offensichtliche und ganz subtile, die ein Volk auf die eine oder andere Weise drücken und ziehen, bis es sich völlig verändert hat. Eine Kultur kann sich bereits auflösen, wenn ein Mensch nach dem anderen aufhört, seine Muttersprache zu sprechen, und damit die alten Bräuche des Singens und Betens verlorengehen.

Ohne seine Sprache kann ein Volk physisch überleben, nicht aber kulturell. „Ich bin sicher, daß auch in 100 Jahren dunkelhäutige Menschen mit schwarzem Haar hier leben werden", sagte Yup'ik-Eskimo-Führer Harald Napoleon. „Aber werden sie Yup'ik sein? Werden sie Yup'ik sprechen? Werden sie Yup'ik denken? Werden sie unsere Werte haben? Werden sie frei sein?"

„Wenn ein Mensch seine Sprache verliert, verliert er einen Teil seines Ichs", sagte einst Pete Catches, ein Lakota-Medizinmann, zu mir. Denn wenn eine Sprache vergeht, sind nicht nur Worte verloren; es sind die Geschichten, Lieder und Zeremonien, die einst den jungen Leuten ein Gemeinschaftsgefühl gaben, ein Gefühl dafür, wer sie waren. Vielleicht wußten dies die weißen Gesetzgeber, als sie 1886 den Gebrauch jeder indianischen Sprache verboten: „Es dürfen keine Bücher in irgendeiner indianischen Sprache benutzt oder Unterweisungen in der Sprache gegeben werden . . . Diese Bestimmung ist strikt einzuhalten." Drei Jahre später erklärte ein ergänzender Bericht, daß „Ausbildung die Auflösung der Stämme anstreben sollte".

Dies war eine Politik der Assimilation, die die Indianer zwingen sollte, wie Weiße zu denken und zu sprechen. Eine Politik, die nun verleugnet wird, deren Auswirkungen aber weiterhin bestehen. Von den 600 Muttersprachen des einstigen Nordamerika werden nur noch 155 gesprochen. Darunter stehen 45 kurz vor der Auslöschung. Nur noch 38 werden von den Kindern gelernt.

„Ich bin die einzige, die übriggeblieben ist. Die einzige echte Eyak. Die einzige, die ihre Sprache spricht", erzählt Marie Smith. „Ich weiß nicht, warum ausgerechnet ich es bin. Und ich sage Ihnen, es schmerzt fürchterlich."

Sie lebt in meiner Nähe am Stadtrand von Anchorage, Alaska, und manchmal sitzen wir an ihrem Küchentisch und trinken starken Kaffee. Mit 74 Jahren ist sie weißhaarig und faltig, aber immer noch munter. Marie zündete sich eine Zigarette an. Ich wollte gerade ihr Zuhause loben, als sie sagte: „Es schmerzt mich, hier in der Stadt zu leben. Ich liebe das Meer. Ich muß nah am Wasser sein. Wissen Sie, ich kam auf ein Schiff, als ich vier Tage alt war."

„Mein Vater war der letzte Eyak-Häuptling, und ich habe seinen Platz eingenommen. Ich bin jetzt der Häuptling, und ich muß nach Cordova gehen, um das Abholzen unseres Landes zu beenden. Es ist nicht gut. Vielleicht finden Sie dies seltsam und lachen, aber wir haben immer zu dem, was wir nahmen, gebetet. Bevor wir einen Baum fällen, sagen wir: ‚Vergib uns, verstehe, daß wir deine Wärme brauchen.' Das hat mein Vater mich gelehrt."

Marie denkt an ihr Volk und das Land zurück, in dem es ihnen gutging. Sie ist aufgewachsen, wo sich der Copper River aus den Wrangell

Marie Smith, die letzte Eyak-Indianerin, in Cordova, Alaska.

Mountains hervorwindet und ein riesiges Delta am Rande des Prince William Sound bildet. In jedem Frühling nisten heute wie damals Zehntausende von Enten und Gänsen auf den graswachsenen Kiesbänken, und Millionen von Küstenvögeln legen auf ihrem Weg nach Norden eine kurze Rast ein. Grizzlybären, Wölfe, Kojoten und Füchse jagen am Rande des Watts Vögel und kleine Säugetiere. Während der Sommermonate erkämpft sich der Lachs seinen Weg die Flußkanäle hinauf zu den Laichgründen.

Die Eyak-Dörfer lagen am Rand des Sund verstreut und reichten gut 300 Kilometer weit bis zum Kap Yakataga. Die Hintergründe ihrer Entstehung blieben ein Geheimnis. Vermutlich spalteten sich die Eyak von Athabaskischen Stämmen ab. Sie lebten zwar am Meer, aber sie waren kein Seefahrervolk wie beispielsweise die Tlingits im Süden und die Chugach-Eskimos im Westen. Die friedfertigen Eyak waren als sanfte Menschen bekannt, die Venus- und Miesmuscheln sammelten und Vögel und Bergziegen jagten. Generationen kamen und gingen wie der Schnee des Winters und der Lachs im Sommer – bis eine fatale Verkettung von Ereignissen vor knapp 100 Jahren die Eyak-Kultur auseinanderfallen ließ. Marie Smith und ihre Cousine, Anna Nelson Harry, wurden in diese Zeit des Sterbens hineingeboren.

Als Marie Kind war, gab es fünf Eyak-Familien in ihrem Dorf, einschließlich der Eltern von Anna, die 1906 geboren wurde, in dem Jahr, in dem die Stadt Cordova gut sechs Kilometer vom Eyak-See entfernt gegründet wurde. Annas Vater starb, als sie noch ein Kind war. Ihre frühesten Erinnerungen reichen zu den rauhen Sitten eines neu entstehenden Grenzsiedlerlebens zurück. Konservenfabriken schossen aus dem Boden und blockierten in kurzer Zeit die besten Fischgründe der Eyak; Lachs wurde jetzt mit Dynamit gejagt. Die Männer, die in den Konservenfabriken arbeiteten, brachten den Eyak Alkohol, Opium, Masern, Tuberkulose und Syphilis. Es gab nur wenige Frauen in der Gegend und heftige, oft gewaltsame Konkurrenzkämpfe wurden um sie ausgefochten. Mit sechs Jahren beobachtete Anna hilflos, wie ein Mann ihre schwangere Mutter brutal ermordete. Die kleine Waise suchte nun in anderen Dörfern Essen und Unterschlupf. Um sich im Winter warm zu halten, mußte sie oft mit den Hunden zusammengerollt nahe am offenen Feuer schlafen. Infektionen vereiterten ihren Hals. Sie glaubte, daß die Entzündungen schließlich dadurch heilten, daß die Hunde ihre offenen Wunden leckten. Die Narben blieben zurück.

Im Alter von zwölf Jahren heiratete Anna Galushia Nelson, einen Eyak aus dem benachbarten Alaganik. Beide wollten einen neuen Anfang für sich und für die Eyak machen. Aber kurz nach ihrer Hochzeit wurde Anna von Arbeitern aus der Konservenfabrik entführt und vergewaltigt. Erst nach mehreren Wochen fand Galushia sie wieder und führte sie zurück. Sie brachte vier Söhne zur Welt, während er den Unterhalt für die Familie als Mechaniker verdiente. Doch kurz nach der Geburt ihres letzten Kindes starb er an Tuberkulose. Anna zog ihre Kinder auf, so gut sie konnte. Das Geld war zwar knapp, aber sie konnten von den Früchten des Landes leben.

Anna wandte sich dem Geschichtenerzählen zu und schilderte mit lebendigem Humor die Beziehungen zwischen Mensch und Tier. Eine ihrer Lieblingsgeschichten handelt von einer jungen Frau, die von einem Rudel Wölfe entführt wird. In ihrem Heim in den Bergen behandelten die Wölfe sie gut und teilten die Nahrung mit ihr. Eines Tages verließ sie die Wölfe und kehrte zu ihren Leuten zurück. „Tötet die Wölfe nicht mehr", sagte sie zu ihnen. „Sie sind Menschen wie wir. All diese Geschöpfe haben Seelen – die Wölfe, Schwarzbären, Bergziegen, eben alle Lebewesen. Die Wolfmenschen haben mir davon erzählt. Ihre Seelen sprechen zu uns."

Während Cordova wuchs, schwanden die Eyak dahin. Schließlich verließ Anna das Haus ihrer Ahnen in der Nähe von Cordova und ging nach Yakutat an die Küste. Sie überlebte ihre Kinder und anderen Verwandten. Kurz bevor sie 1975 starb, sagte Anna: „Ich gehe bei Ebbe am Strand entlang. Dort setze ich mich auf einen Stein und weine. Meine Onkel starben alle, danach meine Tanten ... Die Eyak sterben alle ... Wie die Raben werde ich allein leben müssen."

Während wir still an dem kleinen Küchentisch saßen, schenkte mir Marie Smith eine neue Tasse Kaffee ein. Nun, da Anna gestorben ist, ist

Marie die letzte Eyak. Sie hat 28 Enkelkinder, aber deren Blut hat sich vermischt, und sie haben die Sprache und Bräuche des Eyak-Volkes verloren.

Wir saßen einige Augenblicke schweigend zusammen. Dann sagte sie: „Heute höre ich oft meinen Vater zu mir sprechen. Er bittet mich, weiterzumachen und zu tun, was ich tun muß."

„Was sollten Sie Ihrem Gefühl nach tun?" frage ich. Sie schweigt einen Augenblick.

„Ich möchte, daß unsere Leute ihren Haß aufgeben. Wir sind so viel herumgestoßen worden. Auf diese und jene Weise zerschlagen. Aber es ist nicht unsere Art, Haß in unserem Herzen zu tragen oder gar Habsucht, die bei einigen unserer Leute eingekehrt ist. Dies ist keine indianische Lebensweise. Mein Traum ist daher, Habsucht und Haß aufzugeben und die alten Bräuche wieder einzuführen."

Vincent Tumamait war einer der wenigen letzten traditionellen Sänger und Geschichtenerzähler des Chumash-Volkes, das einst an der ca. 300 Kilometer langen kalifornischen Küste zwischen Malibu und San Luis Obispo lebte. Vincent glaubte, daß – auch wenn ein Volk nicht groß sei – seine Gebräuche, Werte und seine Weisheiten erhalten und mit anderen geteilt werden könnten. Einige Monate vor seinem Tod im Jahre 1992 eröffnete Vincent eine Gedenkfeier zu Ehren Ishis; er sang ein Lied seiner Vorfahren und sprach über die besondere Bedeutung, die Ishis Leben für uns alle hatte.

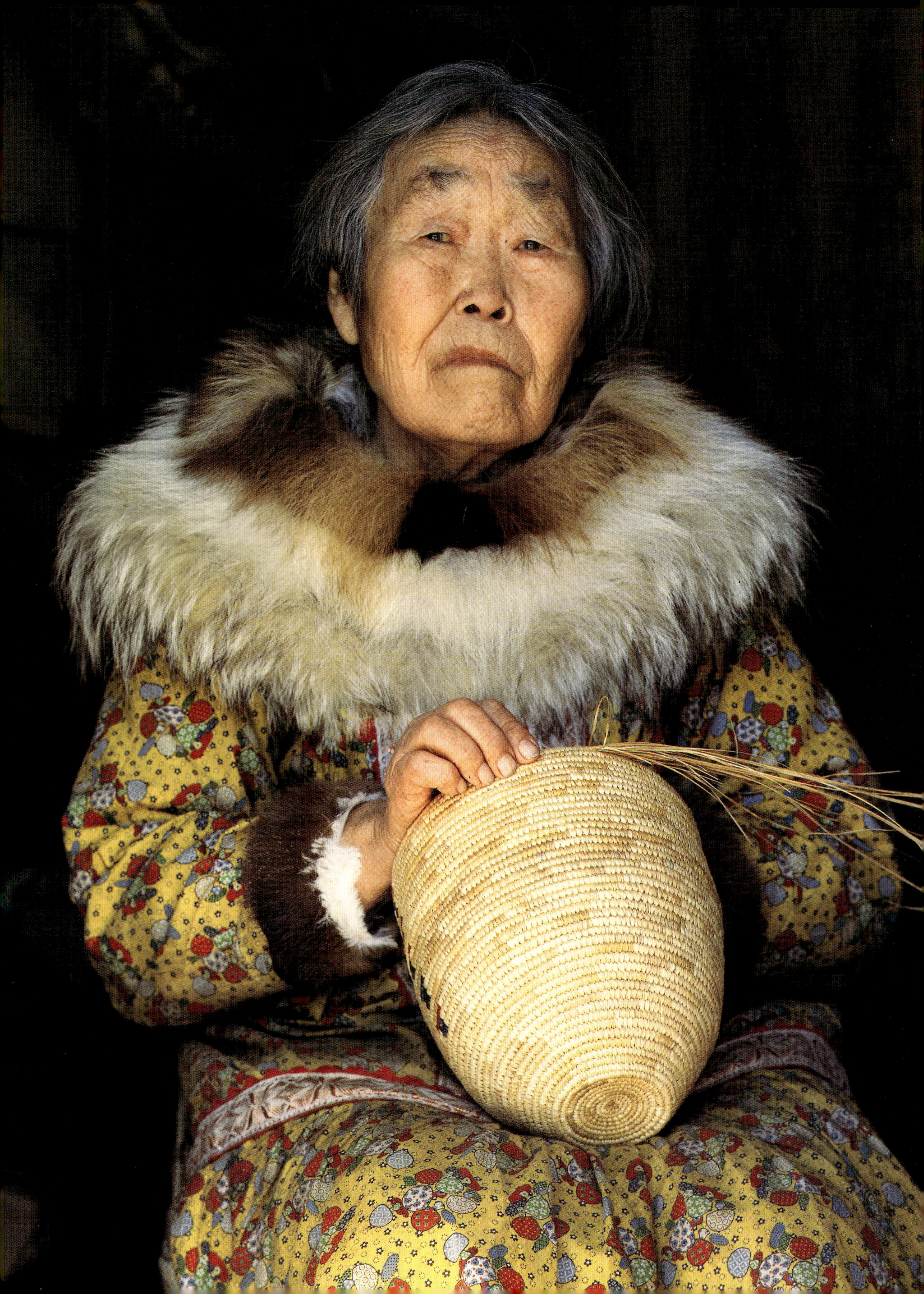

YUP'IK

DAS SCHICKSAL DES MENSCHEN

"Sie sind also einer dieser Naturschützer", sagte der junge Eskimo mit leicht herausfordernder Stimme. "Sie lieben diese Wildgänse und Robben und wollen sie beschützen?"

"Ja, ich mag Tiere", entgegnete ich. Ich hatte diesen Burschen gerade getroffen, und schon stellte er mich auf die Probe. "Ich liebe Wasservögel und Robben, und manchmal brauchen sie Schutz."

"Nun, ich liebe auch Robben, und ich jage sie gern", sagte er. "Robben sind für unser Volk sehr wichtig. Wir würden ohne sie verhungern. Wie denken Sie darüber?"

"Ich glaube nicht, daß es genug Robben im Meer für alle gibt", erwiderte ich. "Wenn wir sie alle jagten, würde es sie sehr bald nicht mehr geben, nicht wahr? Daher halte ich mich an Rind, und ihr Burschen könnt den Robben nachstellen."

Er blickte mich an und lächelte – und so begann eine intensive Freundschaft. Wir arbeiteten bald zusammen, und während der vergangenen 20 Jahre haben der Yup'ik-Eskimo Harold Napoleon und ich gemeinsam für den Schutz von Menschen und Tieren gekämpft. Im Laufe der Zeit betrachteten wir uns schließlich sogar als Brüder.

Dabei kamen wir aus völlig unterschiedlichen Lebenskreisen. Ich war Schotte mit irischen Vorfahren und wuchs in einem alten viktorianischen Haus in Ost-Colorado auf, das mein Urgroßvater gebaut hatte. Dieser kam in jungen Jahren als Schafhirte in den Westen und wurde ein weithin geachteter Grenzsiedler. Mein Vater hingegen war ein Künstler. Harold entstammte der Ahnenlinie der *Angalkuq* oder Schamanen, und sein Urgroßvater Apouluq galt als einer der mächtigsten Männer an der Küste des Beringmeeres. Harolds Vater versorgte seine Familie durch Jagen und Fischen. Harold wurde geboren, als seine Familie mit dem Boot aus einem Beerensammellager zurückkam. In einem späten Sommersturm, der vom Beringmeer her wehte, blieb keine Zeit, ein Zelt aufzustellen. Sie kippten daher ihr Boot als Windschutz auf die Seite. Seine Tante Aldine durchtrennte die Nabelschnur mit einem Ulu-Messer, und, wie Harold es ausdrückte: "Ich landete direkt auf dem Boden in einer Welt, die nicht mehr existiert."

Alice Haon, eine Yup'ik von der Scammonbai, 1990, im Alter von 100 Jahren.

Es gab immer zwei Welten für Harold – die alte und die moderne –, und sie schienen ständig in ihm um die richtige Balance zu ringen. „Manchmal denke ich, niemals jung gewesen zu sein", erzählte er mir einmal. „Meine Freunde waren alte Männer. Ich wollte ihre Geschichten hören. Ich wollte wissen, wie es früher war. Schon in jungen Jahren dachte ich bereits wie ein alter Mann."

Mit fünf Jahren lernte Harold etwas, das sein Leben stark verändern sollte – Lesen. Er begann mit Latein. Als Ministrant plagte er den Jesuitenpater Donahue, ihn die lateinische Liturgie lesen zu lehren. Während er Yup'ik zu Hause sprach und Latein in der Kirche, wurde Englisch zu seiner dritten Sprache, als er in die Schule kam. Bald las er alles, was er in die Hände bekam. Hier öffneten ihm die Bücher eine Welt der Ideen und fernen Orte, zu Hause lehrte ihn das Leben die harte Realität. Manchmal blieb seiner Familie nur eine Mahlzeit am Tag.

„Wir waren damals wirklich arm. Wir hungerten", erinnert er sich. „Die Armut, in der wir aufwuchsen, und die Diskriminierung, die ich als Kind erfuhr, erweckten in mir den Wunsch, als Erwachsener die Dinge zu ändern. Schon mit acht oder neun Jahren beschäftigte ich mich intensiv mit meinem Volk. Ich wußte, ich würde ihm dienen."

Harold sollte der Führer einer Generation werden, die in einem kulturellen Niemandsland aufwuchs. Die jungen Leute waren in einem Kreuzfeuer von widersprüchlichen Werten, Sprachen und Lebensweisen gefangen. Die alte Yup'ik-Welt zerfiel, und die neue Welt war bestenfalls verwirrend. Die Inuit suchen traditionell Führung bei den Ältesten, aber in dieser schwierigen Zeit wandten sie sich an Harold Napoleon. Im August 1972, als er kaum 22 war, baten die Ältesten ihn, Direktor ihrer Vereinigung der Dorfratältesten zu werden, die wichtigste Führungsposition in seiner Region.

Ich begann meine Arbeit mit Harold als Berater für Regionalplanung. Eine unserer ersten gemeinsamen Reisen führte nach Mekoryak, wo sich fast alle Dorfbewohner in der Nissenhütte versammelten, die als Gemeindezentrum diente. Die Lichter flackerten auf und wurden wieder dunkler, so wie der Dorfgenerator anstieg und nachließ. Die Frauen saßen auf dem Boden, viele von ihnen wiegten Babys auf ihrem Schoß. Die meisten Männer standen mit gekreuzten Armen an der Wand. Harold hatte kaum begonnen, das kürzlich erlassene Alaska Native Claims Settlement Act (Gesetz für die Begleichung der Ansprüche der Eingeborenen Alaskas) zu erläutern, als ein alter Mann von hinten fragte: „Was ist dieses Gesetz über die Landansprüche, von dem du sprichst? Woher kommt es? Wer entscheidet diese Dinge?"

Bei der raschen Verabschiedung des Gesetzes über die Landansprüche hatte der Kongreß Dorfbewohnern westliche Begriffe und Einrichtungen aufgedrängt – Menschen, die sich auf ihre eigene stammesmäßige Art mit dem Land verbanden –, ohne sie auch nur zu Rate zu ziehen. Schon der Begriff „Landbesitz" war den Yup'ik fremd, die glaubten, daß Land einfach Teil der Welt ist, in der wir leben, so wie der Himmel oder das Meer. Ich erinnere mich, die 90jährige Alena Nikolas sagen zu hören: „Als ich aufwuchs, gab es nicht diese kleinen auf Landkarten gezogenen Linien und Bereiche – Verfügungen oder Grenzen. Niemand würde kommen und sagen ‚dies ist mein Land, das ist dein Land'. Dieses Land gehörte allen. Die Menschen lebten damals glücklich zusammen."

„Der Kongreß entschied über unsere Zukunft, ohne sich die Zeit zu nehmen, mit uns zu reden", sagte Harold. „Ich hatte immer das Gefühl, daß wir regiert würden. Staats- und Bundesbehörden beherrschen alles. Wir hatten keine Kontrolle über unser Leben. Ich wollte, daß wir unser Leben selber regeln, und glaubte fest daran, daß wir Rechte hatten. Ich wollte, daß wir frei werden."

Die Ansprüche anderer an das Land und die Lebensweise der Yup'ik blieben jedoch bestehen. Ölgesellschaften strebten danach, Öl zu suchen, Unternehmer erschienen mit gewinnbringenden Plänen, Naturschützer riefen nach weiteren Verfügungen, ohne sich mit den eingeborenen Menschen abzustimmen. Andere bedrängten die Yup'ik ständig, was sie zu tun hatten – und auf welche Weise. Harold nahm jede Aufgabe an – er half Dörfern bei der Landzuteilung, im Gesundheitswesen, beim Wohnungsbau. Und er wehrte ständig Bedrohungen ab, die auf die Lebensweise seines Volkes zielten, die Jagd und den Fischfang.

Um das Yup'ik-Volk mit einer eigenen Schutzorganisation zu bevollmächtigen, rief er die *Nunam Kitlusti,* Schützer des Landes, ins Leben.

Am stärksten setzte sich Harold für Yup'ik-Kinder ein. Das Schulsystem ließ sie im Zwiespalt zwischen der traditionellen und modernen Welt und unvorbereitet, in einer davon zu leben. Während die einheimische Schule die Kinder immer ermutigt hat, an ihrer Familie und Gemeinde Anteil zu nehmen, forderte sie die westliche Ausbildung auf, zu konkurrieren, erfolgreich zu sein und besser als der andere zu werden. „Wenn unsere Kinder ausgebildet zurückkommen, sind sie nicht mehr dieselben Kinder, die wir zur Schule fortgehen sahen", sagte uns einmal eine Mutter. „Einige unserer Kinder werden ihren eigenen Leuten fremd. Was jedoch noch schlimmer ist, sie sind sich selbst fremd."

Um den jungen Leuten bei der Suche nach ihrer Identität zu helfen, entwickelte Harold ein Programm des kulturellen Erbes, das Teenager und Älteste zusammenführte. Zwei Wochen lang legten die Schüler Geometrie und Geschichte beiseite und widmeten sich der Kunst und der Geschicklichkeit ihres eigenen Volkes. In einem Dorf am Unterlauf des Kuskokwim beobachtete ich zwei Männer in den Sechzigern, die Hochschul-Basketballspielern geduldig zeigten, wie man Schneeschuhe herstellt: das Holz biegen, Lederstreifen schneiden, das Netzwerk schnüren. Eine andere Gruppe Jungen schnitzte und flocht sorgfältig dünne Streifen aus Weide zu einer Fischfalle. Es fällt schwer, die Freude in den Gesichtern der jungen Leute zu beschreiben, als sie ihren ersten Fisch in einer Falle fingen, die am Vortage noch Teil einer Weide war.

Harold war überzeugt, daß die Yup'ik-Lebensweise gerettet werden konnte und daß nur die Jungen es vermochten. Er liebte seinen Sohn Olin sehr; und mit der Zeit wuchs seine Familie durch die Geburten von Alison, einem stillen und

Harley Sundown beim Fischen auf dem Beringmeer vor der Nordwestküste Alaskas.

Nordamerika

Harold Napoleon in Paimiut, Alaska, sagt: „Diejenigen, die den Großen Tod überlebten, taumelten benommen und verwirrt in die neue Welt. Tief in ihren Seelen verbergen sich die Erinnerungen an die alten Geister, an das frühere Leben und an die Schrecken, deren Zeugen sie wurden."

empfindsamen Mädchen, und George, einem sehr aufgeweckten und heiteren Kind. „Dieser kleine George stellt Fragen über alles", sagte Harold. „Er folgt mir überall hin. Daher werde ich ihn alles lehren, was ich weiß. Er wird unsere Sprache lernen, wie man in der Natur lebt, all die alten Bräuche. Er wird wissen, daß er ein echter Inuit ist, und unserem Volk eines Tages helfen. Und weißt du, was dieser kleine George zu mir sagt? ‚Daddy, ich liebe dich von hier bis zu den Bergen.'"

Doch im Laufe der Jahre wuchs Harolds Enttäuschung und Verzweiflung, da sein Volk von einer Krise in die andere taumelte – Verlust von Jagd- und Fischereirechten, neue Beschränkungen, Niedergang der Landwirtschaft und der ständige Zusammenstoß der eigenen Werte mit denen der herrschenden Kultur. Ganz gleich, wie schwer Harold arbeitete, der Schmerz, die Verwirrung und Entfremdung seiner Leute nahm zu. Fetales Alkohol-Syndrom, das durch übermäßiges Trinken der Mutter während der Schwangerschaft entsteht, trat bei einheimischen Frauen immer häufiger auf.

Selbstmord wurde zur Seuche. Teenager nahmen sich das Leben mit Messern, Schußwaffen und Äthylalkohol. Alukanuk, ein Dorf mit 550 Einwohnern, war bezeichnend für den Teufelskreis der Selbstzerstörung. In 16 Monaten gab es acht Selbstmorde, Dutzende weitere Versuche, zwei Morde und vier Todesfälle durch Ertrinken. Die Selbstmordrate war bei den eingeborenen Männern in Alaska zehnmal höher als bei anderen amerikanischen Männern.

Viele Nächte sah ich, wie Harold über die Agonie der jungen Yup'ik verzweifelte. Grundschulkinder brannten sich mit Zigaretten Löcher in die Haut. Einige schnüffelten sich mit Klebstoff zu Tode. Einen Tag mochte ein Teenager mit Freunden Basketball spielen oder tanzen, am nächsten Tag war er oder sie tot. Vielleicht gab es einen Abschiedsbrief, daß das Leben keinen Sinn hatte, aber gewöhnlich war da nichts. Eine Mutter sah ihre Tochter ein Schrotgewehr ergreifen und sich den Oberkörper zerfetzen. Ein Vater fand seinen 16jährigen Sohn mit aufgeschnittenen Pulsadern in einer Blutlache liegen. Eine junge Frau wurde im Schneesturm nackt und erfroren am Straßenrand gefunden. Von solchem Leid umgeben, mußte selbst der fähigste und zuversichtlichste Führer fühlen, daß er seine Leute im Stich ließ.

„Ihre Probleme wurden zu meinen", sagte Harold. „In meiner Naivität glaubte ich, sie alle lösen zu können. Natürlich konnte ich es nicht. Vielleicht nahm ich mich und meine Verantwortung zu ernst. Aber was ich als mein Versagen ansah und die Enttäuschung und der Ärger darüber machten mich zum Alkoholiker."

Mit zunehmendem Alkoholkonsum schwankten Harolds Stimmungen heftig, bis hin zu tiefer Depression. Eines Abends, im Frühling 1984, erschien er völlig verzweifelt in meinem Haus. „Ich werde sterben", resignierte er. „Ich habe für mein Volk gelebt. Ich habe alles getan, was ich kann. Es ist hoffnungslos. Es gibt nichts mehr, was ich noch tun kann . . . mein Leben ist vorbei."

Drei Wochen später erhielt ich einen Anruf, zum Cook-Inlet-Untersuchungsgefängnis zu kommen. Messerscharfer Draht bedeckte die Gefängnismauern. Alle Außenfenster waren vergittert. Zwischen dröhnenden Stahltüren hallten laute

Margaret Temple aus Alaska.

Wärterstimmen, während ich in einen kleinen Raum geführt wurde. Auf der anderen Seite einer dicken, kugelsicheren Glastrennwand saß Harold, hager, seine Haut aschfahl. Sein schwarzes Haar war zerzaust und seine Augen von tagelangem Weinen rot und beinahe zugeschwollen. Sein Gesicht zuckte jedesmal, wenn er den Namen seines vierjährigen Sohnes George zu sagen versuchte, für dessen Tod er angeklagt war.

„Ich lebe jede einzelne Minute", sagte er. „15 Minuten sind eine Ewigkeit. Ich hätte nie geglaubt, daß es solche Qualen gibt."

„Was ist denn passiert?" fragte ich.

„Ich weiß es nicht", antwortete er. „Ich kann mich an nichts erinnern."

Ermittlungsbeamte waren zu dem Schluß gekommen, daß Harolds Sohn George mit einem stumpfen Gegenstand erschlagen worden war. Wir waren tief bestürzt. Wie andere, die Harold gut kannten, konnte ich nicht glauben, daß er seinem Sohn etwas antat. Harold war die Hoffnung seiner Generation, der fähigste Führer in dieser schwierigen Zeit seines Volkes. Jeder wußte, wie er seine Kinder liebte, und der letzte, der Harold und seinen Sohn zusammen gesehen hatte, sagte, daß er liebevoll mit seinem Jungen spielte. Es gab keine Zeugen für den Tod seines Sohnes. Aber Harold hatte getrunken. Er wurde wegen Totschlags angeklagt.

„Ich habe meinen Sohn und meinen Mann verloren", trauerte seine Frau Francine, die sich während der Tragödie in einem anderen Dorf aufgehalten hatte. „Aber ich hasse Harold nicht. Ich brauche ihm auch nicht zu vergeben, denn ich glaube nicht, daß er schuldig ist. Harold hat niemals unsere Kinder geschlagen, ja nicht einmal mit ihnen geschimpft."

Seine Aussage und die Angaben jener, die ihn am besten kannten, wurden niemals vor Gericht behandelt. Harold war in der Nacht, als sein Sohn starb, selbst verwundet worden; aber Fotos, die darauf schließen ließen, daß er sich und seinen Sohn vor einem Eindringling beschützt haben könnte, wurden nie als Beweis präsentiert. Am Tage des Prozesses lehnte Harold es ab, sich zu verteidigen. Er wollte seine Familie nicht den Kosten und der Nervenbelastung eines längeren Gerichtsverfahrens aussetzen. Sein Leid blieb unerträglich.

„Mein Schmerz ist so groß, daß ich ein Gerichtsverfahren nicht überleben könnte. Kein Vater würde so etwas je durchmachen wollen. Es war mein Sohn, den ich von ganzem Herzen liebte. Ich kann mir nicht vorstellen, ihm weh getan zu haben. Und ich habe ihn bestimmt nicht absichtlich verletzt. Aber irgendwie habe ich seinen Tod mitverschuldet, weil ich getrunken habe. Ich konnte ihn nicht beschützen, als es notwendig war. Es war mein Fehler. Ich bin verantwortlich."

Harold focht die Anklage wegen Totschlags nicht an. Bei der Verurteilung sagte er zu dem Richter: „Ich will eine Mahnung dafür sein, wozu Alkohol führen kann. Dann ist der Tod meines Sohnes vielleicht nicht umsonst gewesen." Das Gericht stellte fest, daß Harold zuvor niemals einem Kind Schaden zufügte, und verurteilte ihn dann zu 25 Jahren Gefängnis. Dieser Mann, der einst so leidenschaftlich für das Recht seines Volkes gekämpft hatte, focht jetzt seinen schwersten Kampf in der Einsamkeit seiner Zelle aus. Seine Verurtei-

Ein junger Yup'ik mit seinen Hunden am Yukon-Delta.

lung, so hart sie war, bedeutete nichts im Vergleich zu seinem tiefen Kummer. Während die Stunden der Qual sich zu Jahren ausdehnten, hatte Harold Zeit, über die zerbrochenen Stücke seines Lebens und das Leben seiner Leute nachzudenken.

„Ich habe im Gefängnis Dinge gelernt, wie es sonst nirgends möglich gewesen wäre", sagte Harold während einem meiner Besuche. „Dinge, die ich einst als selbstverständlich betrachtete, schätze ich jetzt: einfach durch die Tundra zu streifen und ihren Reichtum zu spüren, zum Beringmeer hinauszugehen und die Tiere zu beobachten. Und ich habe gelernt, daß die Weise, in der die Ureinwohner heute leben, sie umbringt. Sie füllt die Gefängnisse, verstümmelt und verkrüppelt die Kinder. Das ist unannehmbar. Aber wir sind so brutal behandelt worden, daß wir das Abnormale akzeptieren. Die Menschen sterben an Einsamkeit, Kummer und Sorgen. Sie geben einfach auf."

Manchmal war Harold nahe daran, sich selbst aufzugeben. Statt dessen unternahm er eine erschreckende, aber letztlich heilende Reise in seinen Kummer. Durch das Vergrößerungsglas von Verwirrung und Schmerz blickte Harold von den Trümmern seines Lebens auf die Probleme seiner Eltern, bis hin zu den Leiden ihrer Eltern. Ganz allmählich erkannte er, daß seine Leute sich nach der Ankunft der Europäer grundlegend geändert hatten – auch durch die Krankheiten, die diese mitbrachten.

Ich besuchte Harold, wann immer ich konnte. Einmal bat er mich, einen Augenblick zu warten. Er ging in seine Zelle zurück und kam mit einem kleinen blauen Ringbuch wieder. „Hier, Art, ich möchte gern, daß du dies liest", sagte er. „Eines Nachts hat es sich alles eingeordnet. Ich habe 18 Stunden lang geschrieben und konnte nicht aufhören. Es kam alles heraus."

Er nannte es *Yuuyaraq – Der Weg des Menschen.* Kopien wurden von Freund zu Freund weitergegeben, und binnen eines Jahres hatte die Universität von Alaska es veröffentlicht. Es beginnt: „In den letzten sieben Jahren bin ich als unmittelbare Folge meiner Alkoholsucht im Gefängnis gewesen. Ich habe diese Zeit voller Kummer verbracht, nicht nur wegen meines Sohnes, sondern auch wegen der anderen, die in der langen Nacht unseres Leides gestorben sind. Es gibt keinen größeren Schmerz für einen Mann, als seinen Sohn zu verlieren und zu wissen, dafür verantwortlich zu sein. Ich bin in den dunkelsten Winkel unserer eingeborenen Seele hinabgestiegen. Und es machte mir angst. An diesem schrecklich düsteren Ort ist alle Hoffnung verloren. Ich weiß jetzt, wo die Kinder sind, wenn sie sich umbringen. Ich bin dort gewesen. Und ich weiß, warum so viele Leben durch Selbstmord, Mord und Unfälle verlorengehen."

Indem er tief in den Zerfall des Yup'ik-Volkes schaute, stieß Harold zum Kern des Problems vor. Wo immer Europäer in der westlichen Hemisphäre ankamen, stürzten sie die einheimischen Menschen ins Leiden. Die Kämpfe mit Pilgern und Konquistadoren, begleitet von Masern und Pocken, sind alle gut dokumentiert. Harolds Einsicht war eine Offenbarung: Das Trauma der unzähligen Tode verging nicht mit den Opfern, sondern lebte weiter in den Überlebenden und verkrüppelte sie und ihre Kinder bis zum heutigen Tag.

„Wir alle tragen das Trauma des *Großen Todes* in uns", schrieb er. „Unsere Kinder erben das Trauma – der ungelöste Schmerz und Kummer wird von Generation zu Generation weitergegeben. *Dies* ist die Quelle unserer Verzweiflung, nicht allein die Verachtung unserer Traditionen, sondern diese tiefe Wunde des Verlustes. Um den Schmerz zu dämpfen, betäuben wir uns mit Alkohol. Wir müssen diesen Teufelskreis in unserem Leben beenden und nüchtern werden. Und wir müssen diese Wunden heilen, die unserem Alkoholmißbrauch zugrunde liegen. Viele Ureinwohner leiden an einer Krankheit, die ihren Geist infiziert. Es ist, als ob wir unsere Seele verloren haben."

Harold kam zu dem Schluß, daß Alkoholismus eine Krankheit des Geistes ist, und seine Heilung dem Ureinwohner hilft. Und um des Geistes willen schaute er in die alte Yup'ik-Welt, in der seine Leute noch frei und sicher lebten. Nach der sehr alten und umfassenden Yup'ik-Lebensphilosophie war *Yuuyaraq* „der Weg, ein Mensch zu sein". Obwohl ungeschrieben, beherrschte es alle Aspekte des menschlichen Lebens und bestimmte das richtige Verhalten zwischen den Menschen und zu allen Dingen des Lebens. Damals besaßen alle Dinge einen Geist, und jedes Ereignis hatte eine spirituelle Ursache. Der Medizinmann – der *Angalkuq* – verstand diese Geisterwelt und war der Interpret von *Yuuyaraq.* Man sagt, daß er bei seiner Suche nach Verständnis und Lösung der Probleme seines Volkes zum Mond, auf den Grund des Meeres und in die Tiefen der Erde gegangen ist.

All dies begann sich zu ändern, als der erste weiße Mann an der Küste des Beringmeers ankam. Zuerst wehrten die Yup'ik die russischen Händler ab, die sie zu kolonisieren versuchten. Dann widerstanden sie christlichen Priestern, denen ihre Geisterwelt ein Dorn im Auge war. Doch ihr Widerstand wurde bald untergraben; Händler, Walfänger und Missionare schleppten Krankheiten ein, gegen die die Yup'ik keine Immunität besaßen. Im Jahre 1900 zog der *Große Tod* mit der Grippeepidemie ein, die sich wie ein Lauffeuer in alle Ecken Alaskas ausbreitete. Da sie nichts von Bakterien und Viren wußten, schrieben die Yup'ik die Krankheiten dem Eindringen von bösen Geistern in den Körper zu.

„Die Verwirrung, das Leid und die Verzweiflung waren unvorstellbar", schrieb Harold. „Kinder sahen hilflos ihre Mütter, Väter und Geschwister krank werden. Erst begann eine Familie, sich vom Fieber geschüttelt zu erbrechen – dann folgten nach und nach die anderen. Die Kräfte des *Angalkuq* versagten. Familien starben. Ganze Dörfer verschwanden. Hier und da blieb ein Kind oder ein Erwachsener verschont. Sogar der erschöpfte Medizinmann wurde krank und starb in Verzweiflung. Und mit ihnen starb ein großer Teil des *Yuuyaraq,* die alte Geisterwelt der Inuit. Die Überlebenden verblieben orientierungslos und ängstlich. Sie litten an einer Neurose, wie Soldaten auf einem mit Toten bedeckten Schlachtfeld. Sie trauerten und hatten Schuldgefühle, überlebt zu haben."

Die durch den traumatischen Tod ihrer Kultur verwaisten Männer und Frauen bildeten die erste Generation der neuzeitlichen Yup'ik. Derart geschwächt und verwirrt, unterdrückten sie ihren Schmerz und begruben ihre alte Kultur sozusagen in der Stille der Verleugnung. Yup'ik-Eltern unterrichteten ihre Kinder nicht mehr und übergaben sie den Missionaren und Schullehrern, die ihnen Seifenlauge einflößten, wenn sie ihre Muttersprache gebrauchten. Völlig apathisch übergaben die Überlebenden ihr Schicksal den Neuankömmlingen. Traditionelle Tänze und Feste verschwanden. Trommeln wurden fortgeworfen oder versteckt. Die Eltern ließen all dies geschehen, weil sie sich ihrer eigenen Herkunft schämten. Und sie gaben diese Scham an ihre Kinder weiter.

Harold erkannte sehr deutlich, daß die Yup'ik-Überlebenden des *Großen Todes,* gleich Kriegsteilnehmern, an post-traumatischem Streß litten. Er hätte ebensogut die Notlage anderer Ureinwohner in beiden Teilen Amerikas beschrieben, denn wo immer Europäer landeten, führten sie ansteckende Krankheiten ein. Praktisch über Nacht löschte eine riesige Todeswoge Millionen aus. Und überall, wo der *Große Tod* zuschlug, traf sein tragischer Nachschock ebenso die Überlebenden.

„Für die Überlebenden des *Großen Todes* wird Flucht zu einer Notwendigkeit", schreibt Harold. „Sie trinken und nehmen Drogen. Die ständige Unterdrückung traumatischer Erfahrungen setzt sich in ihrer Psyche oder Seele fest, gärt dort, beginnt ihr Leben zu beherrschen. Ihre Kinder erben ihre Verzweiflung, Einsamkeit und Schuld. Da sie nicht wissen, warum sie so fühlen, beginnen sie auf ihre eigenen Leute herabzuschauen, sehen sie als merkwürdig, unwissend, ja lächerlich an. Lange unterdrückte Wut, Verwirrung und das Gefühl von Minderwertigkeit und Ohnmacht durchdringen nun auch die Jüngsten. Sie schämen sich, Yup'ik zu sein, und versuchen, weiße Menschen zu werden. Sie geben alles auf – ihre Kultur, ihre Sprache, ihren spirituellen Glauben, ihre Lieder, ihre Tänze, ihre Feste, ihre Heimat, ihre Unabhängigkeit und ihre Identität. Sie ziehen sich in sich selbst zurück und hüllen ihre tragischen Gefühle in ein tiefes Schweigen.

„Wir sind mühselig durch die vergangenen 100 Jahre getaumelt. Selbstverleugnung und stilles Leiden wurden zu Eigenschaften unseres Volkes. Ist dies unser Lebensweg bis zum Ende, die Opfer der Opfer zu begraben? Oder können wir eine gesunde Lebensweise wiedererwecken – einen neuen *Yuuyaraq* für die gegenwärtige Welt?"

Hundert Jahre Leid heilen nicht über Nacht. Die Eingeborenen Alaskas brauchen Zeit für ihre Genesung und die Chance, ihre Unabhängigkeit und Selbständigkeit, einst Merkmale des Yup'ik-Volkes, wieder geltend machen zu können.

Wie Harold es ausdrückt: „Eingeborene Menschen müssen ihre Seelen wiedererlangen. Wir müssen Risiken auf uns nehmen und uns unmittelbar mit den Härten des Lebens auseinandersetzen, um unsere Identität und Spiritualität wiederzugewinnen. Wir müssen das Trauma loslassen. Dann werden Mütter wieder ihre Söhne sehen, und Söhne werden ihre Väter zum erstenmal erkennen. Dann können wir alle wieder nach Hause gehen, wieder Familie und Dorf sein. Andernfalls werden wir aufhören, als ein Volk zu existieren. Es ist eine Existenzfrage."

„Unsere heutige Lebensweise ist abnormal, es ist das Leben eines eingesperrten Tieres", schreibt er. „Von Geburt an bis zum Tod werden die Ureinwohner Alaskas von der Regierung betreut. Wir werden ernährt, untergebracht, betreut, aber wir sind nicht frei. Der anhaltende Versuch, eingeborene Menschen zu assimilieren, sie zu allem anderen zu machen als das, was sie sind, bedeutet, sie langsam zu töten. Die einzige Möglichkeit, unsere Leiden zu beenden, besteht darin, daß Dörfer und Stämme wieder ihre Verantwortung geltend machen, ihre Angehörigen selber zu regieren, zu kleiden und ihnen Obdach zu geben. Wir müssen wieder ein Gefühl von *Souveränität* herstellen."

Am 23. Februar 1993 wurde Harold Napoleon freigelassen, nachdem er acht Jahre seiner Strafe verbüßt hatte.

Er nahm sofort die Arbeit bei der Alaska Native Foundation auf, die für das Recht auf Selbstregierung und Selbstbestimmung der Ureinwohner Alaskas eintritt. In ihrer Antwort auf sein Werk *Yuuyaraq*, entschuldigten sich verschiedene Kirchen für die Taten ihrer Missionare, die zum Trauma des *Großen Todes* beitrugen. Harold entwikkelte einen völlig neuen Ansatz zum Verständnis der Probleme alaskischer Ureinwohner. Selbständigkeit und Rückbesinnung sind die Schlüssel, um sich aus der Abhängigkeit von der Regierung zu lösen. Und ganze Dörfer warten darauf, die Wunden des *Großen Todes* doch noch zu heilen.

Mary und Joe Friday aus Chevak, Alaska. Joe sagte einmal: „Früher wurde alles, was das Land hervorbrachte, für das tägliche Leben gebraucht. Die Älteren brachten den Kindern bei, wie sie in diesem rauhen Land überleben konnten. Das Leben war nicht einfach. Heute ist es leichter, aber lange nicht mehr so zufriedenstellend."

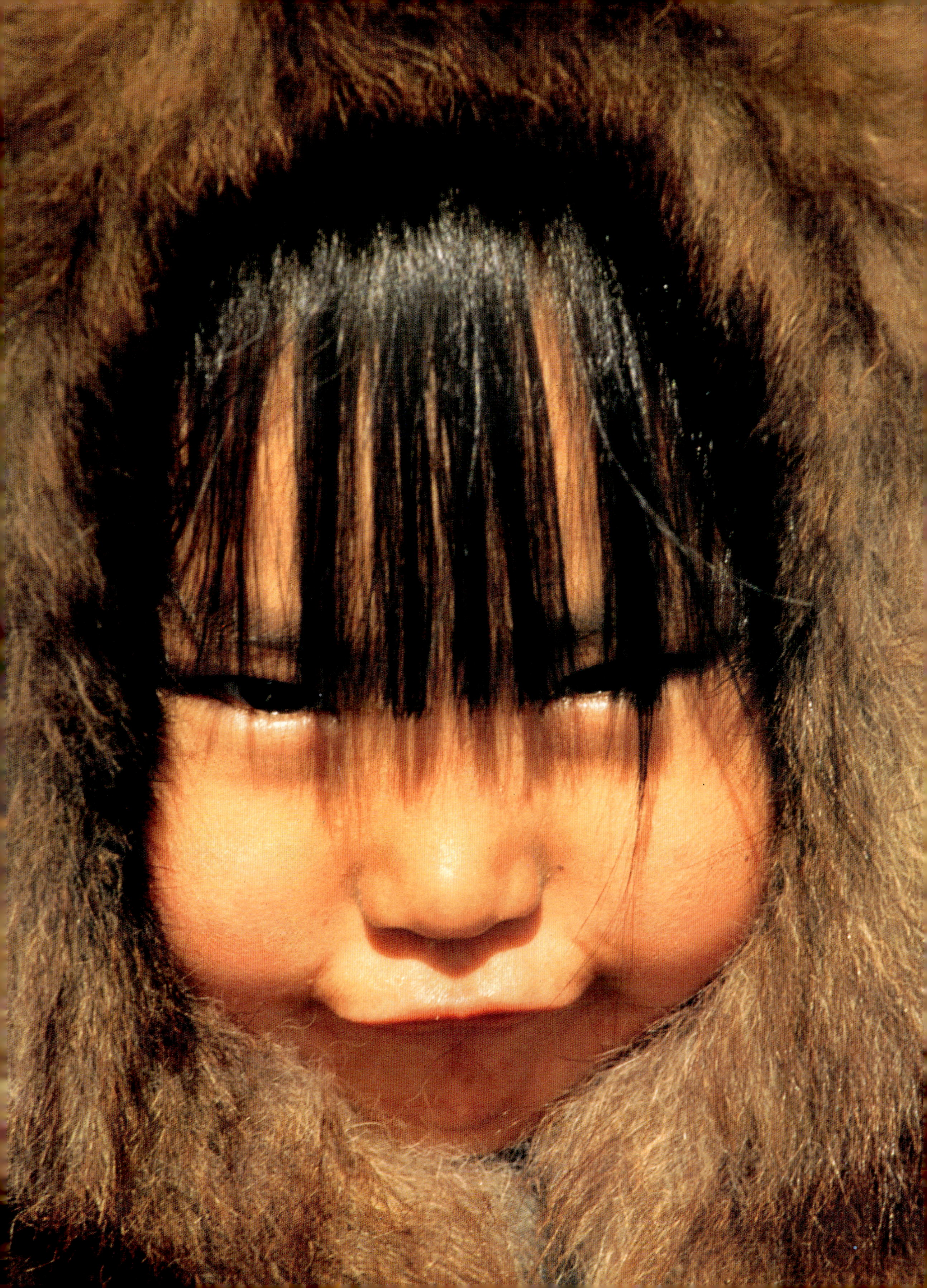

GWICH'IN

VOLK DES KARIBU

Die Brooks Range, ein 1400 km langer Gebirgszug mit schroffen Gipfeln und tiefen Flußtälern, wölbt sich über Nordalaska bis nach Kanada. In der Nähe der kanadischen Grenze fließt das von Gletschern gespeiste Wasser des Chandalar-Flusses nach Süden. Wo der Fluß die Berge verläßt und in die Yukon-Ebene übergeht, steht eine Gruppe Blockhäuser, eine Schule, eine Kirche und ein Gemeindezentrum am Ufer. Dies ist Arctic Village, eines von 15 Dörfern in Alaska und Nordwestkanada, die die Heimat der Gwich'in sind, den nördlichsten Indianern in Nordamerika.

Mehrere Meilen östlich des Dorfes gibt es eine Lichtung, auf der Karibus fressen, trinken und ruhen. Hier ist das Gras saftig, sind die allgegenwärtigen Moskitos weniger lästig, und hier können die Karibus beim Grasen noch rechtzeitig ihre Todfeinde entdecken, die Wölfe und Bären. Lincoln Tritt aus Arctic Village erinnert sich: „Soweit ich zurückdenken kann, saß in jedem Frühling und Herbst immer jemand an einem Lagerfeuer auf dem Berg und hielt nach den Karibus Ausschau. Der Berg ist vom Dorf gut zu sehen, und wenn der Wachtposten Karibus entdeckte, winkte er oder gab Rauchzeichen. Dann wurde das Dorf lebendig, und die Bewohner, jung und alt, liefen zum Berg hinauf. Bei diesen Versammlungen waren alle in bester Stimmung. Ein glückseliges Gemeinschaftsgefühl umschloß die Gruppe. Dies war eine besonders wichtige Zeit in meiner Kindheit. Das heißt, in diesen kurzen, leuchtenden Augenblicken waren meine Freunde und ich *Männer*."

Lincoln wuchs in Arctic Village auf, ging fort zum College und kehrte dann nach Hause zurück. Er zählte die Veränderungen auf, die er wahrnahm. „Unsere menschlichen und spirituellen Werte werden allmählich durch finanzielle Werte ersetzt, deren Bedeutung unseren Leuten immer noch etwas schleierhaft ist. Der Wert des Geldes und der Begriff *mein* ist nämlich unseren Leuten fremd. Unsere Leute haben immer als Gruppe gehandelt und in Begriffen des Stammes und der Familie gedacht. Ich wünschte, die Welt würde eine Minute anhalten und sehen, was wirklich geschieht."

Gwich'in-Kind in Arctic Village, Alaska.

Wie die Prärie-Indianer einst vom Büffel, so hängen die Gwich'in vom Karibu ab. Sie sehen ihre Beziehung zum Karibu als eine Art Verwandtschaft. Es begann vor langer Zeit, sagen sie, als alle Geschöpfe in derselben Sprache redeten. In jener fernen Zeit waren die Karibu und das Gwich'in-Volk eins. Als aus ihnen zwei verschiedene Lebewesen wurden, behielt jedes Karibu etwas vom menschlichen Herzen und jeder Mensch ein bißchen vom Herzen des Karibu. Auf diese Weise konnten die Karibus und die Gwich'in immer des anderen Gedanken und Gefühle spüren. Die Tundra schließlich ernährte die Karibus und die Karibus den Menschen.

Erinnerungen aus alter Zeit und Geschichte vermischten sich. Die Vorfahren der Gwich'in waren schon seit Urzeiten mit den Karibus vertraut, lange bevor sich die westliche Zivilisation überhaupt regte. Archäologen konnten dank moderner Meßmethoden nachweisen, daß die Karibus diese Region seit mindestens 54 000 Jahren durchstreift haben. Knöcherne Artefakte aus dem Old Crow River in Kanada weisen auf die Anwesenheit von Menschen vor 27 000 Jahren hin.

Heute leben ungefähr 7000 Gwich'in in Alaska und Kanada, und bis vor kurzem waren die meisten von ihnen zufrieden, ruhig an ihrem Ende der Welt zu leben und die Tumulte des 20. Jahrhunderts an sich vorbeiziehen zu lassen. Es war gut, daß nur wenige Leute wußten, wer sie waren und wie sie lebten. In den 90er Jahren fand ihre geliebte Abgeschiedenheit ein Ende: Ölgesellschaften traten an und wollten in den Kalbungsgebieten der Porcupine-Karibuherde bohren. Das Schicksal der Büffel vor Augen, erkannten die Gwich'in, daß sie sich wehren mußten.

„Bevor wir von den Ölfördertürmen in den Karibu-Kalbungsgebieten bedroht wurden, versuchten wir, so gut es ging, für uns selbst zu bleiben. Aber jetzt müssen wir zu anderen sprechen", sagt Sarah James aus Arctic Village. Obwohl weder Häuptling noch Stammesälteste, ist Sarah zu einer Führerin in dieser existenzgefährdenden Krise aufgestiegen. „Mag sein, daß wir wenigen schon bedeutungslos sind. Mag sein, daß viele denken, Indianer wären nicht wichtig genug, um sie an Entscheidungen über Energiegewinnung zu beteiligen. Aber es sind meine Leute, die durch diese Förderung bedroht werden. Wir sind diejenigen, die alles zu verlieren haben."

Auf der kanadischen Seite drückte eine andere Gwich'in-Frau, Norma Kassi aus Old Crow, dieselbe nagende Angst aus. „Ein langer Schatten hängt jetzt über unserem Leben", sagte sie. „Ölförderung bedroht die Karibus, und damit die Menschen. Ölmanager und amerikanische Senatoren scheinen das nicht zu verstehen. Sie kommen nicht in unsere Häuser und teilen unser Essen. Sie haben nie versucht, die in unseren Gesängen und Gebeten ausgedrückten Gefühle zu verstehen. Sie haben nie gesehen, wie die Gesichter unserer Ältesten aufleuchten, wenn sie hören, daß die Karibus zurückgekommen sind. Und sie haben unsere Ältesten nicht weinen sehen, wenn sie an den Schaden denken, den Ölfördertürme im Karibugebiet verursachen würden. Unsere Ältesten haben erlebt, wie Teile unserer Kultur zerstört wurden, und sind besorgt, daß unsere Leute für immer verschwinden."

Der gegenwärtige Kampf der Gwich'in, ihre Lebensweise zu bewahren, begann im Jahre 1968 mit der Entdeckung von Öl in Prudhoe Bay. Die Baugenehmigung für die *Trans-Alaska-Pipeline* hing von der Begleichung der noch schwebenden Landansprüche ab, die die Eingeborenen Alaskas eingereicht hatten und über die der Kongreß entschied. Während die meisten Ureinwohner Alaskas Eigentumsurkunden für einige Ländereien und Barzahlungen für andere akzeptierten, verzichteten die Gwich'in auf jegliche Barleistung und zogen es vor, die Kontrolle über ein größeres Landgebiet zu behalten. Ihr Ziel war, die Karibus zu beschützen – und damit ihre eigene Lebensweise. Aber das Gefühl der Sicherheit, das ihnen diese Vereinbarung vermittelte, war nur kurzlebig. Seit Mitte der 80er Jahre bohren Ölgesellschaften in den Kalbungsgebieten der Porcupine-Karibuherde nach Öl.

Die Bedrohung der Porcupine-Herde ist nur in Verbindung mit der ökologischen Rolle dieser bemerkenswerten Geschöpfe zu verstehen. Die Herde hat ihren Namen vom Porcupine River, der im fernen nördlichen Kanada entspringt, über

Alaska bis in den Yukon fließt und die Hauptwasserscheide im Gebiet der Herde bildet. Jeden Frühling unternehmen 150 000 Karibus eine fast unglaubliche Wanderung über mehr als 2000 Kilometer. Sie machen sich von ihren Winterquartieren, den borealen Wäldern des kanadischen Yukon-Territoriums, Richtung Norden auf, überqueren die imaginäre Grenze nach Alaska, durchschwimmen den turbulenten Porcupine River und strömen durch die Pässe in die Brooks Range. Wenn sie von den Bergen heruntergekommen sind, schwärmen sie zur arktischen Küstenebene aus und gebären ihre Kälber.

Einmal stieß ich beim Bergsteigen hoch oben in der Brooks Range auf die Herde. Das Land war still, kein Lüftchen regte sich. Dann schien sich der Horizont ganz langsam zu bewegen. Die fernen Berge schimmerten, als ob sie Hitzewellen reflektierten. Es waren die Karibus. Tausende von Kühen kamen mit ihren Kälbern das Tal herauf, wie eine Nebelwolke über der Tundra. Bald waren sie nahe genug, daß ich das Klappern ihrer Hufe hörte. Gelegentlich rannten Jungtiere übermütig los, stürmten einen Hügel hinauf, kehrten um, drehten sich und sprangen hintereinander her. Noch vor Tagen folgten diese Kälber allein dem Geruch und den Lauten ihrer Mutter. Jetzt nahmen sie es mit Risiken auf, spielten mit unbekümmerter Energie, entwickelten die Ausdauer und die Beweglichkeit, die ihnen helfen würde, einem Bären oder Wolf zu entrinnen.

Aus Jahrtausenden des Probens haben die Karibus die weite Küstenebene am Arktischen Meer als besten Ort zum Überleben ihrer Kälber gewählt. Sie bietet eine Überfülle nahrhaften Grases und kaum Gefahren durch Raubtiere. Um Mitte Mai erreichen die ersten Gruppen schwangerer Kühe die Küstenebene. Ihre Ankunft fällt instinktiv mit dem Sprießen neuer Gräser zusammen. Die ersten Kälber werden Ende Mai geboren. Nachdem sie sich im Juni und Juli von dem üppigen Gras und den Flechten ernährt haben, bewegt sich die Herde

Die Gwich'in glauben, daß die Karibus und ihr Volk ursprünglich eins waren, und sie fühlen sich diesen Tieren heute noch eng verbunden.

Nordamerika

Sarah James aus Arctic Village sagt: „Wir kümmern uns um das Land, das Land kümmert sich um uns. Wenn wir es zerstören, was tun wir unseren Kindern an? Ohne unser Land sind wir niemand."

wieder nach Süden, zurück durch die Berge zu ihrem Überwinterungsgebiet in Kanada. Auf diesem Weg ernähren die Karibus die Wölfe, die Grizzlybären – und die Gwich'in.

Vor der Ankunft europäischer Trapper jagten die Gwich'in die Karibus mit Pfeilen und Speeren. Manchmal trieben sie die Tiere mit sorgfältig plazierten Fichtenzäunen in die Enge. Heute gebrauchen die Gwich'in-Jäger Gewehre und Schneemobile, aber ihre traditionelle Einstellung zur Jagd bleibt unverändert. Ganz gleich, wie hungrig die Dorfbewohner nach einem langen Winter sein mögen, sie lassen in jedem Frühling die erste erscheinende Karibu-Gruppe ungestört vorbeiziehen. Und das jahrhundertealte überlebenswichtige Verbot von Vergeudung ist in das heutige Gesetz der Gwich'in geschrieben worden: Man darf ein Karibu nur aus Not töten und soll dann so viele Teile des Tieres wie möglich verwenden.

Nach einer erfolgreichen Jagd wird das Karibufleisch durch ein allumfassendes Netzwerk des Teilens, Schenkens und Tauschens in der ganzen Gemeinde verteilt. Die Köpfe, eine traditionelle Delikatesse, werden gewöhnlich über dem offenen Feuer geröstet. Das Fleisch, konserviert durch Einfrieren oder Trocknen, liefert etwa 75 Prozent des Proteins in der Nahrung der Gwich'in. Aus den Häuten werden Pantoffeln genäht, Börsen, Winterstiefel, Taschen, Hemden und andere Kleidungsstücke. Die Knochen werden für Haken, Stiele und andere Werkzeuge benötigt. Und der Geist des Karibus wird in Liedern, Geschichten und Tänzen geehrt.

Im August 1989 luden mich die Gwich'in-Häuptlinge hinauf nach Arctic Village ein als Zeuge ihrer gefestigten Stammesbande und ihrer Vorbereitung auf den Kampf, die Kalbungsgebiete der Karibus zu retten. Während der einwöchigen Versammlung waren die Abende erfüllt mit Geschichtenerzählen und Festessen – an offenen Feuern gerösteter Karibus. Gegen Mitternacht holte Häuptling Trimble Gilbert seine Geige hervor. Jemand anders stellte die Trommeln auf. Dann tanzten alle – von den nimmermüden kleinen Vorschulkindern bis zu den ältesten Frauen, gestützt auf ihre Weidenstöcke – bis zum Morgengrauen. Später am Tage beschäftigten sich die Leute engagiert mit der Erhaltung ihrer Kultur. Jeder, ob Mann, ob Frau, bat um den diamantbesetzten Weiden-Sprechstab, erhob sich und drückte seine Befürchtungen und Hoffnungen aus.

„Mein Großvater baute Karibuzäune oben in den Bergen und war bereit, sie mit seinem Leben zu verteidigen", sagte Jonathan Soloman in einer prächtigen Karibuweste, die seine Frau genäht und mit Perlen bestickt hatte. „Ich wurde von meinem Vater draußen auf dem Land großgezogen. Es war ein gutes Leben. Mein Vater brachte mir alles bei, und ich werde sein Wissen meinen Kindern weitergeben. Die Gwich'in werden allein stehen, wenn es sein muß. Es ist an der Zeit, zu sagen: ‚Dies gehört uns, und wir werden es ein und für allemal verteidigen.'"

Ein sehr alter Mann, dessen tief gefurchtes Gesicht unter einer Baseball-Kappe hervorlugte, nahm den Stab. „Wir leben heute in zwei unterschiedlichen Welten", sagte er zuerst in Gwich'in und dann in Englisch. „Ich lebe ein traditionelles

Leben des Jagens und Fischens. Aber seht, ich trage Stiefel aus Taiwan und Jeans aus den USA. Es ist komisch, aber es ist bedenklich. Unsere alten Leute sagten: ‚Um zu wissen, wo du hingehst, mußt du wissen, woher du kamst.' Und wir kommen vom Land, wie die Karibus. Sie sind unsere Brüder. Wir müssen ihre Kalbungsgebiete verteidigen. Wenn ich mein Leben geben muß, um sie zu beschützen, so werde ich das tun."

Dann erhob sich Sarah James, um zu sprechen. „Karibus sind nicht nur unsere Nahrung, sondern das, was wir sind. Sie sind in unseren Geschichten und Liedern und unserer Lebensanschauung. Karibus sind unser Leben, ohne sie würden wir nicht existieren."

Später besuchte ich Sarah in ihrem Zwei-Zimmer-Haus auf einem Hügel am Rande von Arctic Village. Kleidungsstücke, Bücher, Konserven, ein Hammer und ein Fön waren auf dem Ladentisch gestapelt. In einer Ecke stand ein Faß Trinkwasser, das sie vom Fluß heraufgeschleppt hatte. Das schwarze Haar über ihren Schultern zeigte die ersten grauen Strähnen. Während sie geschäftig einen Kaffee vorbereitete, erschien in ihrem Gesicht ein breites Lächeln. Als der Kaffee fertig war, setzte sie sich für ein kurzes Gespräch.

„Wissen Sie, mein Vater hatte eine Reihe von Fallen etwa 150 Kilometer von seinem nächsten Nachbarn entfernt", erzählte sie und erinnerte sich daran, wie sie und ihre sieben Geschwister am Salmon-Fluß aufwuchsen. „Wir mußten arbeiten, um zu überleben. Ich half jeden Tag bei der Hausarbeit. Ich hackte Holz, fing Kaninchen, fischte Äschen. Ich ging bis zum 13. Lebensjahr niemals in die Schule, aber ich lernte von dem Leben draußen in der Wildnis, unserer natürlichen Welt. Heute kann ich in der regierten Welt überleben. Aber ich würde lieber in der natürlichen Welt leben. Es ist ein gutes Leben – Fischen, Jagen, Beeren und Wurzeln sammeln."

„Wir bekamen nie Langeweile. Im Herbst konnten wir eislaufen und fischen. Im Winter spielten wir in den Schneewehen. Und mein älterer Bruder Gideon – er ist jetzt Häuptling in Venetie – las uns an den Abenden Geschichten vor. Wir schnitzten viel, spielten Karten, und mein Vati machte Schneeschuhe, Schlitten und Geschirre – alles, was wir benötigten. Und wir halfen dabei. Und meine Mutti nähte alles, was wir trugen. Und sie besorgte das Gerben, die Pelznäherei und die Perlenstickerei."

Sarah hatte einen Coleman-Ofen angezündet, um Kaffee zu machen. Heute sind in das Leben der Gwich'in auch Ölerzeugnisse eingezogen – hergestellt von der Industrie, die ihnen so gefährlich gegenübersteht. Fast jeder verwendet Benzin, um Boote und Schneemobile zu fahren. Die meisten Gwich'in sind gar nicht einmal gegen Öl eingestellt. Sie genehmigten sogar Probebohrungen auf einigen ihrer Ländereien, die außerhalb des Karibugebietes liegen.

„Wir lernten eine Menge im Umgang mit diesen Ölsuchtrupps", sagte Sarah. „Und ebenfalls von der Ölkatastrophe der *Exxon Valdez*. Ich glaube nicht, daß wir Ölgesellschaften hier noch einmal hereinlassen. Sehen Sie, wir haben immer noch reine Luft und Wasser, und wir möchten es so

Sandy Hopson aus Arctic Village schmückt sich für einen zeremoniellen Tanz mit Kleidern und Schuhen aus Karibufellen.

behalten. Es gibt Orte, die um keinen Preis gestört werden sollten, die zu wichtig sind und nur für Tiere wertvoll. Die Kalbungsgebiete müssen in Ruhe gelassen werden."

„Unsinn", sagt Roger Herrera, Geologe von British Petroleum: „Die Besorgnis der Gwich'in ist stark übertrieben. Es ist undenkbar, daß Erschließung größere Veränderungen als der natürliche Kreislauf verursacht. Unvermeidlich ist nur, daß diese Leute sich ändern."

Die Gwich'in widersetzen sich jedoch dem Zwang, ihre Lebensweise zu ändern. Wie Sarah es ausdrückt: „Wir sind seit Tausenden von Jahren hiergewesen. Wir kennen das Wetter, die Tiere, die Pflanzenwelt und die Jahreszeiten. Wir sind fähig, hier oben zu leben. Und wir wollen unsere Leute, unsere Kinder wie einst ausbilden. Wenn andere nur unsere Bräuche und unser Urteilsvermögen respektieren würden."

Die Gwich'in glauben, daß der Bericht der Ölindustrie in Prudhoe Bay nicht ihre beantragte Bohrung im arktischen Tierschutzgebiet rechtfertigt. Von 1973 bis 1992 gab es mehr als 17 000 Ölunfälle in Prudhoe. Viele davon waren klein, aber Prudhoe-Unternehmen haben auch jedes Jahr Tausende Tonnen von Stickstoffoxid in die Luft freigesetzt und in Müllgruben oft Arsen, Blei und Chrom durchsickern lassen. Einige Beamte, so wie John Turner, Direktor des *U. S. Fish and Wildlife Service,* bagatellisierten diese Problematik, indem sie sagten, daß „die Erfahrungen in Prudhoe Bay den Sicherheitsmaßstab liefern, daß die Karibus gut mit der Ölförderung koexistieren können". Demgegenüber führte die kanadische Regierung aus, die kein finanzielles Interesse an der Entwicklung eines arktischen Schutzgebietes hat, „daß Störungen der Karibus in der Nähe der Ölförderung bereits vorgekommen sind. Daß das Kalben im Ölfeld von Prudhoe Bay fast aufgehört hat. Daß hungernde und tote Karibus nahe Nuiqsit, westlich der Ölfelder, dokumentiert sind".

Gefangen zwischen widerstreitenden Berichten und Behauptungen, fragen die Gwich'in: Warum sollen wir es darauf ankommen lassen und die Karibus riskieren? Warum sollen wir unsere Kultur aufs Spiel setzen? Um gegen die Lobby der großen multinationalen Ölgesellschaften zu kämpfen, sammelten die Gwich'in Geld. Das war nicht leicht: Bei nur einer Handvoll bezahlter Jobs in ihren Dörfern verdienen die meisten Familien weniger als 5000 Dollar im Jahr. Als sich jedoch der Tag der Beschlußfassung über die Ölbohrungen im Kongreß abzeichnete, gelang es ihnen, Sarah James und Jonathan Soloman als ihre Vertreter nach Washington zu schicken.

Die Gwich'in beantragten die Erschaffung einer biokulturellen Schutzzone, um nicht nur die Karibus zu beschützen, sondern auch die Ökosysteme und Ureinwohner auf beiden Seiten der Grenze zwischen Alaska und Kanada. Sie baten auch um einen speziellen Wildnis-Status in dem Schutzgebiet, „denn das ist die einzige Möglichkeit, unsere Kultur vor allem industriellen Druck zu beschützen". Gemäß ihrer Maxime, nichts zu vergeuden, wiesen die Gwich'in darauf hin, daß Umweltschutzmaßnahmen, wie die Treibstoffleistung von Autos nur um zwei oder drei Kilometer per Gallone zu erhöhen, soviel Öl sparen könnten, wie nach der Schätzung unter dem Schutzgebiet liegt. „Sie erwarten nur, genug Öl zu finden, um Amerika für 200 Tage mit Treibstoff zu versorgen", sagte Sarah. „Warum riskieren Sie unsere Kultur für 200 Tage Öl?"

Am 19. Februar 1992 verabschiedete der US-Senat nach einer hitzigen Debatte ein drastisch abgeändertes Energiegesetz. Es enthielt nur wenige Energiesparmaßnahmen und sprach nicht einmal die Idee eines biokulturellen Schutzgebietes an. Aber das Gesetz stoppte Bohrungen in dem arktischen Tierschutzgebiet, wenigstens vorläufig. Dieser Aufschub wurde in den Gwich'in-Dörfern begeistert gefeiert. Die Menschen sangen, tanzten, brachten Dankgebete dar. In Kanada gab das Dorf Old Crow schulfrei.

Als ich Sarah das nächste Mal sah, war sie in Paris bei einer von der UN organisierten Versammlung der Gemeindeführer aus aller Welt. Als sie an der Reihe zu sprechen war, schaute sie über die Gesichter von etwa 1000 Menschen, ohne ein Wort zu sagen. Eine Stille senkte sich über die große Halle. Sarah begann in Gwich'in zu sprechen. Ungewohnte Silben durchdrangen den Saal, jedoch ich glaube, jeder verstand: hier, weit weg von zu Hause, spricht eine Frau für ihr Volk, das sehr stolz auf sich ist.

Dann wechselte sie über zu Englisch. „Wir sind die Karibu-Leute. Wir gewannen gerade einen Kampf, um die Karibus und unsere Lebensweise zu beschützen. Aber wir wissen, die Ölgesellschaften werden uns wieder angreifen. Weitere Kämpfe liegen vor uns. Nicht nur dort oben in Alaska, sondern überall. Es wird schwer sein. Wir müssen zusammenarbeiten. Die Gwich'in werden kämpfen, solange es nötig ist. Wir wissen, daß wir ohne Land niemand sind."

Amanada und Sophie Tritt aus Arctic Village.

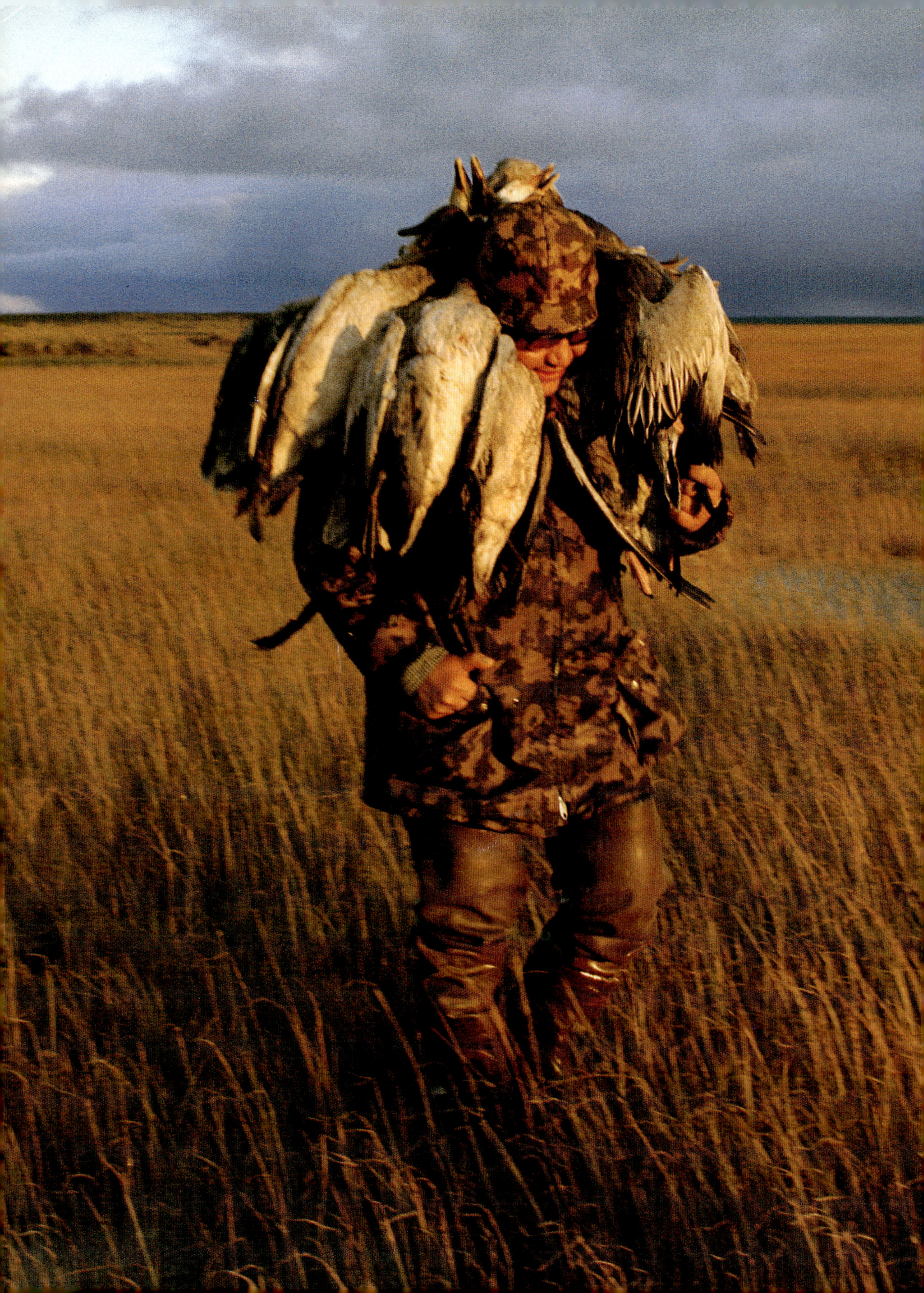

CREE

DIE SCHLACHT VON DER JAMESBAI

Ein Cree kehrt mit einigen Schneegänsen von der Jagd zurück.

Die Einstellung der Dammbauer war die: ‚Wir bauen ihn, und dann werden wir uns mit den Problemen befassen'", sagte Kenneth Gilpin, Häuptling der Eastmain Cree in Quebec: „Aber sie können uns nichts bieten, was dieses Vorgehen rechtfertigen würde. Sie zerstören unsere Lebensweise. Das ist das Ende der Cree. Kein Geld wird jemals in Ordnung bringen, was sie fortnehmen. Es fällt mir unsagbar schwer, das ansehen zu müssen."

Ich begegnete Gilpin während einer dreitägigen Versammlung von Cree-Häuptlingen in Val D'or, 650 Kilometer nördlich von Montreal. Hinter verschlossenen Türen versuchten sie, eine Strategie zu entwickeln, um gegen das größte jemals unternommene hydroelektrische Projekt zu kämpfen. Wenn alle drei Phasen des Jamesbai-Projektes abgeschlossen sind, würden 47 Staudämme und 667 Deiche 20 Flüsse umleiten, ein Gebiet wilden Marschlandes, doppelt so groß wie der Bundesstaat New York, in ein System künstlicher Wasserwege verwandeln. Das ökologische Gleichgewicht eines Gebietes von der Größe Frankreichs wäre bedroht. Gilpins Gemeinde war durch die erste Reihe von Dämmen hart getroffen worden.

„Unsere wichtigste Wasserquelle war der Fluß", sagte Häuptling Gilpin. „Man konnte jeden Morgen mit seinem Eimer dort hinuntergehen und frisches Trinkwasser holen. Das geht jetzt nicht mehr."

„Sie meinen, der Fluß ist ausgetrocknet?" fragte ich.

„Der Fluß ist nicht völlig trocken. Er ist wie ein kleiner Bach. Das ganze Jahr hindurch fischten wir in diesem Fluß. Im Sommer konnte man dort jeden Morgen die Menschen in ihren Kanus sehen, wie sie ihre Netze prüften. Das ist vorbei. Alles, was man nun sieht, ist ein brauner Fluß. Unsere Ältesten wundern sich, wo all das tiefe Wasser geblieben ist."

„Ein Fluß, der verschwindet, ist wie der Tod. Wenn ein Mensch stirbt, angenommen, es wäre Ihr Vater, den Sie so sehr liebten, dann ist er tot und vergangen. Und das

Leben geht weiter. Aber wenn der Fluß stirbt, müssen Sie ihn immer noch jeden Tag anschauen. Dieses trockene Ufer – Sie können sich nicht davon losmachen. Es erinnert Sie immer."

„Wie reagieren Ihre Leute?" fragte ich.

„Meinen Sie, ob die Cree zornig sind? Natürlich sind wir zornig", erwiderte Häuptling Gilpin, der eher schmächtig ist, jedoch eindringlich spricht. „Aber was geschehen ist, ist geschehen. Wir wollen nur nicht, daß andere Gemeinden so leiden, wie wir es getan haben. Seit der Überschwemmung unserer Ländereien nahmen Alkohol- und Familienprobleme zu. Erst letzte Woche fiel ein Mädchen nach einem Alkoholgelage in Koma. Ein betrunkener Fahrer überfuhr ein Kind beim Schlittenfahren. Und es hat Selbstmorde gegeben. Wir versuchen, der Regierung diese Dinge zu erklären –"

„Was unternimmt die Regierung?"

„Sie antwortet überhaupt nicht. Einige unserer jungen Leute sind mittlerweile so zornig, daß sie kämpfen wollen. Aber ich erklärte ihnen, daß wir uns selber anschauen müssen, wer wir als Cree sind. Wie lösen Cree Probleme? Nicht durch Waffen. Das ist überhaupt keine Lösung."'

„Unsere Leute verstehen, daß die Zeiten sich ändern. Aber wir müssen noch Möglichkeiten finden, unsere Lebensweise, unsere Kultur, unsere Traditionen zu erhalten. Wir versuchen, uns so vorzubereiten, daß wir nicht verschwinden."

Die Regierung in Quebec hatte das gewaltige Jamesbai-Projekt zehn Jahre lang im geheimen geplant, bevor sie es im Frühling 1971 öffentlich ankündigte. Billy Diamond, jetzt Häuptling der Wasaganish-Gruppe, erinnert sich an den Tag, an dem sie diese Neuigkeit erfuhren.

„Ich war zu der Zeit 18 Jahre alt", sagte Diamond mit einer tiefen, klangvollen Stimme. „Ich erinnere mich noch, daß ich an dem Morgen aufstand und zu meiner Frau sagte: ‚Heute gehe ich jagen.' Ich verbrachte den ganzen Tag mit meinem Vater, und es war wirklich schön. Er war 14 Jahre lang Häuptling, und ich hätte keinen besseren Lehrer haben können. Wenn die Gemeinde ein Problem hatte, wandten sie sich an Malcolm Diamond. Er würde ihnen schon helfen. An jenem Tag jagten Vater und ich gut 20 Kilometer von der Gemeinde entfernt. Es wurde gerade dunkel, als wir zurückkamen. Ich kam mit fünf Gänsen herein, und meine Frau sagte zu mir: ‚Stell mal das Radio an. Sie haben etwas über Jamesbai bekanntgegeben.' Ich suchte die Nachrichten bei CBC, und sie berichteten davon, sieben größere Flüsse nutzbar zu machen und elf große Dämme zu bauen."

Billy Diamond und sein Freund Philip Washes mobilisierten schon bald darauf die Cree-Gemeinden unter dem Motto: „Wir müssen etwas tun." Ende Juni 1971 hielt der Häuptlingsrat seine erste Strategiesitzung ab. Es war tatsächlich das erste Mal in der Geschichte der Cree, daß alle Cree-Häuptlinge sich versammelten.

„Dies waren alles sehr starke Männer", sagte Diamond, „aber wir hatten das erschreckende Gefühl, hilflos zu sein. Wir wußten, daß wir uns gegen einen gewaltigen Giganten erhoben – Hydro-Quebec. Wie konnten wir gegen diese mächtige Gesellschaft kämpfen?

Und ich erinnerte mich, als mein Dad an einem sonnigen Frühlingstag mit mir zusammensaß. Ich werde das niemals vergessen. Er sagte: ‚Schau, als du jung warst, wußte ich, daß du in unserer Gemeinde bleiben wolltest, aber ich schickte dich zur Schule fort. Ich tat es aus einem Grund – damit du die Verhaltensweisen des weißen Mannes lernen konntest. Nun mußt du nehmen, was du gelernt hast, es herumdrehen und zu unserem Vorteil gebrauchen. Wir haben dich nicht umsonst zur Schule geschickt. Wir wußten, daß etwas wie dies eintreten würde. Nun hast du das Handwerkszeug. Fühle dich nicht hilflos. Sage nicht, du hast keine Hilfsmittel. Du hast sie.'

Und ich sah mich um und sagte: ‚Vater, was meinst du damit?'

Er sagte: ‚Das Hilfsmittel, das du gebrauchst, ist das Gesetz des weißen Mannes. Du nimmst es und verwendest es gegen ihn. Du wirst etwas darin finden.'"

Der junge Billy Diamond und Philip Washes versuchten, eine Strategie zu entwickeln. „Anfangs hatten wir keine Ideen", sagte Diamond. „Daher schauten wir zuerst in die Gesetze. Stellten Fragen. Wie bekam Quebec dieses Territorium? Wenn sie es

In einem Zelt, das als Gemeinschaftsküche dient, braten Cree-Frauen Gänse und rösten Brot über einem offenen Feuer.

nicht von uns bekamen, mußten sie es ohne unser Wissen auf eine andere Art bekommen haben."

Die Cree brauchten einen Anwalt, und in dem Irländer James O'Riley fanden sie einen, der für ihre Rechte bereit war zu kämpfen. „Ich habe kein Geld", sagte Diamond ihm. „Die Cree haben kein Geld. Wir wissen nicht, wann wir Sie bezahlen können. Aber ich möchte, daß Sie für den Jamesbai-Prozeß unser Anwalt sind."

Einen Monat später schloß O'Riley sich den Cree an, und sie beschlossen, die Offensive mit ihrem wichtigsten Anliegen zu ergreifen – den Grundrechten. Das kanadische Recht kannte nur wenige Präzedenzfälle zur Anerkennung des Rechtes eingeborener Menschen auf Redefreiheit, Religion oder Ausbildung. Rechte, die wir als selbstverständlich ansehen. Anders als die indianischen Völker in den Vereinigten Staaten, hatten kanadische Ureinwohner nur wenige Verträge mit ihren nationalen Regierungen. Doch die 80 Jahre alten *Quebec Boundaries Extension Acts* (Quebec-Gesetze über die Erweiterung von Grenzen) von der Provence Quebec verlangten, die Ansprüche der Eingeborenen zu begleichen, eine Verpflichtung, die niemals erfüllt wurde. Bevor sie bei Gericht dieses Argument durchzusetzen versuchten, arrangierten die Cree ein Treffen mit Quebecs Ministerpräsidenten Robert Bourassa, um vorab einen Landanspruch auszuhandeln.

„Dieses Treffen mit Bourassa war wahrscheinlich die schlimmste Erfahrung meines Lebens, weil hier etwas Trauriges mit meinem Vater geschah", sagte Diamond. „Keiner von uns jüngeren Führern durfte sprechen. Die Cree-Ältesten hatten einen unter sich gewählt. Sie sagten: ‚Malcolm Diamond wird zu Bourassa sprechen. Jeder hört auf Malcolm, so muß es auch Bourassa.'

Mein Dad begann zu Bourassa zu sprechen. Aber in der Mitte seiner Rede schnitt Bourassa ihm das Wort ab. Er nahm seine Papiere auf und sagte: ‚Ich habe keine Zeit dafür. Ich muß zu einer anderen Besprechung.'

Es herrschte Stille. Keiner der jungen Männer wollte mich anschauen. Und ich konnte meinen Vater nicht anschauen. Schmerz und Tränen zogen sich in meinem Herzen zusammen und stiegen auf in meine Augen. Ich wagte es nicht, ihn anzuschauen. Ich starrte weiterhin auf die Stelle, wo Bourassa gesessen hatte.

Schließlich legte mein Vater seine Hand auf meine Schulter und sagte: ‚Sohn, dies ist der Augenblick, für den wir dich großgezogen haben. Nun liegt es in deinen Händen. Ihr jungen Leute, es ist jetzt alles in euren Händen. Nehmt nicht hin, was gerade geschehen ist. Jetzt ist der Punkt gekommen, deiner Generation Macht zu übertragen. Es liegt jetzt an euch.'"

Bevor sie hinausgingen, leisteten die jungen Führer einen Schwur, die Jamesbai-Dämme zu stoppen. „Wir gingen dort mit erhobenen Köpfen hinaus", erinnerte sich Diamond. „In unseren Herzen wußten wir, daß es unser Land war. Es war immer unser Land gewesen und war es auch jetzt noch."

Für Bourassa repräsentierte Jamesbai jedoch, und repräsentiert es zur Zeit dieses Schreibens immer noch, „das Projekt des Jahrhunderts". 1985 schrieb er in dem Buch *Power from the North* (Energie aus dem Norden): „Nord-Quebec ist ein riesiges blühendes hydroelektrisches Projekt, und jeden Tag fließen noch Millionen von potentiellen Kilowattstunden den Berg hinab ins Meer hinaus. Was für eine Vergeudung!"

Bourassa und viele Quebecer halten Jamesbai für den ökonomischen Grundstein ihres Traumes, sich von Kanada zu lösen und eine eigene Nation zu gründen. Dort, wo die Cree ihre Kultur verschlungen sehen, sehen die anderen eine Gelegenheit aus Wasserkraft, die milliardenschwere Energieexporte in die USA ermöglicht. Dies würde dem französischsprechenden Quebec die Mittel für eine Loslösung bereitstellen. Die Ironie dieses Bestrebens liegt darin, daß der Wille der Quebecer nach einer eigenen ethnischen Identität wahrscheinlich die Identität der Cree auslöscht.

Da Hydro-Quebec völlig im Besitz der Provinzregierung von Quebec ist, befanden sich die Cree in einer Zwickmühle. Sie mußten gerade die Regierung verklagen, von der ihre Gelder zur Finanzierung ihrer rechtlichen und politischen Kämpfe abhingen. Dennoch fochten die Cree vor Gericht gegen die Jamesbai-Dämme, und am 3. Dezember 1972 erließ Richter Albert Malouf eine Verfügung, den Bau der Dämme anzuhalten, bis die Ansprüche der Cree beglichen seien. Eine Woche später erkannte das Berufungsgericht eine ernstliche Beeinträchtigung der Cree an, entschied aber, daß die Interessen der Stadtbevölkerung von Quebec wichtiger wären. Das Projekt würde fortgesetzt und den Cree die Schäden erstattet.

„Wir fühlten, daß hier eine Lebensweise und eine Kultur mit Geld gekauft werden sollte", sagte Häuptling Billy Diamond. „Wir wollten den Kampf bei Gericht fortsetzen, denn wir erkannten die Notwendigkeit, die Schäden zu begrenzen und einige unserer Grundrechte durchzusetzen. Wir hatten ja keine andere Wahl."

Die Cree bekamen 136 Millionen Dollar, exklusive Jagd- und Fischereirechte auf 165 000 Quadratkilometern Land und ein bescheidenes Gehalt für traditionelle Jäger. Den Cree wurde auch zugestanden, ihre eigenen Behörden für Erziehung, Gesundheit und soziale Dienste einzurichten. Und als Wichtigstes wurde den Cree versichert, daß alle künftigen Hydroprojekte ihre Genehmigung erfordern würden.

Zunächst erschien diese Regelung vernünftig, aber als das Wasser sich hinter den Dämmen staute, begann sich ein Alptraum zu entfalten. Niemand hatte die Cree darüber informiert, daß der Boden einen hohen Anteil natürlich vorkommenden Quecksilbers besaß. Im Boden und in der Pflanzenwelt verschlossen, blieb das Quecksilber harmlos. Aber als das Land überschwemmt war, setzten Mikroorganismen, die sich von den untergetauchten Pflanzen ernährten, das Quecksilber in einer hochgiftigen Form frei. Einmal freigesetzt, drangen tödliche Konzentrationen durch die Ernährungskette rasch in den Fisch ein, der die Ernährungsbasis der Cree bildete.

Bis 1985 wurden bei 47 Prozent der Cree höhere Quecksilberwerte festgestellt, als von der Weltgesundheitsorganisation als sicher betrachtet werden. Bei zehn Prozent von ihnen war der Wert so hoch, daß sie einem extremen Risiko für Nervenkrankheiten ausgesetzt waren. Schwangere Frauen waren besonders anfällig – das Auftreten von Geburtsfehlern nahm zu, und jede Cree-Frau, die ein Kind erwartete, mußte damit rechnen, daß ihr Baby behindert war.

„Wäre mir 1975 bekannt gewesen, was ich jetzt weiß, hätte ich den Vertrag abgelehnt", sagte Häuptling Billy Diamond zu mir, 15 Jahre nachdem er den Jamesbai-Vertrag unterzeichnete. Der ökologische Zerfall dehnt sich über die Dörfer der Cree hinaus auf das ganze Ökosystem der Hudsonbai und Jamesbai aus, wobei gerade die letztere eine wichtige Zwischenetappe für Zugvögel ist. Jeden Frühling schleusen sich Millionen von Schwänen, Gänsen, Enten, Kranichen, Falken und Küstenvögel durch Jamesbai, ehe sie zu ihren Brutstätten über die kanadische Arktis ausschwärmen. Jeden Herbst kehren die Vögel zu diesen riesigen Küstenmarschen zurück, um sich für den Flug zu ihren Überwinterungsgebieten zu stärken. Ende August sind die Marschen erfüllt mit Scharen von hudsonischen und anderen Schnepfenvögeln, Knutts, Großen Gelbschenkeln, Regenbrachvögeln und Strandläufern, die im Süden sogar auf Feuerland überwintern.

Die ganze Ostküste von Jamesbai ist ein Mosaik von Habitaten, die von Salzwassermarschen zu Moorland, über grasbedeckte Inseln hin zu den unermeßlichen Seegraslandschaften reichen, dem vielleicht wertvollsten und zugleich verwundbarsten Bestandteil dieses Ökosystems. Der gewaltige Süßwasserschwall, der sich aus den neuen Reservoiren in die Jamesbai ergießt, stellt die Widerstandsfähigkeit des Seegrases auf die Probe; sein Verschwinden würde eine schwerwiegende Störung des ökologischen Gleichgewichtes hervorrufen. Die Biologen fürchten auch, daß die Ansammlung von Süßwasser entlang der Küste das Wachstum von Mikroalgen verhindert, die das erste Glied in der subarktischen Nahrungskette bilden.

Diese subtilen und komplizierten Veränderungen, dem bloßen Auge oft verborgen, könnten tiefste langfristige Auswirkungen haben. Inzwischen sind die Cree allein durch die offensichtlicheren Veränderungen in der Umwelt nahezu niedergeschmettert. Einige Gemeinden, so wie Chisasibi, haben ihre wichtigen traditionellen Jagd- und Fischereistätten verloren – sie sind einfach unter Wasser getaucht. Die Stromschnellen, in die Dorfbewohner einst Netze für den laichenden Weißfisch in den La Grande River senkten, sind verschwunden.

Ähnlich wie das Quecksilber durch die Nahrungskette eindrang, so machte sich die Enttäuschung in den Cree-Gemeinden breit, schwärte, nahm zu und ging von einer Generation zur nächsten über. In einem Sommer hat sich in jeder von vier aufeinanderfolgenden Wochen ein Junge erschossen.

Aus dieser tragischen Situation selbstzugefügten Leids tritt eine neue Generation von Führern in Erscheinung. „Ich dachte nie daran, eines Tages Häuptling zu sein. Es geschah einfach", sagte Violet Pachanos und erklärte, wie sie der erste weibliche Häuptling der Cree wurde. „Jemand stellte mich auf. Ich lehnte zuerst ab. Und siehe da, ich wurde trotzdem gewählt. Ich glaube, die Leute suchten nach jemandem, der unsere sozialen Probleme anpackte. Diese Dinge fallen oft Frauen zu, und wegen unserer traditionellen Rolle, die Kinder aufzuziehen, hielten sie eine Frau vielleicht für kompetenter."

„Was ist es für ein Gefühl, sich als einzige Frau mit den anderen Häuptlingen zusammenzusetzen?" fragte ich.

„Da ist kein Unterschied. Ich bin einfach einer der Häuptlinge. Ich wurde wie jeder gewählt und habe eine dreijährige Amtszeit."

„Ihr Dorf befindet sich in der Nähe der neuen Dämme. Wie sehr sind Sie davon tatsächlich beeinträchtigt worden?"

„Ich bin nicht unbedingt gegen Entwicklung", erwiderte sie. „Es ist nur . . . nun, warum wollen sie so viel zerstören? Jeder lebt in Angst vor der Quecksilbervergiftung, besonders die schwangeren Frauen. Es wurde festgestellt, daß 64 Prozent der Leute in Chisasibi an hohen Quecksilberwerten leiden. Die Beamten sagen, daß dies erst nach 40 bis 50 Jahren vergeht. Uns wurde empfohlen, keinen Fisch mehr zu essen. Die Leute wurden ängstlich. Aber was sollen wir tun? Wir haben immer Fisch gegessen."

Um dem Wasserprojekt Platz zu machen, mußte Pachanos' Dorf umziehen. Die Regierung stellte transportable Häuser zur Verfügung, aber die

Leute ließen ihr Heim und die Erinnerungen eines ganzen Lebens zurück. Sie erzählte mir, daß das Herausreißen der älteren Menschen besonders schwer war und daß seit dem Umzug Alkoholismus, Drogenmißbrauch, häusliche Gewalt und ein Auseinanderbrechen von Familien stark zugenommen haben. Einige dieser Probleme wurden durch das Eindringen von Außenstehenden verschlimmert. Die Straße zum Wasserprojekt machte es den Jägern, Touristen und Verkäufern viel leichter, ihre Gemeinde zu erreichen.

„Die Leute kommen herein und sagen: ‚Ihr solltet sein wie wir'", berichtete Pachanos. „Die Beamten von Hydro-Quebec fragen unsere Leute: ‚Warum wollt ihr in der Steinzeit leben?' Aber wir brauchen unsere Sprache, unsere Kultur, unsere eigene Identität. Die größte Gefahr ist der Wunsch, wie alle anderen zu leben. Viele von uns kommen gut ausgebildet in unsere Gemeinden zurück. Wir bemühen uns alle, das Beste unseres traditionellen Lebens mit dem modernen Leben zu verbinden. Wir müssen alles tun, was wir können, um das zu bewahren, was wir sind."

„Das Land ist unser Ernährer, unser Heiler und unsere Inspiration", sagte mir Häuptling Billy Diamond beim Frühstück in einem kleinen Café. „Es ist das, was wir sind. Jeder See, jeder Fluß, jeder Berg, jeder Gebirgskamm ist ein Teil unser selbst. Ohne das Land wären wir nichts. Um zu überleben, müssen wir die jungen Leute ins Land bringen."

„Und wenn mehr Land überschwemmt wird, was wird den Menschen in Dörfern wie Great Whale geschehen?" fragte ich.

„Das ist meine größte Furcht", erwiderte Häuptling Diamond. „Die Leute von Great Whale können einfach nicht damit fertig werden. Die Wirklichkeit wird auf sie einstürzen. Sie sind stille, keine aggressiven Leute. Dies wird sie überwältigen. Ich hoffe, ich habe unrecht. Aber ich glaube nicht, daß sie als Volk überleben können, wenn diese neuen Dämme gebaut werden. Sie haben so gut wie möglich dagegen gekämpft, aber keine Vorbereitungen getroffen für den Fall, daß sie gebaut werden."

Er schwieg einen Augenblick und dachte tief nach. Dann blickte er auf und sprach ganz offen. „Ich muß Ihnen etwas gestehen. Ich habe dies einer Anzahl von Cree gesagt, und sie wollen es nicht hören. Aber jemand muß es sagen. Diese Dämme werden höchstwahrscheinlich gebaut. Ich weiß, wozu Hydro-Quebec fähig ist. Und Hydro-Quebec und die Regierung von Quebec haben beschlossen, diese Dämme zu bauen, selbst wenn es das Ende des Cree-Volkes bedeutet."

„Dies selbst einzugestehen, muß Ihnen doch sehr schwer fallen."

„Ja. Dieses Gefühl macht mich krank. Doch es ist noch schlimmer, zu Cree darüber zu sprechen."

Als die Häuptlinge den letzten Tag der Versammlungen in Val D'or beendeten, saß ich mit Robbie Niquanicappo beim Essen. Er war gerade zum stellvertretenden Häuptling der Whapmagoostui-Gruppe von Great Whale ernannt worden, die ihr meistes Land verliert, wenn die nächste Reihe von Dämmen gebaut wird. Ich fragte ihn, wie er sich als Cree in dieser Zeit fühle.

„Ich möchte gern leben wie einst unsere Ahnen", sagte Robbie, ein großer, kräftiger Mann mit einer überraschend sanften Stimme. „Ich möchte auf das Land hinausgehen können, jagen und fischen, mich der Dinge erfreuen, an denen sich meine Ahnen erfreuten."

„Wie werden Sie Ihre Art des Lebens Ihren Kindern weitergeben?"

„Wir haben unsere Methoden", führte Robbie aus. „Sehen Sie, als ein Cree-Mann sagen sie gewöhnlich nicht zu ihrem Sohn: ‚Geh und hacke mir etwas Holz.' Sie gehen hinaus und tun es selbst. Sie lassen ihre Kinder sie beobachten. Wir nennen es nachahmen, und in diesem Frühling werde ich es mit meinem fünfjährigen Sohn beginnen. Wenn ich ihn zum Fallenstellen mit hinausnehme, sage ich ihm nicht, was zu tun ist, sondern lasse ihn einfach beobachten, so daß er erkennt, was alles dazugehört. Auf diese Weise wird er lernen, das Land zu nutzen und zu lieben. Während wir öfter zusammen hinausgehen, wird das Land Teil von ihm."

„Ich erinnere mich gut an die Ausflüge mit meinem Vater. Und als ich später aus der Schule entlassen wurde, kam ich geradewegs nach Hause.

Ich wurde 1958 im Camp geboren, und ich kann meine Familie genau an die Stelle führen und sagen: ‚Meine Mutter hat hier geruht. Hier berührte ich zuerst die Erde, genau an dieser Stelle.' Ich weiß, es mag für andere schwer zu verstehen sein, aber wenn wir davon sprechen, nach Hause zu gehen, meinen wir kein Haus. Das Land ist unser Zuhause."

„Und Sie werden dieses Gefühl Ihren Kindern weitergeben?"

„O ja. Auf viele Weisen. Rechtzeitig im Frühling beginnen wir über die Gänsejagd zu sprechen. Ich werde mit meinem Sohn zum Camp hinausgehen, nur um die Vorbereitung zu genießen. Es liegt an der Bucht, ein Platz, den ich mit meinem Onkel teile. Viele ältere Männer teilen einen Platz mit einem jungen Jäger. Wenn mein Onkel stirbt, werde ich weiterhin mit meiner Familie dort campen. Niemand besitzt ihn. Das heißt, auch jeder andere, der will, kann dort hinkommen. Jeder ist absolut willkommen. So ist es Brauch. Niemand besitzt das Land."

„Aber denkt die Regierung nicht, daß es ihr gehört?" fragte ich.

„Sicher, die Leute von der Regierung denken, sie besitzen es, aber sie *kennen* nicht einmal das Land", sagte Robbie. „Wenn sie auch nur die geringste Vorstellung davon hätten, was dies für ein wunderbares Land war, würden sie es nie überschwemmen. 87 Prozent guten Landes um mein Dorf herum wird verloren sein – 87 Prozent. Es ist nicht leicht, damit zu leben."

„Glauben Sie, daß die restlichen Dämme gebaut werden? Was würden Sie in diesem Fall tun?"

„Es wird nicht in meinem Leben geschehen", antwortete Robbie. „Und wenn doch . . ." Er machte eine Pause. „Der Augenblick, in dem der erste Spaten voll Erde geworfen wird, ist unser Todesurteil. Die Cree sind nicht imstande, so etwas zu überleben. Wir mögen physisch überleben, aber wir werden ein Volk ohne Identität sein. Ein Volk ohne Verbindung zu unserer Vergangenheit. Wahrscheinlich ein sehr verlorenes Volk."

Cree-Kinder von der Jamesbai. Robbie Niquanicappo sagt: „Bitte, stellt uns nicht als Hollywood-Indianer dar. Ich mag das Bild des edlen Wilden nicht. Seht uns einfach als Menschen, die versuchen, zu überleben und das Land für ihre – und alle anderen – Kinder zu retten."

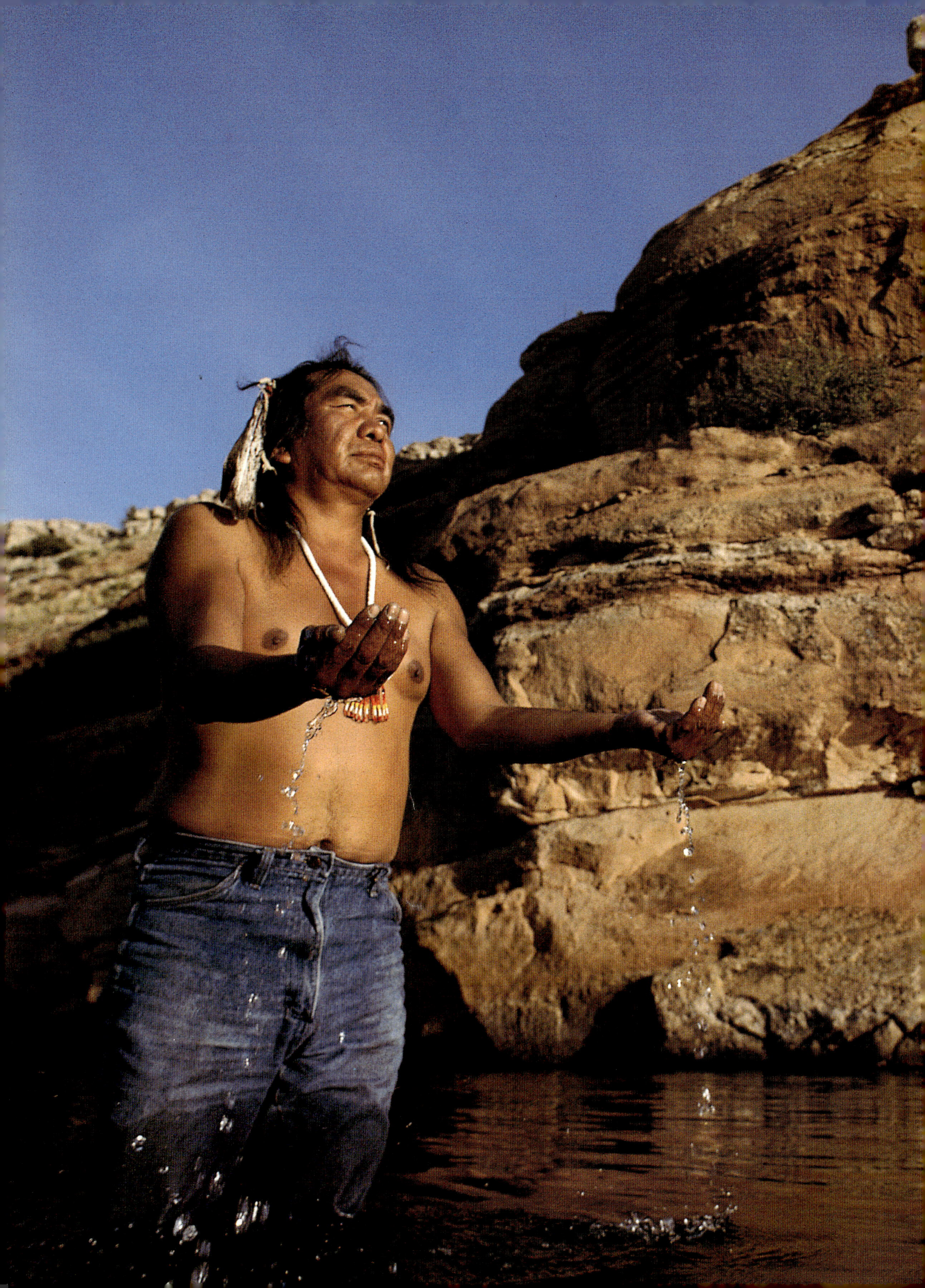

DIE INDIANER AMERIKAS

DER KAMPF UM RELIGIÖSE FREIHEIT

John Tarness, Medizinmann der Shoshone aus Wyoming. Neu ins Land gekommene Farmer versuchen, das Wasser in den Wind River Mountains – dem heiligen Gebiet der Shoshone – umzuleiten.

„Art, möchtest du kommen und vier Tage mit uns beten?" fragte Pat Locke an einem kalten Januartag im Jahre 1992. Ich konnte mich nicht daran erinnern, daß mich in letzter Zeit jemand gebeten hatte, mit seiner Familie zu beten, geschweige denn vier Tage.

„Unser Sonnentanz wird im Juli sein", sagte Pat. „Wir werden mit den Tänzern vier Tage fasten und ihnen beten helfen. Wir werden für andere Menschen und die Erde beten."

Ich fühlte mich geehrt, eingeladen zu sein, und gab Pat meine Zusage. Seit mindestens 19 Generationen gehört der Sonnentanz zu den heiligsten Riten der Lakota, aber während der längsten Zeit dieses Jahrhunderts ist er von der US-Regierung verboten gewesen. Obwohl der Sonnentanz wieder zugelassen wurde, hat sich die First Amendment's freedom-of-religion clause (erste Zusatzklausel religiöser Freiheit) für die amerikanischen Indianer niemals gut ausgewirkt, und viele von ihnen kämpfen noch immer um das Recht auf freie Religionsausübung, das die meisten von uns als selbstverständlich betrachten.

Mitte Juli flog ich nach Süddakota, mietete ein Auto und fuhr zu einer der abgelegenen Lakota-Reservationen. Ich ließ den flachen Flickenteppich der Kornfelder hinter mir und kam in das wellige Grasland, wo einst riesige Büffelherden grasten. In der Nähe von Anchorage hatten Pats und meine Familie vor 23 Jahren ein Haus an einem Berghang miteinander geteilt. Unsere Kinder gingen einer in des anderen Küche und Wohnzimmer ein und aus. In der Nacht, als mein zweiter Sohn geboren wurde, fuhr Pat meine Frau zum Krankenhaus. Als sie später von Alaska fortgezogen waren, kam ihr Sohn Kevin nach hier oben zurück, um den Sommer bei mir zu verbringen. Sie sind Hunkpapa-Lakota und kehrten schließlich in dieses Land zurück, wo ihre Ahnen einst lebten. Die Häuser ihrer Tochter Winnona und von Kevin standen, viele Meilen weit zu sehen, auf dem höchsten Punkt des Landes.

„Hier empfindest du den heiligen Ring des Lebens", sagte Pat und drehte sich mit mir, um in jede Richtung zu schauen. Nach Norden und Süden verläuft die rote Straße, der gute und gerade Weg; der Süden ist die Quelle des Lebens und der Norden ist Reinheit. Die blaue oder schwarze Straße der Vernichtung und des Irrtums verläuft nach Osten und Westen. Black Elk, der große Lakota-Seher, sagte einst: „Wer auf diesem Weg reist, ist abgelenkt, wird von seinen Sinnen beherrscht und lebt für sich selbst anstatt für sein Volk."

An diesem Tage hing eine sengende Sonne am Himmel, und die Schatten der Wolken trieben über das Land. Gelbe Schmetterlinge flatterten im Gras, Wiesenstärlinge am Himmel; einer kam so nahe auf mich zu, daß ich jede gelbe Feder auf seiner Brust sehen konnte und die grauen Flecken, die seine Flügel und seinen Rücken zeichneten. Ein Falke schoß in einem langen, anmutigen Bogen vorbei, ließ sich auf einem Stein nieder, erstarrte, erhob sich dann leicht in die Luft und glitt über den Rand einer Anhöhe davon. Pat zeigte auf einen fernen vereinzelten Berg, wohin Medizinmänner junge Männer für ihre spirituelle Suche bringen – vier Tage fasten und beten, um eine Vision von Gott zu empfangen. Wie selten sind die meisten von uns auch nur einen einzigen Tag allein in der Natur. Und wenn wir die Geschäftigkeit unseres täglichen Lebens für eine längere Zeit verlassen, wer ist dann bei unserer Rückkehr da, der versteht, was wir sahen, fühlten oder träumten?

Einige Meilen entfernt wanderte ein Wirbelsturm über die langgezogenen grünen Hügel. Himmel und Erde vereinten sich in diesem wilden Windtrichter, der Staub weit in die Luft wirbelte. Als der Staub sich wieder auf die Erde senkte, war der Himmel wieder klar, ganz bis nach Bear Butte, wo Crazy Horse gewöhnlich lagerte.

„Wenn Generationen kommen und gehen, gibt es natürliche Veränderungen, Evolution ist ein Teil des Lebens", sagte Pat. „Aber den plötzlichen Veränderungen, die uns aufgedrängt werden, müssen wir uns widersetzen. Als Ureinwohner müssen wir deutlich sagen, was wir mit Veränderung meinen, genau erklären, was wir als wesentlich für unsere Lebensweise empfinden. Wir müssen es ablehnen, blindlings die Vorstellung anderer von Fortschritt zu akzeptieren. Wie schon unsere Vorfahren Krieger waren, müssen wir Krieger auf diesem neuen Schlachtfeld sein und diese massiven Manipulationen unserer Lebensweise entschlossen bekämpfen."

In der Dämmerung gingen Pats gewachsene Familie und mehrere Freunde zum Ufer eines nahegelegenen Flusses hinunter. Wir sammelten Treibholzscheite, zündeten ein Feuer an und legten einige große Steine in die Mitte der Flammen. Nach etwa einer Stunde wurden sie in die Schwitzhütte gebracht. Dieses Schwitzen sollte uns vor dem Sonnentanz reinigen. *Mitaku ye oya sin* (wir sind alle verwandt)", riefen wir beim Betreten der Schwitzhütte. Als die Klappe sich schloß, war es völlig dunkel. Wir beteten und sangen.

„Ich möchte den Menschen danken, die diese Gesänge bewahrt haben", sagte einer der Männer. „Um die Jahrhundertwende haben sich sechs Männer darum bemüht. Einige der alten Männer, mit denen ich in die Schwitzhütte gegangen bin, sangen gewöhnlich dabei, ein Lied nach dem anderen. Darin lag all ihre Danksagung."

Patricia Locke aus Lakota sagt: „Vom Point Barrow bis hinunter nach Feuerland kämpfen wir immer noch um unser Überleben und um die Wahrung der Menschenrechte, vor allem des grundlegendsten dieser Rechte, der Religionsfreiheit."

Am nächsten Tag fuhren wir auf abgelegenen Straßen tief in die Reservation hinein und kamen schließlich zu den üppigen Wiesen und Pappelbeständen, wo der Sonnentanz stattfinden würde. Der Sonnentanz ist eine der sieben Zeremonien, die die *White Buffalo Calf Woman* (Weiße Büffelkalb-Frau), eine Botin Gottes, dem Lakota-Volk brachte. Black Elk erzählt uns, daß sie damals vor 19 Generationen sagte: „Mit dieser heiligen Pfeife wirst du auf der Erde gehen; denn die Erde ist deine Großmutter und Mutter, und sie ist heilig. Jeder Schritt auf ihr sollte wie ein Gebet sein . . . und du mußt immer daran denken, daß die zweibeinigen und all die anderen Leute, die auf dieser Erde stehen, heilig sind und als solches behandelt werden müssen."

In der ersten Nacht wurde ich gebeten, das Feuer zu hüten. Es war meine Aufgabe, aufzubleiben und das Feuer die ganze Nacht zu erhalten. Über mir war der klare schwarze Himmel von Sternen erleuchtet, und eine kühle Brise wehte von Norden herein, wo ein Gewitter über eine weite Strecke am Horizont aufblitzte, manchmal rot in den Wolken glühte, manchmal den Himmel mit schnellen, blauweißen Lichtstrahlen streifte. Dann und wann rollte das Krachen und tiefe Rumpeln des Donners von fern herein und übertönte für einen Augenblick das Zirpen der Grillen im Gras.

Mit meinen Gedanken und dem Feuer allein, blickte ich von den Flammen zu den Sternen, von einem zum anderen, Stunde für Stunde. Früh am Morgen, noch ein oder zwei Stunden vor Morgengrauen, bellten sich Kojoten einander über die dunkle Prärie zu. Sie schienen allein zu jagen, einige am Fluß, einige hoch oben auf dem Berg. Ihr Heulen und schnelles Kläffen stieg an und ließ nach und hallte in der Dunkelheit nach.

Mehr als 30 Jahre habe ich Plätze in der Wildnis besucht. Und ich habe jede Nacht draußen unter den Sternen schätzengelernt. Aber diese Nacht war anders. Es waren nicht nur die Kojoten, die Sterne und das Feuer, sondern es war diese geheimnisvolle Zeit, die sie mit den schlafenden Tänzern, ihren Familien und der Prärie verband und sich in alle Richtungen in die Nacht ausdehnte.

Als das erste blasse Licht in den östlichen Himmel sickerte, erwachten die Tänzer. Während der nächsten vier Tage tanzten und beteten sie. Und wir beteten mit ihnen. Fotografien oder Zeichnungen waren in dieser heiligen Zeit nicht erlaubt. Und so wird auch keine Einzelheit dessen, was ich sah, erfuhr und woran ich teilnahm, hier niedergeschrieben, sondern dort an dem heiligen Ort und bei denen bleiben, die sich am Pappelhain unter dem weiten Himmel versammelten.

Als der Sonnentanz sich dem Ende näherte, war ich eine Weile für mich allein zwischen Salbeibüscheln und hohem Gras und fühlte eine tiefe Ruhe, aber auch Sorge. Wie konnte etwas, das so schön und heilig war, wie die Zusammenkunft dieser Menschen zum Gebet, jemals in den USA rechtswidrig gewesen sein? Ich war in dem Glauben aufgewachsen, daß ungeachtet von Hautfarbe, arm oder reich, jeder von uns zumindest das Recht hat, seinen eigenen Gott anzubeten.

Angeblich wurde der Sonnentanz Ende des 19. Jahrhunderts verboten, weil die Frau eines Kavallerieoffiziers ihn als zu schmerzhaft ansah und in Ohnmacht fiel. Nach etwa sieben Jahrhunderten des Sonnentanzes mußten die Lakota kaum vor sich selbst beschützt werden. Viele von ihnen glauben, daß das Verbot ihres Tanzes durch die Regierung einen ganz anderen Zweck verfolgte. „Der wirkliche Grund hatte nichts mit Schmerzen zu tun", erklärte ein Ältester. „Die Regierung wollte einfach die soziale Struktur der Lakota zerbrechen, unsere Organisation, unseren Zusammenhalt. Sogar Versammlungen wurden verboten, und niemand unter 40 Jahren durfte tanzen."

In den 30er Jahren bat Oscar Henry One Bull, der von Sitting Bull erzogen worden war, inständig die Regierung: „Unsere Welt ist in solch einem Aufruhr. Wir sehnen uns wieder nach unseren Gebeten. Wir brauchen eine ‚Infusion des Geistes'." Ein Tanz wurde im Jahr 1936 genehmigt, danach blieb er gesetzwidrig.

Der Sonnentanz hatte eine tiefe Wirkung auf mich. Es ist schon wichtig zu wissen, daß die Spiritualität der Lakota ebenso kompliziert ist wie der Hinduismus und daß die White Buffalo Calf Woman in gleicher Weise als Botin des Schöpfers angesehen wird wie Mohammed und Jesus von anderen Völkern. Aber erst durch die Erfahrung dieser vier Tage am fernen Ende einer Lakota-

Reservation verstand ich wirklich, wie grausam es von der US-Regierung gewesen ist, den Sonnentanz und andere religiöse Bräuche der eingeborenen Amerikaner zu unterdrücken.

Die Unterdrückung von einheimischer Spiritualität ist nicht nur auf die USA beschränkt. Am 10. Dezember 1992 teilten eingeborene Führer aus mehr als 50 Ländern den Vereinten Nationen mit, daß „Regierungen fortfahren, heilige Orte und Gegenstände zu entweihen und sich anzueignen, und eingeborene Völker in der ganzen Welt ihrer grundlegend spirituellen Lebensweise berauben".

Die Probleme mit einheimischen Religionen sind ständig gewachsen, von einem Land zum anderen. Übereifrige Missionare haben traditionelle Medizinmänner und -frauen zu Teufeln abgestempelt und sie im Namen des christlichen Glaubens getötet. Religiöse Gegenstände sind beschlagnahmt, in Museen ausgestellt und als Artefakte verkauft worden. Sprachen sind verschwunden, und mit ihnen heilige Gesänge und die Gebete.

Viele der Hindernisse zur freien Religionsausübung sind aus den innewohnenden Konflikten zwischen eingeborenen Menschen und den Werten der vorherrschenden Gesellschaft entstanden. Während westlich geprägte Leute gern sparen und nehmen, schätzen Eingeborene Teilen und Geben. In westlichen Kulturen ist Spiritualität gewöhnlich vom übrigen Leben getrennt; bei den Naturvölkern ist sie ins tägliche Leben einbezogen. Technologische Gesellschaften tendieren dazu, einen einzelnen, väterlich sorgenden Gott anzunehmen oder neigen zum Atheismus.

Eingeborene Menschen stellen oft fest, daß die herrschende Kultur sich weigert, die Schöpfungsgeschichten, die die grundlegenden Beziehungen zu ihrem Schöpfer erklären, zu akzeptieren. Anthropologen haben alte Lager- und Grabstätten ausgegraben, um die Herkunft der amerikanischen Indianer über die Bering-Landbrücke nach Asien zu verfolgen. Nach ihrer eigenen Naturauffassung kommen die eingeborenen Menschen jedoch aus dem Land, das in ihren Geschichten lebt. Sie sind ein aus dem Land geborenes Volk. Der Kern ihres Wesens ist durch die Winde, Flüsse, Seen, Berge und Ebenen geformt worden, dort wo sie wohnen.

Es ist nicht überraschend, daß die meisten eingeborenen Menschen besorgter um ihre spirituellen Glauben geworden sind. Viele mußten im geheimen beten oder vor Gericht gehen, um ihr Recht auf Anbetung nach dem Brauch der Ahnen wiederzuerlangen.

Im Jahre 1978 verabschiedete der Kongreß den „American Indian Religious Freedom Act" (Gesetz über die Religionsfreiheit für amerikanische Indianer). Sein Zweck war, „das angeborene Recht der amerikanischen Indianer zu schützen und zu bewahren, ihre traditionellen Religionen auszuüben . . . einschließlich, aber nicht darauf begrenzt, des Zuganges zu heiligen Stätten, des Gebrauchs und Besitzes heiliger Gegenstände und der Freiheit, sie durch Zeremonien und traditionelle Riten anzubeten."

Während dieses Gesetz schließlich den Sonnentanz und andere heilige Riten legalisierte, reichte es nicht aus, um die religiöse Freiheit der eingeborenen Amerikaner zu schützen. Die Lakota sehen sich einem ständigen Kampf gegenüber, ihre heiligen zeremoniellen Pfeifen und den Stein, aus dem sie angefertigt werden, zu beschützen. Seit Jahrhunderten sind Prärie-Indianer von weither zu dieser einen Stätte in Minnesota gereist, wo der Stein gefunden wird. Wie alle heiligen Dinge, darf der Pfeifenstein niemals entwürdigend behandelt werden. Arvol Looking Horse, der 19. Hüter der Pfeife, die die White Buffalo Calf Woman nach Lakota brachte, besteht darauf, daß Pfeifenstein und daraus hergestellte Objekte niemals verkauft werden dürfen. „Wir dürfen nicht mit der Pfeife spielen", sagt er. „Sie ist unser Leben."

Dennoch genehmigt der National Park Service den Verkauf von Pfeifenstein-Utensilien in Geschenkläden am Pipestone National Monument. Die Lakota und Cheyenne aus Dakota haben wiederholt Gesuche eingereicht, diese Verkäufe anzuhalten. Und in jedem Frühling unternehmen Angehörige der indianischen Völker einen sechswöchigen Fußmarsch, um gegen die kommerzielle Ausbeutung dieses heiligen Steines zu protestieren. Doch noch immer werden an jedem Öffnungstag in den Geschenkläden des Monuments Pfeifen und Aschenbecher aus Pfeifenstein an Touristen verkauft, die keine Ahnung von der heiligen Natur des Steines haben.

Im Dezember 1990 ritten 300 Lakota zum Gedenken an das Massaker von Wounded Knee von 1890 unter härtesten Witterungsbedingungen über 300 Kilometer weit. Ihr Anführer, Arvol Looking Horse, hier mit einem mit Adlerfedern geschmückten Stab zur Ehre gefallener Krieger. Der fünf Tage dauernde Ritt, während dessen einige hungerten, andere sich in Lumpen kleideten, bedeutete für die Lakota sowohl einen Akt des Gedenkens als auch eine Art Heilung nach einem Jahrhundert der Schmerzen.

Das Gesetz über religiöse Freiheit sollte eine solche Entwürdigung eingeborener Religion verhindern, aber kurz nach seinem Erlaß wurde dies Gesetz in einer Feuerprobe abgeschwächt – dem Lyng-Fall. Die grundlegende Streitfrage entstand, als der US-Forest Service entschied, eine Straße durch den Six Rivers National Forest in Nordkalifornien zu bauen. Die Regierung wollte die Zufahrt für Holztransporter verbessern. Aber die neue Straße würde durch ein abgeschiedenes Gebiet führen, das die Yurok, Karok und Tolowa das „Hohe Land" nennen.

Seit Jahrhunderten versammelten sich die Führer dieser Völker jedes Jahr an dieser Stätte, um Zeremonien für die Erneuerung der Welt durchzuführen. Jetzt waren sie von der Aussicht entsetzt, daß Zwanzigtonner durch ihren abgeschiedenen und heiligen Wald rumpeln. Wie, fragten sie, konnte ausgerechnet der Ort, an dem sie für die Erneuerung der Welt beten, dafür mißbraucht werden, die Zerstörung eines Waldes zu erleichtern?

Die drei indianischen Völker reichten eine Klage ein, und auf beträchtlichen gesetzlichen Druck hin widerrief der Forest Service die schlecht geplante Straße. Aber die rechtlichen Argumente über die Treuhandverpflichtung der Regierung den eingeborenen Amerikanern gegenüber gelangten zum Obersten Bundesgericht. Am 19. April 1988 gestand Justice Sandra Day O'Conner zu, es gäbe „keinen Grund zu bezweifeln, daß die in diesem Falle strittigen Holzfällungs- und Straßenbauprojekte verheerende Wirkungen auf traditionelle indianische religiöse Bräuche haben könnten".

Dennoch bestimmten O'Conner und eine knappe Mehrheit der Richter, daß bei einer Wahl zwischen einer verfassungswidrigen Einschränkung freier Religionsausübung und der Durchführung von Regierungsbeschlüssen die Entscheidung „nicht von einer Abschätzung der Wirkung einer Regierungsmaßnahme auf die spirituelle Entwicklung eines religiösen Widersprechenden abhängig sein kann".

Mit anderen Worten, das Oberste Bundesgericht bestimmte, daß die Landrechte der Regierung Vorrang vor den religiösen Rechten der eingeborenen Amerikaner haben. Weder der American Indian Freedom of Religion Act noch die erste Verfassungsänderung schränken die Nutzung des Landes durch die Regierung ein – selbst wenn die Handlungen der Regierung eine Religion verletzen oder zerstören. Dieser Entscheid bedeutet, daß auch religiöse Zeremonien, die seit Tausenden von Jahren Brauch waren, nicht auf die Nutzung des Landes durch die Regierung einwirken können.

Der Lyng-Entscheid beraubt die eingeborenen Amerikaner wirksam des Schutzes ihrer religiösen Bräuche in der amerikanischen Verfassung und bei den Bundesgerichten. Justice Brennan sagte: „Die heutige Bestimmung opfert eine Religion, mindestens so alt wie die Nation selbst . . . so daß der Forest Service einen Straßenabschnitt von 10 Kilometern bauen kann, den zwei niedere Gerichte als nur von sehr geringfügigem und spekulativem Nutzen betrachteten . . . Mit dem heutigen Entscheid läuft die Freiheit der Indianer, ihren religiösen Glauben zu bewahren, auf nichts anderes hinaus, als auf das Recht zu glauben, daß ihre Religion zerstört wird."

Während die meisten Amerikaner die Lyng-Entscheidung gar nicht erst wahrnahmen, vereinigten sich die eingeborenen Amerikaner, um ihre heiligen Stätten und Zeremonien zu beschützen. Allein im Jahre 1991 reichten mehr als 20 indianische Völker Proteste ein.

In Montana baten die Salish- und Kootenai-Völker um Schutz für Medicine Tree, einer spirituellen Stätte, die zum Heilen und anderen religiösen Zwecken diente. Doch der Staat Montana wollte eine Straße durch Medicine Tree und mehrere andere heilige Stätten bauen. Die Lyng-Entscheidung entwaffnete die Salish und Kootenai wirksam, bevor sie auch nur vor Gericht gingen.

Im Nordwesten haben die Nez Perce um gesetzlichen Schutz gebeten, der die Ausgrabung von „Artefakten" aus ihren kulturellen Stätten unterbindet. Sie leiden schwer an den bisherigen Ausbeutungen der Ahnengräber und dem Verkauf der Grabbeigaben auf europäischen und asiatischen Märkten. Der Lyng-Entscheid läßt sie praktisch machtlos, diesen Grabdiebstählen auf Ländereien des Bundes ein Ende zu bereiten.

Im Südwesten haben die Taos aus Pueblo um Schutz vor der US Air Force gebeten, deren Flugzeuge in einer Höhe von nur 30 Metern über dem Boden fliegen. Eine unabhängige Belastungsstudie stellte fest, daß Flüge in niederer Flughöhe traditionelle Zeremonien unterbrachen und sich hörbar oder sichtbar in Meditationen eindrängten, die Einsamkeit und Isolierung von menschlich verursachtem Lärm erfordern . . . In Fällen von einmaligen Zeremonien könnte die Unterbrechung eine unwiderrufliche Aufhebung zur Folge haben. Die Air Force ignorierte in ihrer Antwort die Stammessouveränität der Taos und erklärte, daß sich der Luftraum des Stammes innerhalb des öffentlichen Gebietes befände und daher von anderen öffentlichen Ländereien nicht zu unterscheiden sei. Die Proteste der Taos werden durch die Lyng-Entscheidung wirkungslos.

In Arizona untergräbt die Lyng-Entscheidung die Apache aus San Carlos, die die Aufstellung eines großen Teleskopes auf ihrem heiligen Berg Dzil Nchaa si an (Mt. Graham) verhindern möchten. „Dieser Berg ist für die Ausübung von physischer und spiritueller Heilung durch Apache-Medizinmänner und -frauen von größter Bedeutung", sagt der Apache-Stammesrat von San Carlos. „Die geplante Nutzung dieses Berges wird unmittelbar grundlegende Aspekte des traditionellen spirituellen Lebens der Apache zerstören."

Die Apache finden die Ironie, daß das Teleskop vom Vatikan finanziert und „Kolumbus" genannt wird, wenig spaßig. „Es beunruhigt uns wirklich, besonders unsere traditionellen Angehörigen", erzählte mir Michael Davis vom Apache-Überlebensbündnis. „Unser ganzer Stamm widersetzt sich dem Projekt – der Stammesrat, die spirituellen Führer, alle."

Ich traf Davis im Winter 1992, als er und seine Frau Ola in New York waren, um gegen die Entweihung ihres Berges bei der UNO zu protestieren. „Einige Leute betrachten ein Teleskop nicht als die schlimmste Sache der Welt", sagte ich und spielte den Teufelsanwalt. „Es ist ruhig, es verschmutzt nicht. Warum stört es Sie so sehr?"

„Weil der ganze Berg heilig ist. Es ist der heiligste Ort, den wir haben", sagte Davis. „Ein Teleskop, und die Leute, die mit ihm kommen, stören bei den zeremoniellen Tätigkeiten. Der Berg muß so bleiben, wie er ist."

„Gehen Ihre Leute immer noch hinauf?"

„Unsere Medizinmänner gehen dorthin, um Kräuter und Quellwasser zu suchen. Wir haben Zeremonien auf dem Berg. Und im Sommer steigen Familien hinauf, um zu meditieren, um mit dem Berg und sich eins zu sein. Wir müssen imstande sein, dort hinzugehen und zu beten. Warum ist es für andere so schwer zu verstehen, daß unsere Religion unmittelbar mit der Erde verbunden ist?"

Warum *ist* es so schwierig für uns Nichteingeborene, diese spirituelle Verbindung zur Erde zu begreifen?

Wir würden es nicht tolerieren, wenn jemand ein Teleskop auf eine unserer Kirchen, Tempel oder Moscheen setzen würde. Aber wir reagieren mit Gleichgültigkeit auf die Entweihung eines heiligen Ortes, der nicht aus Stein und Mörtel gebildet ist, sondern aus Gras und Bäumen. Sind wir so daran gewöhnt, mit einem Dach über dem Kopf zu beten, daß wir uns Anbetung an einem Freilicht-Altar nicht vorstellen können? Oder sind wir einfach zu sehr beschäftigt mit unseren Jobs, Hobbys und geliebten Fernsehshows, um alles, nur nicht die oberflächlichste Beziehung zur Erde zu entwickeln?

Es gab natürlich eine Zeit, in der wir alle eine gemeinsame spirituelle Verbindung mit der Erde teilten. Wenn wir weit genug zurückschauen, stellen wir fest, daß wir alle von eingeborenen Menschen abstammen. Jeder von uns hat Stammesahnen, die ihre eigenen heiligen Gesänge und Tänze hatten; die auf ihren Reisen durch den Lebenskreislauf durch Übergangsriten, Älteste und spirituelle Berater begleitet wurden; die in tiefer Verbindung mit der natürlichen Welt lebten. Dieses angeborene Gewahrsein unseres Wesens als eines unzertrennbaren Teiles der Natur ist unser gemeinsames Erbe. Es ist auch das Glaubenssystem, das uns während unserer meisten Zeit auf der Erde zu überleben geholfen hat. Erst seit kurzem hat uns die Zivilisation auf einen verhängnisvollen Umweg geführt.

Ich erinnere mich, wie mein Vater mir, als ich noch sehr klein war, erzählte, daß die Indianer einen Trick hatten, um sich nicht zu verirren. Er sagte, daß sie immer wieder mal über ihre Schulter zurückblickten, um zu sehen, woher sie kamen. Vielleicht ist es Zeit, auf den Weg zurückzublicken, den wir gekommen sind.

Als moderne Männer und Frauen zuerst in Erscheinung traten, lebten sie als Jäger und Sammler in kleinen nomadischen Gruppen. Vor etwa 10 000 Jahren unternahmen einige Leute erste zögerliche Schritte, die allmählich ihre spirituellen Verbindungen zur Erde vermindern würden. Sie begannen mit der Landwirtschaft. Als sie ihre groben Zäune bauten, um wilde Tiere draußen zu halten und zahme drinnen, errichteten sie bereits unwissentlich zwischen sich und der natürlichen Welt eine unsichtbare Wand. Anstatt mit allen Sinnen auf die Anblicke, Gerüche, Geräusche und Geister des Waldes eingestellt zu leben, schützten sie sich vor den Launen der Natur und zogen sich zurück. Generation für Generation wurden sie seßhafter und sammelten mehr Besitz an. Und als sie das Land bebauten, entwickelten sie die Idee, Land zu besitzen und zu verkaufen. Das Wachstum der Zivilisation beschleunigte vor etwa 5000 Jahren den Aufbruch der Menschen in die Städte, fort von der vertrauteren und heiligeren Verbindung mit der Natur.

Über die Zeiten der Entdeckungen und der Industrialisierung, und nun im Zeitalter der Technik, hat sich der Spalt zwischen *eingeborenen* und *nichteingeborenen* Weltanschauungen verbreitert. Beide so unterschiedliche Weisen, die Welt wahrzunehmen, existieren in unserer heutigen Zeit. Ich denke daran, wie sie in der Familie meines Yup'ik-Freundes Harold Napoleon und meiner eigenen erscheinen. Für Harolds Urgroßvater, Apouluq, waren das Land, die Flüsse, der Himmel, das Meer und alles darin Lebende Geist und daher heilig. Ich erinnere mich, daß Harold sagte: „Wenn Apouluq in die Tundra hinausging oder seinen Kajak ins Wasser ließ, betrat er das spirituelle Reich."

Mein Urgroßvater kam andererseits als Schafhirte im Alter von 14 Jahren in den Westen und half, „das Land aufzubauen". Für J. P. Curry sollte Land kultiviert werden, im vollsten Maße genutzt, gekauft, verkauft, verpachtet, verpfändet und schließlich den Nachkommen hinterlassen werden. Und das war *mein* Erbe – nicht nur das Land, sondern der unüberprüfte Glaube, daß das Land da ist, um erschlossen, gekauft und verkauft zu werden – es konnte geschätzt und sogar geliebt werden, wurde aber niemals als heilig betrachtet.

Glücklicherweise hatte meine Familie einen starken Orientierungssinn. Ich kannte das Gehöft meines Urgroßvaters und verbrachte viele Stunden unter den hohen Pappeln, die er als junger Mann gepflanzt hatte. Ich wußte, wo die Tauben im Frühling gern nisteten und wo die Fasanen sich im Herbst verbargen. Aber heute leben die meisten von uns weit entfernt von den Orten unserer Kindheitsträume – der Teich, wo wir angelten und Steine hüpfen ließen, der grasbedeckte Hügel, wo wir einen Drachen steigen ließen oder uns auf den Rücken legten und die über uns ziehenden Wolken beobachteten.

„Wir sollten wissen, daß der große Geist in allen Dingen steckt: den Bäumen, den Gräsern, den Flüssen, den Bergen und all den vierbeinigen Tieren und den geflügelten Leuten", sagte Black Elk.

Aber wie erfahren wir dies wirklich in unserer Zeit? Heute sind wir so beweglich, daß es schwierig ist, eine tiefe Beziehung zur natürlichen Welt herzustellen. Es ist ja schon schwer, unsere Beziehung zum Land aus Kindeszeiten nachzuvollziehen oder bereits zum letzten Ort, an dem wir lebten. Wenn heutzutage von fünf Amerikanern jedes Jahr zwei umziehen, wird die Schwierigkeit deutlich, einen Ortssinn zu entwickeln, mit den Hügeln und Feldern, Seen oder Flüssen verbunden zu leben, wo immer wir sind.

Ohne eine Verbindung zum Land kann unser Leben mit dem Rest der Natur schnell aus dem Gleichgewicht geraten. Ich erinnere mich, den Hopi-Ältesten Thomas Banyacya erklären zu hören, wie der Schöpfer die erste Welt in perfekter Balance erschuf. Im Jahre 1948 trafen sich alle traditionellen Hopi-Führer und wählten vier Leute, um ihre Botschaft zu überbringen. Der einzige überlebende Botschafter ist Banyacya, jetzt in den Siebzigern, silberhaarig, aber noch immer voll jugendlicher Intensität. Er erzählt uns, daß sich in der ersten Welt die Menschen von sittlichen und spirituellen Grundsätzen abwandten. Sie mißbrauchten ihre spirituellen Kräfte für egoistische Zwecke. Diese Welt wurde zerstört. Banyacya sieht uns heute an eine ähnliche Kreuzung kommen.

„Der traditionelle Hopi folgt dem spirituellen Weg, der uns von Massau'u, dem großen Geist, gegeben wurde", sagt Banyacya. „Wir schlossen ein heiliges Bündnis, seinen Lebensplan zu allen Zeiten zu befolgen, einschließlich der Verantwortung, dieses Land zu hüten. Wir haben niemals irgendeinen Vertrag mit einem fremden Land abgeschlossen, auch nicht den Vereinigten Staaten, aber viele Jahrhunderte lang haben wir diese heilige Vereinbarung in Ehren gehalten. Unsere Ziele sind nicht, politische Macht, finanziellen Reichtum oder militärische Macht zu erlangen, sondern zu beten und das Wohlergehen aller Lebewesen zu fördern und die Welt in einer natürlichen Art zu bewahren . . . Die Hopi-Prophezeiung sagt, wenn der Mensch nicht auf diese Warnungen hin aufwacht, wird die große Reinigung kommen und diese Welt zerstören, ebenso wie die vorherigen Welten zerstört wurden."

Ob wir auf die Hopi-Prophezeiungen hören oder auf die abendlichen Nachrichten mit Schreckensmeldungen, ich glaube, wir finden reichlichen Grund, uns einer respektvolleren und heiligeren Anschauung unserer Welt zuzuwenden. Und wir müssen die religiösen Rechte der eingeborenen Amerikaner ansprechen. Wie können wir fortfahren, ihre religiöse Freiheit um schlecht plazierter Teleskope und Aschenbecher aus Pfeifenstein willen aufs Spiel zu setzen? Ihr Überleben als eingeborenes Volk erfordert religiöse Freiheit. Warum also nicht dem *Native American Religious Act* die Stärke sichern, die er haben sollte? Warum nicht ein und für allemal ihre heiligen Stätten unter Schutz stellen? Warum ihnen nicht ihre religiösen Gegenstände wiedergeben und ihnen erlauben, so zu beten, wie sie es immer getan haben?

Die religiöse Freiheit der eingeborenen Amerikaner zu schützen ist vielleicht noch wichtiger für die übrigen von uns, die nicht eingeboren sind, und die aus Respekt für die Erde beginnen müssen,

Entscheidungen zu treffen. Oscar Henry One Bulle hätte gut für uns alle bitten können, als er „eine Infusion des Geistes" suchte.

Wie anders unsere Welt wohl sein könnte, wenn unsere Vision einer heiligen Erde sie umgeben würde? Wenn wir uns eingeborener fühlten dort, wo wir leben? Wenn wir ein stärkeres Gefühl hätten, Teil des Landes zu sein, wo wir unser Heim einrichten? Wenn wir uns ein wenig mehr Zeit nähmen, die Wiesenstärlinge und Schmetterlinge zu bemerken und öfter anhalten würden, um dem fernen Donner und den Grillen im Gras zu lauschen?

„Die Wiederbelebung von begrabenen Wirklichkeiten, die Erscheinung dessen, was vergessen und unterdrückt war", schreibt Octavio Paz, „kann, wie es der Fall war zu anderen Zeiten in der Geschichte, zur Erneuerung führen." Die Wiederbelebung von eingeborenen Wirklichkeiten ist niemals passender gewesen als heute. Doch sollten wir widerstehen, sie uns zu eigen zu machen oder daran teilzunehmen. Dies sind ihre heiligen Zeremonien, die in ihrer Sprache und ihrer Entwicklung als Volk gründen. Wir sollten nicht zu einem Sonnentanz gehen müssen, um zu lernen, wie die Menschen unserer Kultur für das Wohlergehen aller Lebewesen begeistert werden können.

Es gibt keine Umkehr in die Zeit von Black Elk und Apouluq. Aber wenn wir das Heilige an der Erde weiter vernachlässigen, wird Leben, wie wir es kennen, nicht bestehenbleiben.

Während der vier Tage dauernden Sonnenaufgangs-Zeremonie der Apachen, in der die jungen Mädchen zur Frau „gesungen" werden, wird ein zeremonielles Mahl für den Medizinmann zubereitet.

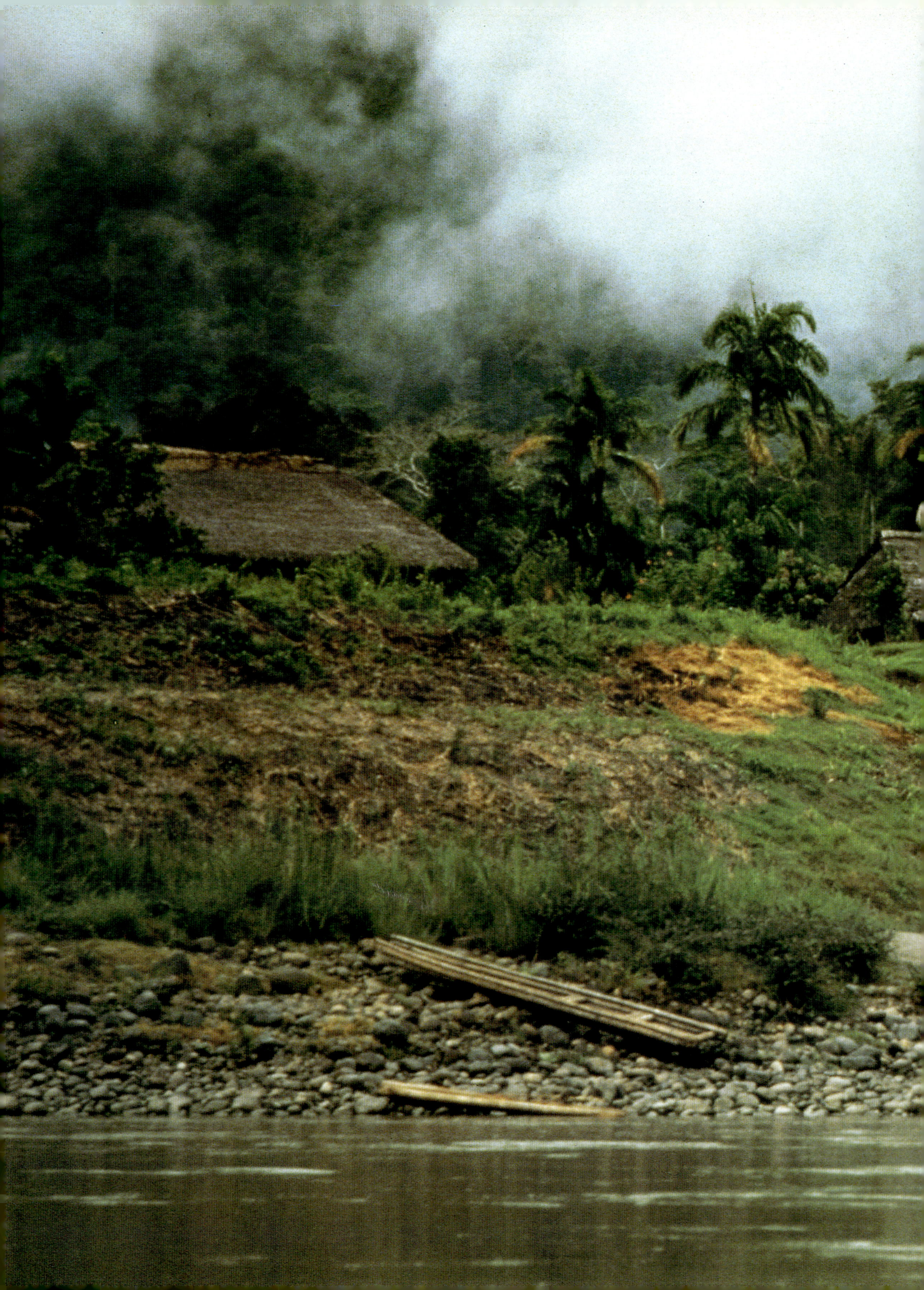

LATEINAMERIKA

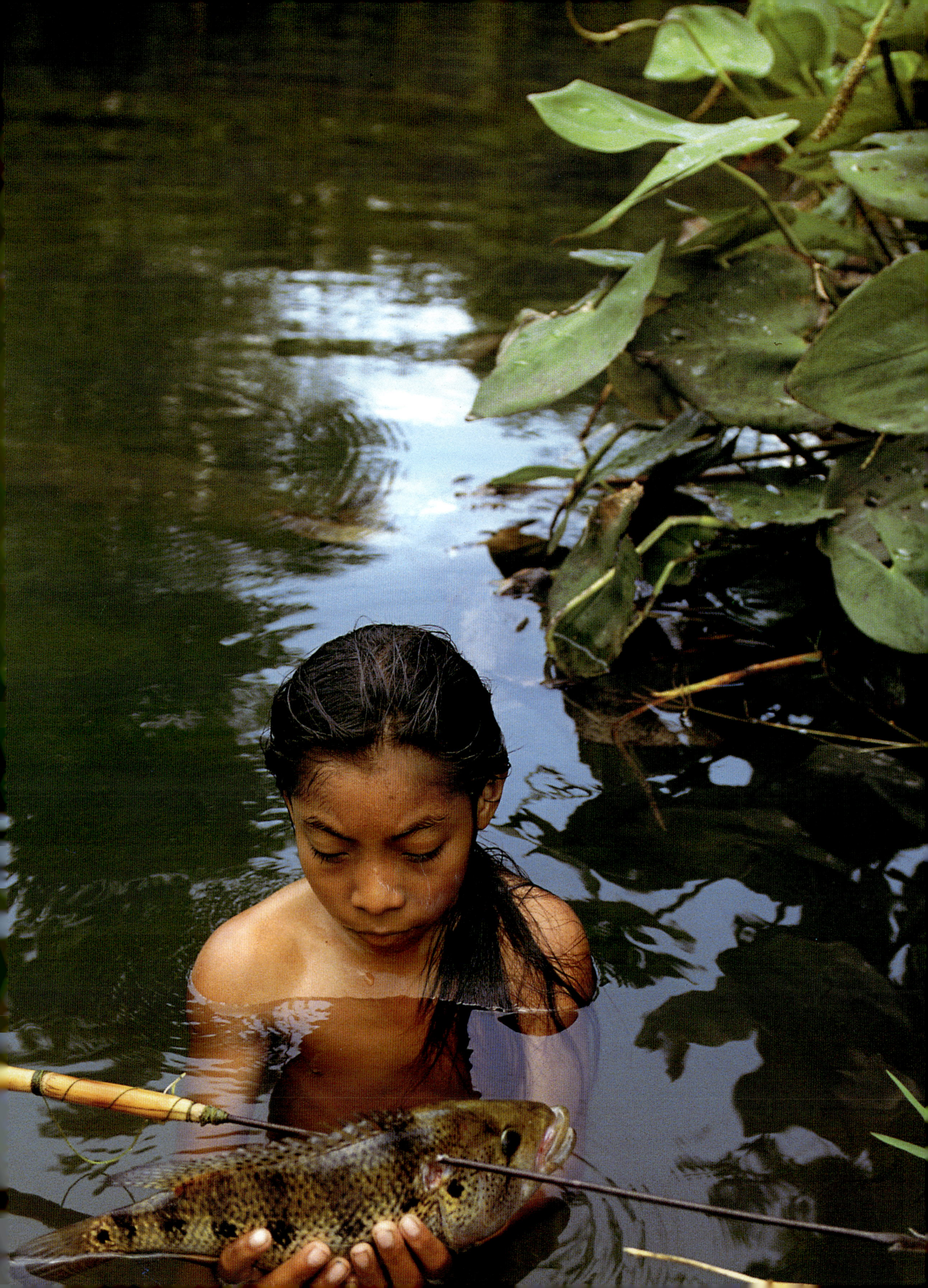

MITTELAMERIKA

EIN NETZ AUS LÖCHERN

Der mexikanische Gelehrte Miguel Leon-Portilla bezeichnet das Trauma, das die spanische Eroberung der Neuen Welt bei den Ureinwohnern von Mexiko und Mittelamerika bis zum heutigen Tag hinterließ, als eine „tiefe Leere". Die Samen ihres gegenwärtigen Kampfes um Land, Souveränität, Selbstachtung und kulturelle Identität wurden bei dieser Invasion vor 500 Jahren gesät.

Wenn die spanischen Konquistadoren im heutigen Mittelamerika ankämen, würden sie auf Menschen treffen, die kaum etwas mit den damaligen gemein haben. Auch wenn jene Stämme anders waren, so gehörten sie im wesentlichen zu einer riesigen mittelamerikanischen Kultur, die sich vom Aztekenreich in Mexiko bis zu der Maya-Zivilisation in Guatemala und Honduras ausdehnte. In vorhispanischen Zeiten hatten diese Völker Städte und religiöse Stätten gebaut und hochentwickelte Formen der Schrift, Musik und Kunst hervorgebracht. Keine 50 Jahre nach der Ankunft der ersten Europäer lag ihre Zivilisation in Trümmern.

„Am Anfang betrachteten die Indianer die Spanier als Engel vom Himmel", schrieb Bartolome de Las Casas, ein spanischer Priester, der Zeuge der ersten Jahrzehnte der Invasion war. Er beobachtete, daß „diese Indianer von Natur aus sehr sanft und friedliebend waren" und daß „sie sich erst erhoben, als die Spanier Gewalt gegen sie gebrauchten, sie getötet, beraubt und gefoltert hatten."

„Für die Indianer vertiefte sich das Trauma der Unterwerfung und wurde in die unbeschreibliche Qual einer vom Tode bedrohten Kultur verwandelt", schreibt Miguel Leon-Portilla. Er erklärt, daß viele, die die Schwerter der Eindringlinge überlebten, „kulturell enthauptet" wurden. Durch einen Prozeß ethnischer und kultureller Verschmelzung wurden sie in die Mestizenkultur (die Nachkommenschaft aus Indianern und Europäern) hineingezogen, die letztendlich die Identität der mexikanischen Nation geschmiedet hat.

500 Jahre später ist es nahezu unmöglich, sich die Greuel der Unterwerfung vorzustellen. Einer der wenigen erhalten gebliebenen Berichte stammt von einem anonymen Indianer, der im Jahre 1528 schrieb:

Eine Lacandonen-Indianerin in Mexiko.

*Seite 50/51:
Ein Dorf am Ufer des Amazonas.*

> Zerbrochene Speere liegen auf den Straßen.
> Wir haben uns in unserem Kummer die
> Haare gerauft.
> Die Häuser sind jetzt ohne Dächer,
> und ihre Wände sind rot von Blut.
> Das Wasser ist rot geworden, wie gefärbt,
> und wenn wir es trinken,
> hat es den Geschmack von Tränen.
> Wir haben in Verzweiflung
> mit unseren Händen gegen die Lehmwände
> gehämmert,
> denn unser Erbe war nur ein Netz aus
> Löchern.

Dieses Netz aus Löchern wurde den 13 Millionen in Mittelamerika lebenden eingeborenen Menschen von Generation zu Generation weitergegeben. Ähnlich dem *Großen Tod* in Alaska, prägte auch hier die Unterwerfung die Psyche der Überlebenden und ihrer Nachkommen.

Während einige eingeborene Völker ausgelöscht wurden und andere assimiliert, tappten viele der Ureinwohner Generation für Generation in einem kulturellen Niemandsland umher – ihre traditionellen Werte und Lebensweisen hatten sie abgeworfen und die Bräuche der neuen Kultur noch nicht angenommen. Nur wenige waren entschlossen, ihre Identität als Eingeborene in die neue Weltordnung hinüberzuretten. Die Yaquis in Sonora beispielsweise hielten viele Jahre lang den Kriegszustand mit der mexikanischen Regierung aufrecht und legten ihre Waffen erst nieder, als ihre uralten Landansprüche und ihre Rechte als ein eigenständiges Volk anerkannt wurden.

Assimiliert oder nicht, die Ureinwohner Mittelamerikas bleiben von den unzähligen Traumata der Eroberung verfolgt. Allein um zu überleben, waren viele Ureinwohner gezwungen, spanische Lebensweisen und Riten anzunehmen. Leon-Portilla stellt fest: „Diese Traumata verursachten eine ständige Qual in dem Bewußtsein der unterworfenen Menschen."

Viereinhalb Jahrhunderte später stehen die Überlebenden der spanischen Eroberung den Traumata einer anderen Invasion gegenüber. Dieses Mal sind es keine Konquistadoren und Mönche, sondern Diktaturen, revolutionäre Unruhen, Todesschwadronen und die versteckte Machtausübung multinationaler Unternehmen.

Für den gelegentlichen Besucher ist Guatemala ein Land schöner Strände, malerischer Landschaften und eines angenehmen Klimas. Aber hinter dieser äußeren Idylle liegt ein in zwei ethnische Gruppen zerrissenes Land. Die Ladinos, die regierende Minderheit, verbrauchen die meisten Ressourcen des Landes, um ihren gehobenen Lebensstil aufrechtzuerhalten. Die Indianer von Guatemala sind die andere Gruppe, eine Nation ohne Staat – ein Volk ohne politische Rechte, ohne Land, ohne Redefreiheit und wenig Chancen, ihre indianische Sprache und Kultur zu bewahren.

„Viele meiner Leute sind vertrieben. Für sie ist es eine Sache des Überlebens", sagte Pater José Angel Zapeta. Er ist ein Quiche-Indianer und zugleich katholischer Priester. Seit 15 Jahren versucht er schon, den enteigneten Menschen in Guatemala zu helfen. Während er mich mit müden Augen ansah, fuhr er fort: „Ein Großteil der indianischen Bevölkerung landet in den Städten, wo sie äußerster Armut gegenüberstehen. Die Indianer können in Dörfern leben, aber nicht in Städten. Die Männer verkaufen schließlich Besen und Zeitungen oder putzen Schuhe und sammeln Flaschen ein. Teenager, die einst sehr scheu und traditionsbewußt waren, werden Prostituierte, um Nahrung für ihre jüngeren Geschwister kaufen zu können."

„Deine Kultur ist dein Leben", sagte Pater Zapeta. „Aber wenn man lange genug verfolgt wird, leidet die Kultur, geht verloren."

Pater Zapeta ist selbst ein Überlebender der vier Jahrzehnte des Terrors und der verborgenen Gewalt, die Guatemala auseinandergerissen haben. Während Touristen sich an den Stränden rekelten, wurden die Hochland-Indianer aus ihren Häusern geworfen und ermordet. Viele Jahre lang blieben der westlichen Welt, und auch mir, diese in Mittelamerika begangenen Greueltaten verborgen – ebenso wie die Mitschuld unserer eigenen Länder. Heute gehören beinahe die Hälfte der mittelamerikanischen Ureinwohner zu den 23 Stammesgruppen in Guatemala. Ihre Verfolgung begann vor langer Zeit.

Mittelamerika

Cuna-Frauen in Panama.

Innerhalb von 16 Jahren nach ihrer Ankunft ermordeten die Spanier etwa vier Millionen eingeborener Guatemalteken. Viele der Überlebenden wurden den Spaniern, die ihre Ländereien genommen hatten, sozusagen als Leibeigene zwangsverpflichtet. Heute zahlen die enteigneten Indianer Pacht für kleine Grundstücke, bessern Zäune aus, hüten Vieh und übergeben die Hälfte ihrer Erzeugnisse dem Landbesitzer. Wenn sie die Pacht nicht bezahlen können oder gegen die Arbeitsbedingungen protestieren, werden sie einfach vom Land verstoßen, auch wenn ihre Familien seit Generationen darauf gelebt haben.

Eine Revolution im Jahre 1944 führte zur Wahl von Jacobo Arbenz, der landwirtschaftliche Reformen vornahm. In einem kühnen Zug enteignete Arbenz einen Teil des Besitzes der United Fruit Company, die seit 1871 in Guatemala den Handel von Bananen, Kakao und Kaffee beherrschte. Zu jener Zeit war John Foster Dulles US-Staatssekretär und sein Bruder Allen Chef der CIA. Beide vertraten früher Rechtsangelegenheiten der United Fruit Company. Die US-Regierung entschied, daß Arbenz' Reformen eine sozialistische Bedrohung für Amerikas Interessen bildeten.

Im Jahre 1954 organisierte und finanzierte die CIA den Sturz der Regierung Arbenz und bescherte Guatemala vier Jahrzehnte des unbarmherzigen Terrors. Das neue Regime beseitigte die Indianer systematisch, um ihre Ländereien zu bekommen; zuerst kamen die an die Reihe, an welche United-Fruit-Land verteilt worden war. Seit dem von der CIA unterstützten Militärcoup sind mehr als 150 000 Indianer getötet und etwa 70 000 Familien von ihrem Land vertrieben worden.

Die folgenden Guerilla-Unruhen zogen weitere US-Militärhilfe nach sich, die das Leben der Indianer noch erschwerte. Im Jahre 1961 wurde eine Rebellion von jungen Ladino-Offizieren mit militärischer Unterstützung der Vereinigten Staaten niedergeschlagen. Die Überlebenden flohen nach Mexiko und El Salvador. Obwohl keine Indianer darin verwickelt waren, wandte die guatemaltekische Armee Flächenbeschuß und Napalm zur Terrorisierung der Indianer an, um deren Unterstützung der Revolte zu untergraben. Diesem Feldzug zur Vernichtung von 400 Rebellen fielen 10 000 Indianer zum Opfer.

Für die indianische Bevölkerung stellt es eine besonders bittere Ironie dar, daß viele der Soldaten, die ihre Dörfer terrorisieren, umerzogene Indianer sind. An Fest- oder Markttagen kommen Militärlastwagen und sammeln mit brutalen Rekrutierungsmaßnahmen junge Indianer auf. Ein 14jähriger, dessen Name geheim bleiben muß, hat geschildert, wie er ins Militär gezwungen und trainiert wurde, gegen seine eigenen Leute zu kämpfen. Eines Tages griffen ihn Werbeoffiziere von der Straße auf, warfen ihn auf den Lastwagen und brachten ihn zur Honor Guard Base in Guatemala City.

„Über einige Dinge ist es sehr schwierig zu sprechen", sagte er. „Als Teil des Trainings wurden wir ins Folterzentrum gebracht, wo uns die verschiedenen Foltermethoden gezeigt wurden. Sie benutzten im Feuer erhitzten Draht, um die Arme der Leute zu verbrennen. Sie schlugen Ohren, Arme und Beine ab, schnitten ihre Zungen heraus. Sie sagten zu uns, wenn wir über diese Dinge sprächen, würden sie wissen, daß wir Kommunisten sind, und uns töten. Sie gaben uns jeden dritten Tag ein Glas voll Hundeblut und schickten uns hinaus, um Menschen zu töten. Da ist etwas in dem Hunde-

Die Mütter von „Helden und Märtyrern" demonstrieren mit den Fotos ihrer in Nicaragua gefallenen Söhne für Frieden.

blut, das einem das überwältigende Verlangen zu töten gibt. Das Verlangen ist so stark, daß es einem nicht einmal etwas ausmacht, ein Kind zu töten."

Sechs Monate nach diesem „Training" wurde der Rekrut in den Dschungel geschickt, um gegen indianische Guerillas zu kämpfen. Er hatte gesehen, wie Freunde erschossen wurden, wenn sie zu entfliehen versuchten. An einem regnerischen Nachmittag beschloß er dennoch wegzulaufen. Er warf sich in einen Fluß, und als die Soldaten auf ihn schossen, tauchte er unter Wasser. Bei einbrechender Dunkelheit gaben die Soldaten seine Verfolgung auf. Er warf seine Kleidung ab und rannte durch den Dschungel.

„Ich rannte, bis ich an ein Haus kam, eine kleine Hütte. Dort war eine Frau, die mich hineinließ und mich bat, da zu warten. Wenig später kam sie wieder mit neuen Schuhen, einer Hose, einem Hemd. Ich sagte ihr, wer ich war und was ich getan hatte, und fragte sie, warum sie mir dies alles gab. Sie sagte: ‚Ich weiß, wer du bist, und ich gebe dir diese Dinge, weil du dich selbst vor einem sehr großen Übel befreit hast.'"

Im Jahre 1981 begann die Armee einen 18monatigen Feldzug der verbrannten Erde, der 440 indianische Dörfer zerstörte. Die Zerstörung des Dorfes San Francisco in Huehuetenango war typisch. Soldaten zerrten die Männer zur Seite und schlossen Frauen und Kinder in der Kirche ein. Dann wurden die Männer erschossen. Ein Augenzeuge des folgenden erinnerte sich: Die Soldaten begannen auf die Frauen in der kleinen Kirche zu schießen. Einige starben, die anderen wurden von ihren Kindern getrennt, in Gruppen zu ihren Wohnungen gebracht und getötet, die meisten offensichtlich mit Macheten . . . Dann kamen die Soldaten zurück, um die Kinder zu töten."

352 Menschen starben an jenem Tage in San Francisco, Huehuetenango. Insgesamt machte der Feldzug der verbrannten Erde mehr als 200 000 Kinder zu Waisen. Ganze Gemeinden verschwanden. Eine Million Menschen wurden zu Flüchtlingen in ihrem eigenen Land; weitere 200 000 entflohen nach Mexiko.

Aus der Ferne ist es oft schwer zu beurteilen, wie gründlich die USA Ereignisse wie diese in Guatemala bestimmen können. „Die Folgen dieser Eingriffe sind unter einem riesigen Leichentuch der Stille in der US-Presse und der Öffentlichkeit verhüllt worden", schreibt Susanne Jonas in *The Battle for Guatemala* (Der Kampf um Guatemala). . . . Daß diese Massenvernichtung beinahe unbekannt und ungeahnt in den meisten westlichen Ländern war, gewiß in den Vereinigten Staaten, ist eine Bestätigung des ‚großen Schweigens' über Guatemala – eine gleichgültige, manchmal komplizenhafte Stille, vielleicht weil die Opfer in überwältigender Mehrheit Indianer waren."

Der Schatten US-amerikanischer Einmischung in Mittelamerika ist lang. Alle Einflußnahmen wurden mit der Behauptung gerechtfertigt, Demokratie durch die Bekämpfung des Kommunismus zu fördern. Ironischerweise hatte der Kommunismus ziemlich gut für seinen eigenen Abtritt gesorgt, und US-amerikanische Wahlmanipulationen haben den demokratischen Prozeß in Ländern wie Guatemala untergraben.

Das große Ungleichgewicht zwischen Reich und Arm ist überall in Mittelamerika zu sehen, aber es ist nirgends extremer als in Guatemala. Nur 13 Prozent der Bevölkerung lebt oberhalb der Armutsgrenze. Zwei Prozent besitzen jetzt 70 Prozent von Guatemalas nutzbarem Land. 80 Prozent der Farmer verfügen nur über 10 Prozent des Landes. Und der Griff der Armut wird fester. In den 80er Jahren hat sich die Arbeitslosigkeit um 600 Prozent erhöht, und nur einer von fünf jungen Erwachsenen findet eine Stellung. Im Jahre 1987 berichtete UNICEF, daß „Guatemala die höchste Analphabetenquote in Mittelamerika hat, die meisten Kinder mit niedrigem Geburtsgewicht und den niedrigsten Prozentsatz an Schülern".

Nach praktisch allen Indikatoren haben eingeborene Minderheiten die Hauptlast dieser Ungleichheit getragen. Die Lebenserwartung für Indianer ist 16 Jahre niedriger als für Ladinos. 61 Prozent der Indianer sind Analphabeten, gegenüber 29 Prozent der Ladinos; in einigen Bergregionen sind 85 Prozent der eingeborenen Frauen Analphabetinnen. Die Rate der Kindersterblichkeit ist zweimal so hoch wie der Landesdurchschnitt. Und mehr als eine Million Indianer bleiben Flüchtlinge.

Vielleicht ist es unmöglich für uns in der entwickelten Welt, die wir ein Zuhause und eine

Arbeit haben, nachzuempfinden, was es heißt, ein eingeborener Flüchtling zu sein – ohne Heim, ohne den Besitz von Menschenrechten, gequält von Erinnerungen an verlorene oder getötete Angehörige, jeden Tag um etwas zu essen zu kämpfen und immer von Gewalt bedroht zu sein. Die paramilitärischen Todesschwadronen haben die lokale Bevölkerung derart terrorisiert, daß viele ableugnen, Indianer zu sein, um zu überleben. Nur die Mutigsten wagen es, für soziale Reformen einzutreten.

Auch Priester besitzen keine Immunität, und viele von denen, die die Indianer unterstützten, mußten aus dem Land fliehen. 14 von ihnen, die wie Pater Zapeta blieben, um zu helfen, sind getötet worden.

„Am schwersten ist es für mich zu sehen, wenn Familien auseinanderbrechen. Ohne Männer und Kinder macht sich Hoffnungslosigkeit breit", erzählte Zapeta mir. „Wenn ihre Männer verschwinden, können die Frauen nicht zurückgehen. Sie lassen ihr Haus, ihre Kleider, ihr Gemeinschaftsleben hinter sich. Indianer haben starke Familienbande; sie vermissen ihre Dörfer. Aber sie müssen die Wirklichkeit sehen. Sie können nicht zurück."

Eine solche Frau ist Rigoberta Menchú, die in die Armut eines kleinen guatemaltekischen Dorfes hineingeboren wurde. Als Kind half Rigoberta ihren Eltern, die Korn und Bohnen auf ihrem winzigen Grundstück anbauten. Manchmal arbeiteten sie auch als Tagelöhner auf Kaffee-, Baumwoll- und Zuckerplantagen. Bereits mit acht Jahren verdiente Rigoberta mit Kaffeepflücken Geld für die Familie – 35 Pfund am Tag für 20 *Centavos*.

Rigobertas Vater, Vincente, war einer der ersten in ihrer Region, der nach Gerechtigkeit und einem besseren Leben für die Indianer strebte. Er ermutigte die Kleinbauern, zusammenzuarbeiten, und gründete einen Verband, um eine bessere Bezahlung für ihre Arbeit zu erzielen. Die Gemeinde stand hinter ihm, aber die Regierung, mißtrauisch wegen seiner wachsenden Popularität, sperrte ihn ein und drohte, ihn umzubringen. Als Rigobertas Vater schließlich freigelassen wurde, mußte er im Untergrund leben, um sein Engagement für die Kleinbauern fortzusetzen.

Die Landbesitzer zahlten den Indianern kaum genug, um sie lebendig und arbeitsfähig zu erhalten. Die Verhältnisse waren schwierig und auch gefährlich. Eines Tages, als Rigoberta acht Jahre alt war, spritzte der Plantagenbesitzer die Kaffeefelder mit Pestiziden, während ihre Familie und andere draußen arbeiteten. Rigobertas zweijähriger Bruder, der bereits an Unterernährung litt, war den Schwaden ausgesetzt und starb.

„Wichtig ist, daß alles, was mir geschehen ist, auch die Erfahrung vieler anderer Menschen ist", sagt Rigoberta, die in ihrer Autobiographie *I. Rigoberta Menchú*, 1983, über ihre Familie schreibt. „Meine Geschichte ist die aller armen Guatemalteken. Meine persönliche Erfahrung ist die Wirklichkeit eines ganzen Volkes."

Rigoberta erinnert sich an den Tag im September 1979, als ihr 16jähriger Bruder von der Sicherheitspolizei gefaßt wurde. „Sie trennten die Haut von seinem Kopf ab, zogen sie an beiden Seiten herunter und schnitten das Fleisch aus seinem Gesicht", schrieb Rigoberta. „Sie achteten jedoch darauf, nicht die Arterien oder Venen zu beschädigen, so daß er die Folterungen überleben würde." Am 17. Tag der Folter starb Rigobertas Bruder. Im folgenden Jahr schloß ihr Vater sich einer Gruppe protestierender Kleinbauern in der spanischen Botschaft in Guatemala City an. Polizei stürmte das Gebäude, es fing Feuer. Ihr Vater verbrannte darin.

Einige Wochen später verhafteten Soldaten Rigobertas Mutter. Hohe Armee-Offiziere der Stadt vergewaltigten sie und schnitten ihr am dritten Tag der Folter ihre Ohren ab. Sie wollten sie zwingen, das Versteck von Rigoberta und ihren Geschwistern zu verraten. „Sie schützte uns alle bis zum Ende", beschrieb Rigoberta. „Entstellt und hungernd verlor meine Mutter langsam das Bewußtsein. Sie gaben ihr etwas zu essen. Dann begannen sie wieder, sie zu vergewaltigen ... Da alle Wunden meiner Mutter offen waren, drangen überall Würmer ein. Sie lebte aber noch. Meine Mutter starb in schrecklicher Qual."

Anstatt sie zu zerstören, stärkten diese Greueltaten Rigoberta Menchús Entschluß, Freiheit für ihr Volk zu gewinnen. Sie ging in den Untergrund. „Statt Freiheit", sagt sie, „haben wir mehr Armut, mehr Furcht erfahren und sind als eingeborene Menschen versklavt worden. Dies kann nicht länger so weitergehen. Wir müssen dem ein Ende bereiten und uns bemühen, die eigene Kultur wiederzuerkennen. Wir müssen uns bemühen, unsere uralte Identität wiederzugewinnen."

Rigoberta mußte schließlich im Exil leben, und wo immer sie reiste, sprach sie über die Unterdrückung ihres Volkes. Sie drängte die Vereinigten Staaten und andere reiche Länder, sich nicht mehr in arme Länder einzumischen und die sogenannte Militärhilfe zu stoppen. „Wir Kleinbauern wollen Werkzeuge", sagte sie. „Wir wollen keine weiteren Kriege. Wir wollen Krankenhäuser und Schulen. Wir wollen Ausbildung für unsere Kinder."

Im Jahre 1992 wurde Menchú als umstrittene Kandidatin für den Friedensnobelpreis nominiert. Die guatemaltekische Regierung erhob Widerspruch gegen ihre Aufstellung, weil, so der Außenminister, sie verbunden war mit „Gruppen, die dem Ansehen Guatemalas außerhalb des Landes geschadet haben".

Im Oktober 1992, am 500. Jahrestag von Kolumbus' Ankunft in der Neuen Welt, wurde Rigoberta Menchú zur neuen Friedensnobelpreisträgerin gewählt. 70 000 Menschen marschierten mit ihr auf den Straßen. „Ich wünschte nur, meine Eltern hätten anwesend sein können", sagte Rigoberta. „Während sich das Ende des 20. Jahrhunderts nähert, hoffen wir, daß unser Kontinent vielfältig sein wird. Als einziges wünsche ich mir Freiheit für Indianer, wo immer sie sind."

Mit den rund 2 Millionen DM für den Nobelpreis gründete Rigoberta Menchú eine Stiftung im Namen ihres Vaters, um die Rechte der Ureinwohner zu verteidigen.

„Wir müssen uns darauf besinnen, wer wir sind. Aber unsere Leute haben Angst, es auszusprechen", sagte mir Adrian Esquino Lisco aus El Salvador mit fester Stimme. Er stand vor mir, 1,50 m groß, in Jeans und Stiefel gekleidet, mit einem Cowboyhut aus Stroh auf dem Kopf. Offiziell gab es in El Salvador keine Indianer, aber mindestens 45 Prozent seiner Bevölkerung besitzt indianisches Blut; Lisco war der Führer ihrer Nationalen Vereinigung der eingeborenen Salvadorianer. „Bei Massakern wie diesen", sagte er, „werden viele unserer Leute nicht einmal zugeben, Indianer zu sein."

Am 22. Februar 1983 waren Soldaten der eigenen Armee in das Dorf Los Hojas gefahren, zwölf Kilometer von Liscos Haus entfernt. Viehzüchter wollten das Land haben, das die Indianer für den Anbau von Mais, Bohnen und Gemüse nutzten. Um die eingeborenen Farmer loszuwerden, heuerten die Viehzüchter eine Todesschwadron an. Nach dem Überfall waren 74 indianische Männer, Frauen und Kinder tot. Lisco kannte sie alle.

„Ich mußte die Ermordung dieser 74 Menschen um jeden Preis öffentlich anprangern", sagt Lisco. „Bald waren die Todestrupps hinter mir her. Ich versteckte mich in den Feldern. Schließlich halfen mir Freunde, das Land zu verlassen. Ich ging in die Vereinigten Staaten und sprach zu Kongreßabgeordneten über die Unterdrückung von Indianern in El Salvador. Eine Zeitlang wurde es besser, aber es hat wieder Morde in San Julian, Nahuizalco, Juayua und anderen Dörfern gegeben."

Lisco setzte sich gegen diese Massaker ein, die das Werk der salvadorianischen Armee waren. Aber wie stellten die Herausgeber von *El Salvador: Central America in the New Cold War* (El Salvador: Mittelamerika im neuen kalten Krieg) fest: „Die salvadorianische Armee ist nicht unabhängig: Sie wird ausgerüstet und trainiert von der US-Re-

Rigoberta Menchú, die 1992 den Friedensnobelpreis erhielt.

gierung . . . Die Vereinigten Staaten müssen vielleicht eines Tages zugeben, daß ihre Hände mit dem Blut von salvadorianischen Bürgern befleckt sind."

Ronald Reagan rechtfertigte die US-Intervention in El Salvador mit der Begründung, das Gebiet zu „stabilisieren" und die Ausbreitung des Kommunismus aufzuhalten. „Was wir in El Salvador sehen, ist der Versuch, die ganze Region zu destabilisieren und schließlich Chaos und Anarchie zur amerikanischen Grenze zu tragen", sagte er einst während seiner Präsidentschaft. „Wollen wir die Ausbreitung von Kommunismus in dieser Hemisphäre aufhalten oder nicht?"

Wie in Guatemala und Nicaragua, betraf die „Stabilisierung" von El Salvador meist nur die eingeborenen Menschen. Im Jahre 1989 verkündeten die Todesschwadronen, daß sie Adrian Lisco töten würden. Indianische Freunde in den Vereinigten Staaten schickten ihm Flugscheine, damit er mit seinem Sohn das Land verlassen konnte. Sie eilten zum Flughafen und gaben ihr Gepäck auf. Als sie am Check-in-Schalter standen, hielt ein Beamter sie zurück.

„Was ist los?" fragte Lisco. „Was haben wir getan?"

„Es tut mir leid", sagte der Beamte, „wir haben Anweisung, Sie nicht ausreisen zu lassen. Ich weiß, Sie sind ein guter Mann. Ich werde Sie nicht verhaften. Aber ich kann Sie nicht auf die Maschine lassen."

Lisco wandte sich wieder an seine Freunde in den Vereinigten Staaten. Sie riefen Amnesty International an, die wiederum Druck auf das US-Außenministerium ausübten. Eine Woche später erklärte sich die US-Botschaft in El Salvador bereit, Lisco zu schützen. Sein Name stand auf der Suchliste, aber die Armee ließ ihn in Ruhe.

„Ohne die Hilfe von anderen wäre ich inzwischen tot", erzählte mir Lisco ganz sachlich. „Aber ich lebe, und ich werde weiterhin die Ermordung von Indianern und die Verweigerung ihrer Menschenrechte anprangern. Unsere Leute werden immer noch als rückständig und unzivilisiert betrachtet. Sie werden beschuldigt, betrunkene Diebe zu sein, und ins Gefängnis geworfen oder getötet."

„Was ist die wichtigste Sache, die Menschen in entwickelten Ländern über Ihre Leute wissen sollten?" fragte ich.

Lisco schwieg einen Augenblick. Er blickte in die Ferne, wandte sich dann um und schaute mir in die Augen. „Ich hoffe, die Menschen werden versuchen zu verstehen, was wir fühlen", sagte er. „Seit der Ankunft der Spanier im Jahre 1492 haben Menschen wie die Maya, Nahuat und Lenca in El Salvador in einem ständigen Konflikt gelebt. Wir haben uns im Krieg mit denjenigen befunden, die unsere kulturellen Vorbilder auslöschen wollten. Der Schmerz überwältigt uns."

„Ich möchte gern, daß Amerikaner und Europäer den verzweifelten Wunsch indianischer Völker verstehen lernen, als Indianer überleben zu wollen. Ich bitte sie darum, unsere Bemühungen, unsere Initiativen zu unterstützen. Das wichtigste ist, zu erkennen, daß sogenannte Entwicklung gefährlich ist. Wenn Dinge nicht in Harmonie mit der Natur geschehen, ist es der falsche Weg. Die Menschen beginnen, nur an Geld zu denken. Darum haben wir Katastrophen."

„Was können wir daran ändern?" fragte ich. „Was können andere tun?"

„Wir müssen auf die Ältesten hören, die spirituellen Führer. Sie können uns helfen, wieder zu genesen. Um eine Lebensvision zu entwickeln, brauchen wir in unserem eigenen Land den Kontakt mit unseren eigenen Wurzeln. Dies ist ebenso wichtig für Nicht-Indianer. Wenn man sich den indianischen Ältesten auf die richtige Weise nähert, kann man viele hilfreiche Dinge lernen."

„Was ist die richtige Weise?"

„Mit einem offenen Herzen aufzutreten", erwiderte Lisco. „Wo immer man lebt, kann man zu Indianern gehen und hören und schauen, ob es etwas zu lernen gibt. Wenn die Menschen im Westen uns anders betrachten würden, könnten sie erkennen, wie eingeborene Menschen tief mit der Erde verwurzelte Kulturen entwickelt haben. Indianische Kulturen können als Modelle für das Leben auf der Erde dienen. Es basiert auf einem spirituellen Gefühl für das Leben – mit Danksagung an die Natur und tiefer Anerkennung, daß wir alle Geschöpfe der Natur sind. Wir müssen uns daran erinnern, wer wir sind, woher wir kamen und wohin wir gehen. Wir sind Teil der Natur – alle von uns."

„Glauben Sie an Magie?" fragte mich Miguel Soto, ein hochgewachsener costaricanischer Indianer.

„*Wir* glauben an Magie", sagte er, ohne meine Antwort abzuwarten. „Das Prinzip von Magie ist der Versuch. Ganz gleich, wie hoffnungslos unser Leben zu sein scheint, wenn wir den ersten Schritt machen, unsere Probleme zu lösen, ist das Magie. Diese Magie lehrte meine Großmutter mich. Sie war die letzte des Boto-Volkes. Es sind noch ein paar übriggeblieben, die etwas von dem Blut in sich tragen, aber sie war die letzte wirkliche Boto."

Mit 20 Jahren hatte Soto eine Ausbildung als Agrarfachmann beendet. Anstatt dann eine berufliche Karriere zu beginnen, entschied er sich, anderen Indianern unentgeltlich zu helfen. Zehn Jahre lang reiste er zwischen verschiedenen Stämmen in Costa Rica, Panama und Kolumbien umher und bot seine Unterstützung an.

„Fühlen diese Menschen, mit denen Sie arbeiten, sich gefährdet?" fragte ich.

„Sie brauchen Hilfe, und sie wissen es. Aber die meisten Menschen aus dem Westen sind auch verloren. Sie haben ihre lebenswichtige Verbindung mit der Natur verloren. Wie werden *sie* gerettet?"

Die Vorfahren dieses Mädchens aus Guatemala waren Maya.

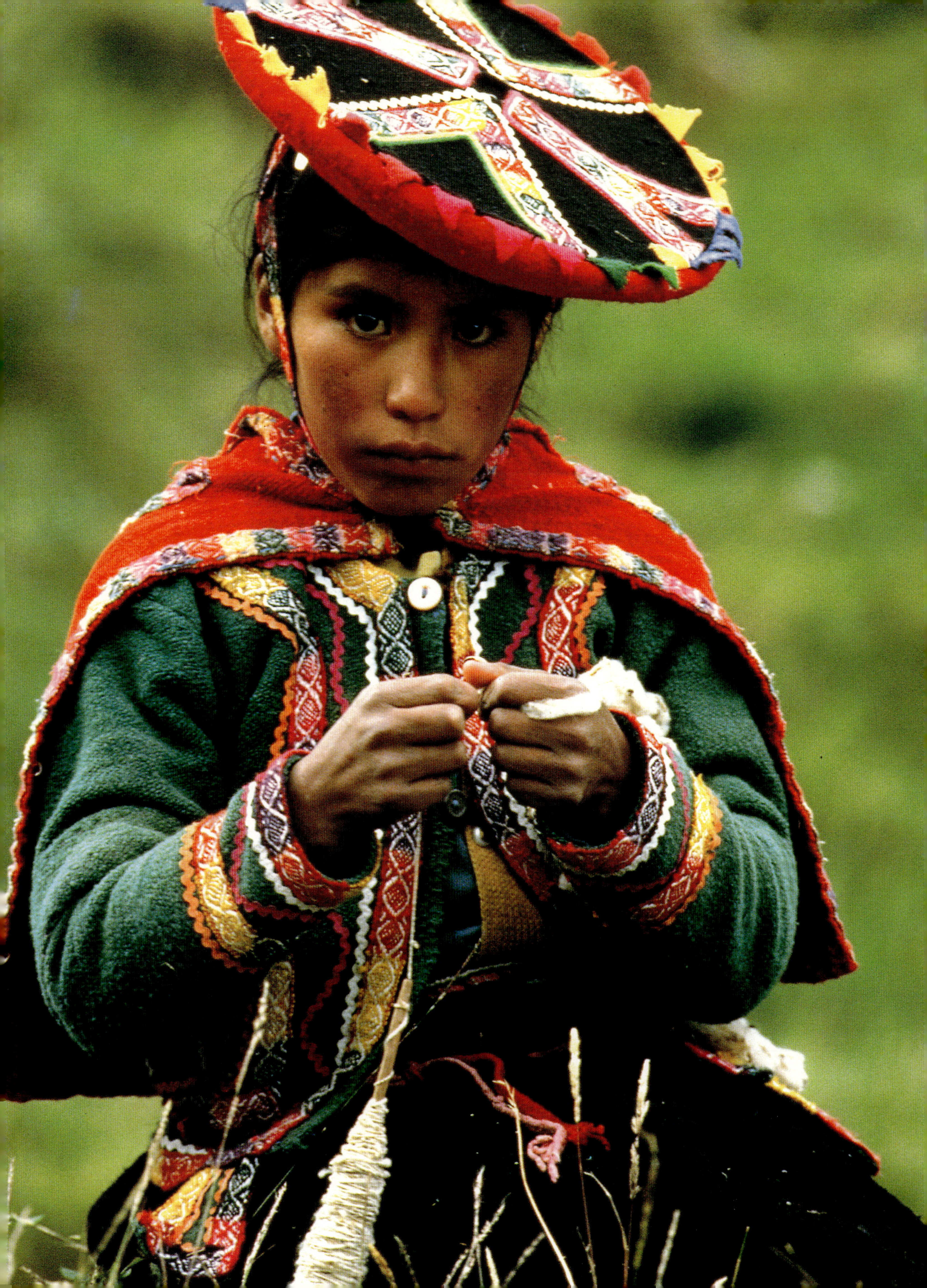

DIE ANDEN

MENSCHEN DER BERGE

Eine junge Andenfrau aus Peru.

„Als ich dreizehn war, fing ich an, meine Mutter zu hassen", erzählt Amaru, ein 28jähriger Quechua-Indianer aus dem kleinen Bergdorf Ayacucho im Herzen des alten Inka-Reiches. „Ich haßte sie dafür, daß ich Indianer bin. Heute in Peru als Indianer zu leben, kann wirklich schlimm sein."

In den vergangenen Jahren habe ich mit Amaru oft lange Gespräche geführt; durch seine vielen Besuche in den USA bin ich so etwas wie ein Vaterersatz für ihn geworden. Einmal erzählte er mir: „Wenn du wie ein Indianer aussiehst, verhöhnen dich die Leute und behandeln dich wie ein Tier. Die Lehrer sagen: ‚Hol mir Schnaps, Indio, und bring deine Schwester mit!' Du zweifelst, ob du überhaupt Indianer sein willst. Manchmal benimmst du dich wie ein Weißer, und manchmal bist du wieder du selbst. Viel verheerender als der Raub des Inkagoldes ist die Art, in der die Nachfahren der spanischen Eroberer unsere Seele stehlen.

Ich schätze, daß heute nicht einmal jeder vierte Quechua stolz auf seine indianische Herkunft ist. Mein Volk ist nicht glücklich, in ihren Augen sehe ich Trauer. Sie schämen sich, Indianer zu sein, und auch ich mußte hart darum kämpfen, mich selbst zu akzeptieren. Der Wendepunkt kam, als ich meinen Vater besser zu verstehen begann. Seit ich ein kleiner Junge war, wußte ich, daß mein Vater ein Medizinmann war. Ich empfand das als etwas Normales, nichts Besonderes. Aber mit sechzehn erkannte ich immer deutlicher, daß er ein wirklich außergewöhnlicher Mann war – ich sah, wie er Menschen heilte, und erfuhr von ihm, daß er all seine Kunst von unseren Vorfahren gelernt hatte. Mit der Zeit brachte er mir sein Wissen bei und führte mich in die Heilkunde der Natur ein. Damals wachte ich auf: Zum ersten Mal war ich stolz auf mich und meine Kultur. Ich fühlte mich neu geboren; singend lief ich durch die Straßen meines Dorfes."

Heute sind die Straßen von Ayacucho und vielen anderen peruanischen Städten für Einwohner wie Besucher gleichermaßen gefährlich. Das Land leidet unter der Last eines brutalen Bürgerkrieges. Eines Abends, so berichtete Amaru, hatten Freunde im Dorf die Hochzeit ihrer Tochter gefeiert. Plötzlich erschien ein angetrunkener Polizist und forderte: „Gebt mir ein Bier!"

„Wir kennen Sie nicht", bekam er zur Antwort.

„Ich will jetzt trinken", rief der Polizist.

„Bitte gehen Sie", sagte jemand. Darauf zog der Mann seine Pistole und schoß wild auf die versammelten Menschen.

„Wenn sie jemanden töten, dann ist es so, als wäre es nie geschehen", erklärt Amaru. „Familien verschwinden, ganze Dörfer verschwinden, und Monate später findet man vielleicht ein großes Loch, in dem Hunderte von Leichen notdürftig verscharrt liegen. Manchmal stellen sie die Menschen an den Rand einer Schlucht, um die Sache zu vereinfachen – die Erschossenen fallen gleich in den Abgrund, und ihre Mörder, seien es Soldaten, Terroristen oder Kokainhändler, sparen sich das Begräbnis. Es ist ein einziger Alptraum aus Blut, Blut und nochmals Blut. Und niemand versteht, warum."

Wenige haben den Mut, Fragen zu stellen. „Wenn du etwas beobachtest, dann schweigst du besser, sonst bringen sie dich um", sagt Amaru. „Soldaten kommen in unser Dorf und vergewaltigen unsere Mädchen. Aber wer soll es ihnen verbieten? Diese Männer sind das Gesetz, und so schändet eben das Gesetz unsere Frauen. Wer in Peru die Macht hat, der nimmt sich auch das Recht. Ich glaube, daß unsere Kultur sterben wird; das Ende ist nicht mehr fern, und es wird schmerzvoll. Wir haben schon so viel von unserem Wissen verloren. In 50 Jahren werden wohl nur noch Fotos und Gemälde von uns existieren."

Aber Amaru kämpft um die Quechua-Kultur: Er lernte die Musik seines Volkes, spielt Flöte, repariert alte Instrumente, lauscht den greisen

Quechua-Indianerin mit Kind in Peru.

Sängern des Dorfes. Er besuchte die zerstörten Tempel der Inka und folgte ihren Spuren durch den Dschungel und die Berge – zu überwucherten Ruinen, Höhlen und Wasserfällen. „Ich fand heraus, daß diese Musik nicht nur zum Zuhören ist", sagt Amaru. „Sie geht viel tiefer und berührt deine Seele wie der Wind und das Meer. Alte Inka-Melodien kommen mir in den Sinn, und ich weine. Sie geben mir Kraft und Leben und helfen mir, mit Gott zu sprechen. Sie lassen mich das Glück und die Trauer dieser Welt verstehen. Sie erinnern mich daran, daß ich ein Teil der Natur bin, daß ich zur Sonne wie zum Regen im Urwald gehöre."

Selbstkritisch erkennt Amaru, daß er sich durch seine Musik auch vor der grausamen Realität seiner Heimat abschottet. „Meine Musik ist wie ein Wall, der mich vor all den Dingen schützt, die andere Menschen mir und meinem Volk antun wollen", sagte er mir einmal. „Manchmal kommen Terroristen und erschießen unser Vieh, weil sie Hunger haben. Dann kommen Polizisten und beschuldigen uns, die Terroristen zu unterstützen – viele müssen dafür ins Gefängnis."

Amaru verdient einen bescheidenen Lebensunterhalt mit seiner Musik und dem Verkauf von Töpferarbeiten; seine Berufung aber sieht er als Medizinmann. Als einer von wenigen jungen Quechuas kennt er die Heilkräfte der Natur. „Ich blicke den Menschen ins Herz", beschreibt Amaru seine Arbeit. „Ihre Hautfarbe oder Rasse spielt dabei keine Rolle – ich kann in sie hineinsehen."

Einmal fragte ich Amaru, was er sich von Menschen außerhalb Perus wünschte. Ich dachte, er würde uns auffordern, politischen Druck auf die peruanische Regierung auszuüben, aber er entgegnete: „Ich rate allen Menschen, ihre Vorfahren zu achten. Wer seine Ahnen kennt, der achtet sich selbst. Aber wir haben unsere Vergangenheit verloren und sind zu unseren eigenen Feinden geworden. So vernichten wir uns schließlich selber."

Von einem Ende der Anden bis zum anderen mußten alle Ureinwohner dieselbe Entfremdung, Unterdrückung und Gewalt erdulden, wie sie Amaru beschrieben hat. Die Quechua, Aymara, Mocovi und Dutzende weiterer Völker sprechen – vorsichtig – über die systematische Zerschlagung ihrer Kulturen durch die Regierungen.

„Jeder Versuch, uns zu europäisieren oder amerikanisieren, muß fehlschlagen", erklärten Sprecher der Quechua- und Aymara-Indianer in Bolivien. „Wir wollen wirtschaftliche Entwicklung, aber sie muß auf unseren eigenen Werten aufbauen. Wir wollen all das Gute, das unsere Väter uns vererbt haben, nicht aufgeben. Wir fürchten diese wirtschaftlichen Entwicklungskonzepte aus dem Ausland, weil sie alles, was uns wichtig ist, einfach übergehen. Die Fremden haben die Schätze der indianischen Seele nie verstanden oder geachtet."

Aus Argentinien hören wir eine andere Version derselben Geschichte: „Schon seit Beginn dieses Jahrhunderts herrscht Krieg zwischen den Mocovi-Indianern und Argentinien", sagt Ariel Araujo, ein junger Mocovi, hinter dessen Engelsgesicht sich grimmige Entschlossenheit verbirgt. „Viele Jahre lang prahlte Argentinien vor der Welt, daß es in seinem Staatsgebiet keine Eingeborenen gebe. Erst seit wir in unserer Sache im Ausland auftreten, kann die Regierung unsere Existenz nicht mehr totschweigen."

Ich sprach auch mit Chino Bustos, einem Mapuche aus Feuerland an der Südspitze Chiles. Als ich ihm zur Begrüßung die Hand gab, fielen mir seine verkrüppelten Fingerspitzen auf; Chiles Machthaber hatten ihn als Jugendlichen der subversiven Tätigkeit beschuldigt und ihm in der Folter die Fingernägel ausgerissen. In seinem amerikanischen Exil denkt er oft an seine Jugend: „Seit ich acht Jahre alt war und mit meinem Großvater Kartoffeln packte, wußte ich, daß ich das Überleben meines Volkes zu meinem Kampf machen würde. Meine Mutter, mein Vater, überhaupt alle in unserer Familie sind Kämpfer. Einmal hatten sie uns alle zur gleichen Zeit ins Gefängnis gesteckt – durch die Eisenstäbe trafen sich unsere Blicke. Ich habe auch versucht, die Armee daran zu hindern, das Land unseres Dorfes zu beschlagnahmen. Ginge ich heute nach Chile zurück, dann steckte man mich lebenslänglich ins Gefängnis."

Ein Aymara aus Bolivien erzählte mir über seinen Schmerz, nicht bei seinem Volk leben zu können. „Es ist so schwer zu verstehen, warum sich alle gegen uns stellen. Oft wissen wir nicht, wie viele Menschen noch in den einzelnen Stämmen leben oder ob es sie überhaupt noch gibt."

„Mein Bruder wurde viele Monate lang gefangengehalten und gefoltert," berichtete Reynaldo Mariqueo. „Mich haben sie auch verhaftet, konnten mir aber keine gefährlichen Umtriebe nachweisen und ließen mich laufen. Sobald ich frei war, floh ich ins Ausland."

Und so gehen die Geschichten endlos weiter – immer dieselben, nur andere Akteure. Reynaldo Mariqueo hat, wie Tausende seiner Landsleute, in der Fremde politisches Asyl gesucht. Er ließ sich in England nieder, arbeitete als Drucker und Graphiker und hat heute eine kleine Familie. „Erst in Europa wurde mir bewußt, wie heftig die chilenische Regierung die Mapuche verfolgt."

Die Mapuche zeigten sich in ihrer langen Geschichte stets als wehrhaftes Volk. Sie leisteten den Inkas Widerstand, lange bevor die Europäer kamen. Gegen die spanischen Eroberer verteidigten sie ihre Heimat so zäh, daß sie den *conquistadores* sogar einen Vertrag abrangen. 1641 sicherte ihnen der Vertrag von Quillan 100 000 km² Land zu – ein Drittel ihres ursprünglichen Siedlungsraumes. In den folgenden 200 Jahren konnten sie jeden Eindringling zurückschlagen, aber zum Ende des 19. Jahrhunderts mußten sie der Übermacht einer modernen chilenischen Armee weichen, und seither wird auch ihre Kultur bedrängt.

Bis 1929 schmolz die Heimat der Mapuche auf 6000 km² zusammen, aufgesplittert in 3078 Reservate. Zwischen 1943 und 1947 verkauften korrupte Regierungsbeamte ohne Einwilligung der Mapuche weitere Ländereien an private Eigentümer. 1970 dämmerte die Hoffnung für kurze Zeit über Chile: Salvador Allende wurde Präsident und begann, drei Jahrzehnte des systematischen Mißbrauchs umzukehren. Innerhalb von drei Jahren gab er 750 km² Land an die Indios zurück und richtete ein Amt für Indianer-Angelegenheiten ein. Im September 1973 jedoch stürzte General Augusto Pinochet die Regierung Allende mit Hilfe der USA und stoppte alle Reformen. Allende-Anhänger wie die Mapuche wurden von der Polizei und paramilitärischen Todeskommandos systematisch gejagt, eingekerkert, gefoltert und erschossen.

Gleich anderen eingeborenen Kulturen dreht sich das Leben der Mapuche um ihre Dorfgemeinschaft und die tägliche Arbeit auf ihrem Land. 1979 erließ Pinochet ein Gesetz, um ebendiese Gemeinschaft aufzubrechen: Das Gesetz 2568 verlangte die Auflösung indianischer Gemeinden und legte fest, daß die Gemeinde ihr Land aufteilen mußte, sobald eine einzige Person aus der Gemeinde ein Stück Land beanspruchte. In nur sechs Jahren bis 1985 hatte dieses Gesetz die 2066 Mapuche-Gemeinden auf 655 verringert. Von ihrem Land waren ihnen 3500 km² geblieben – ein Prozent ihres angestammten Landes!

„In diesem Augenblick unserer Geschichte", sagte mir Mariqueo im Sommer 1992, „kämpfen die Mapuche wieder einmal um ihr Leben. Wir wollen das Land zurück, das man uns gestohlen hat. Pinochets Nachfolger wollen der Welt zwar ein demokratisches Image und eine gerechte Indianerpolitik vorgaukeln, aber in Wahrheit tun sie fast nichts. So behauptet die Regierung, einmal beschlagnahmtes und verkauftes Land könne den Indios nicht zurückgegeben werden. Das Gesetz bevorteilt immer den Landbesitzer gegen die Mapuche."

Und dennoch lebt ihre Kultur fort. Etwa die Hälfte der eine Million Mapuche lebt heute in Städten, wo man Spanisch spricht. Aber in den Dörfern lernen die Kinder der Mapuche weiter ihre Muttersprache. „Wir kämpfen wirklich hart um den Erhalt unserer Identität und Tradition", sagt Mariqueo. „Einige religiöse Zeremonien waren fast verschwunden, aber jetzt leben sie wieder auf. Die Alten lehren die Jungen zu tanzen, zu singen und die überlieferten Bräuche zu pflegen. Wir leben in einer Zeit der kulturellen Auferstehung, und es ist ein wunderbares Gefühl, dabeizusein."

Als wichtigstes Ziel suchen die Mapuche eine formelle Anerkennung als eigenständiges Volk durch die chilenische Verfassung. Solange Chile den Mapuche diesen Status verweigert, schützt kein Gesetz der Welt die Menschen- und Bürgerrechte der Indios. Mariqueo erklärt: „Wir fordern unsere Regierung auf, die Rechte der Mapuche in der chilenischen Verfassung festzuschreiben, aber vor allem streben wir nach einer weltweiten Vereinbarung zum Schutz eingeborener Völker."

Die Anden

In ganz Nordamerika tragen die Menschen heute traditionelle Kleidung der Bergvölker Südamerikas, weil diese besonders warm hält.

Eine solche Erklärung der Rechte für Ureinwohner ist zum wichtigsten Ziel eingeborener Führer auf der ganzen Welt geworden. In den reichen Ländern des Westens mögen sich die Leute fragen, wozu eine solche Erklärung nötig sei. Schließlich haben sich die Vereinten Nationen bei ihrer Gründung 1945 zum weltweiten Schutz der Menschenrechte bekannt. Der Teufel steckt im Detail: Zwar achteten die UN-Mitglieder peinlich auf die Rechte von Staaten und Einzelpersonen, vergaßen aber, die Rechte der Ureinwohner zu erwähnen, die innerhalb der Staatsgebiete ihre eigene Kultur und Lebensweise pflegen. Unter dem Eindruck der fortgesetzten Versuche von Regierungen, eingeborene Völker auszulöschen, muß diesen Opfern die Pauschalgarantie der UNO wie blanker Hohn vorkommen.

David Maybury-Lewis, Gründer der Organisation „Cultural Survival", schreibt: „Regierungen haben sich in der Vergangenheit darauf verlassen, daß man alle Äußerungen ethnischen Selbstbewußtseins nur hart genug niedertreten müsse, um das Gefühl ethnischer Zusammengehörigkeit zu ersticken. Ich halte das für illusorisch."

Julian Burger vom UN-Zentrum für Menschenrechte schätzt, daß die Hälfte der 161 Mitgliedstaaten der UNO ihren Ureinwohnern das Recht auf Selbstbestimmung einschränkt oder völlig verweigert.

Nach unterschiedlichen Hochrechnungen gibt es auf der Erde 200–250 Millionen Ureinwohner, aber weil sie oft weitverstreut leben, nehmen sie kaum Einfluß auf die politischen Entscheidungen ihrer Länder und haben auch keine offizielle Stimme in den Vereinten Nationen. Aber gerade dieses Außenseitergefühl und ihr Lebenswille verbindet und stärkt die Eingeborenen, was die Mächtigen dieser Welt offenbar noch nicht wahr-

Die peruanische Indianerin trägt Gras für seinen Esel.

nehmen. Immer lauter erheben die Führer der Eingeborenen ihre Stimmen, und irgendwann wird ihnen die internationale Völkergemeinschaft zuhören müssen.

Der Wunsch nach einer Vertretung in den Vereinten Nationen wurde für die Ureinwohner zu einem ermüdenden, schier aussichtslosen Kampf gegen die Windmühlen der Bürokratie. Auf eigene Kosten wird der Exil-Chilene Reynaldo Mariqueo nach Genf reisen und dort für die Ansprüche der Eingeborenen werben. Rigoberta Menchú und Dutzende eingeborener Führer haben ihr Leben dem großen Ziel verschrieben, eine anerkannte Erklärung der Rechte Eingeborener zu erreichen. Denn nur so können ihre Völker überleben.
Wie auch immer diese Erklärung letztlich aussehen wird, folgende Punkte müssen in ihr garantiert sein:

- alle eingeborenen Völker haben das Recht auf Selbstbestimmung und das Recht, ihre wirtschaftliche, soziale, religiöse und kulturelle Ordnung selbst festzulegen,
- alle Staaten erkennen ihre Ureinwohner und deren Anspruch auf ihr Stammland und ihre Institutionen an,
- alle Ureinwohner stehen unter dem Schutz der Menschenrechte,
- alle Ureinwohner dürfen ihre Kinder in ihrer Muttersprache und nach eigenen Werten erziehen,
- alle Ureinwohner sind Eigentümer und Rechtsinhaber ihrer Kunst, Heiligtümer, Zeichen, Musik und mündlichen Überlieferungen,
- alle von eingeborenen Völkern abgeschlossenen Verträge sind national und international rechtswirksam.

Wenn die Vereinten Nationen eine solche Erklärung nicht aufsetzen und ratifizieren, dann werden die chilenischen Mapuche mit immerhin einer Million Menschen und ihrem unbeugsamen Überlebenswillen vielleicht mühsam fortbestehen, aber viele kleine und verwundbare Völker werden unweigerlich und kaum bemerkt aussterben.

„Bald wird es uns nicht mehr geben; deshalb möchte ich Ihnen das letzte Kapitel unserer Geschichte noch erzählen", sagte mir ein Mann vom Stamm der Tesere Guarasug'we. „Dort am Pauserna-Fluß haben wir glücklich gelebt. Jetzt ist unser Ende gekommen."

Als der Vater dieses Mannes ein kleiner Junge war, kamen weiße Siedler ins Land und boten den Eingeborenen Äxte, Messer, Macheten, Kleider und Kämme an. „Wie haben sich die Leute gefreut, endlich eiserne Werkzeuge zu besitzen; den Hinterhalt argwöhnten sie nicht."

Als die Dorfbewohner sich versammelten, um die mysteriösen Geschenke abzuholen, schnappte die Falle zu: Die Weißen umzingelten sie und erschossen jeden, der zu fliehen versuchte. Die überlebenden Gefangenen schleppte man nach Santa Cruz de la Sierra und verkaufte sie. „Die Weißen vergewaltigten die Frauen und Mädchen, auch die Jungfrauen", erzählte der Indianer. „Kaum eines der Kinder überstand den langen Marsch nach Santa Cruz."

Die Anden

Diejenigen, denen die Flucht in die umliegenden Berge geglückt war, erkrankten bald an unbekannten Infektionen. „Viele starben am Fieber. Menschen fielen einfach tot um, während sie Wasser holen oder mit Freunden sprachen. Die Schwester meiner Mutter stand eines Morgens auf, ging zum Wasserholen und kam nicht wieder. Angehörige fanden die arme Frau nahe beim Wasserloch; sie blutete aus dem Mund, und man konnte ihre letzten Worte im Fieberwahn kaum verstehen: „Wir werden alle sterben, wenn wir nicht bald von hier weggehen."

Aber ein Stamm nach dem anderen mußte feststellen, daß es keine Rückzugsorte mehr gibt. Mit dem alten Guarasug'we-Indianer sprach ich 1977; zum Abschied sagte er: „Sie sehen ja selbst, wie klein unser Stamm heute ist. Bald wird es uns nicht mehr geben." Heute, sechzehn Jahre danach und im Jahr der Bedrohten Völker, haben sich die Spuren seines Volkes im Dschungel verloren.

Die Indianerin aus Ecuador flicht einen Korb aus Stroh.

• 69 •

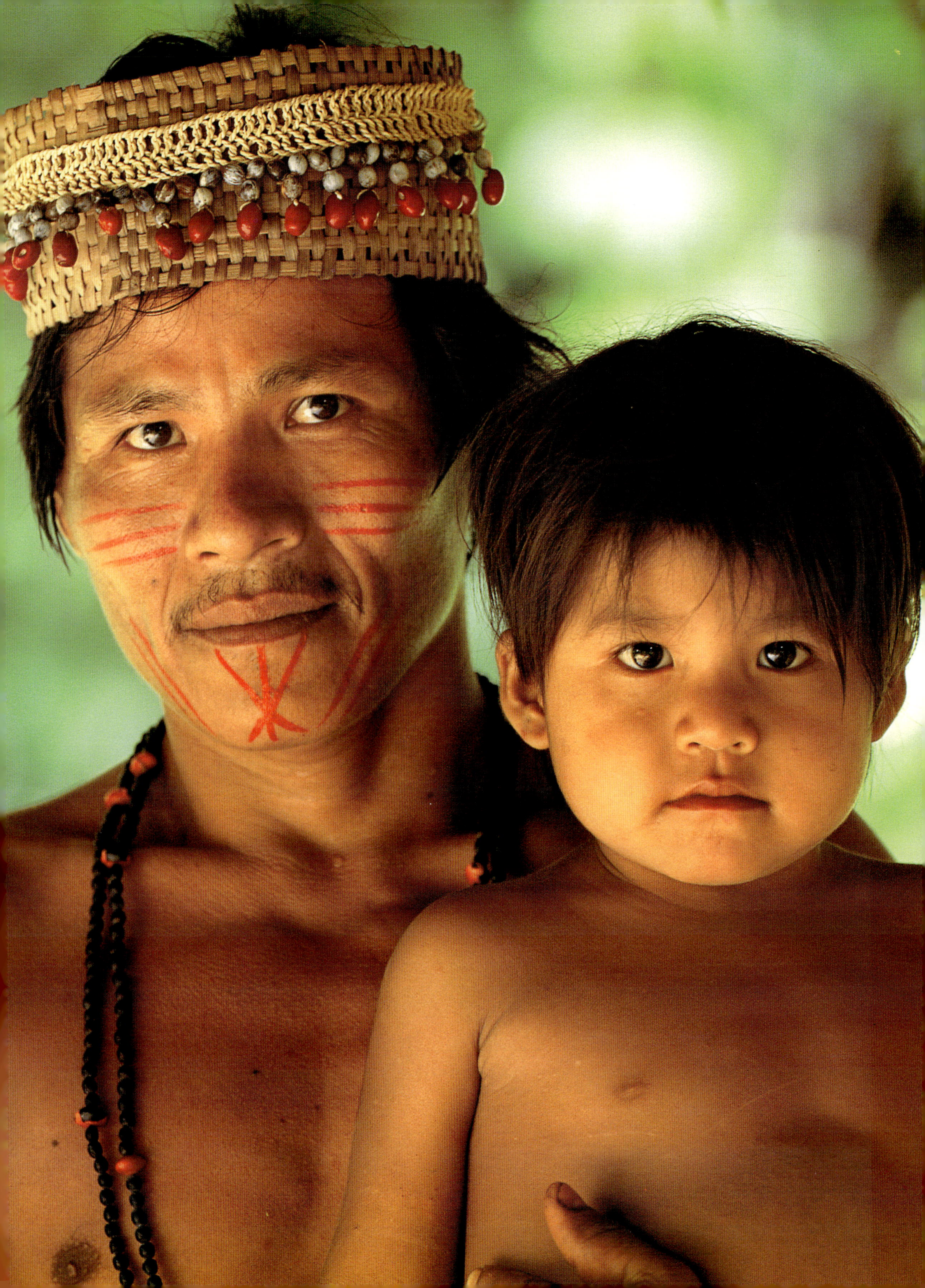

AMAZONIEN

MENSCHEN DES REGENWALDES

Jivaro-Vater mit Sohn an einem Nebenfluß des Amazonas. Bis 1984 stellten die Angehörigen dieses Stammes aus den Häuptern besiegter Feinde Schrumpfköpfe her.

„Die Zivilisation muß voranschreiten", forderte 1854 ein Bericht zum wirtschaftlichen Potential des Amazonasgebietes an den US-Kongreß, „auch wenn sie dabei den Wilden aus dem Weg drängt oder ihn unter ihren Stiefeln zertritt." Zahllose Entdecker, Missionare und Glücksritter fühlen sich seit langem vom weiten Amazonasbecken angelockt; die letzte große Naturbastion soll von der Zivilisation eingenommen werden. Aber für die Menschen Amazoniens ist der Regenwald einfach ihr Zuhause. Im dämmerigen Licht unter dem grünen Baldachin plätschert das alltägliche Leben dahin wie seit Ewigkeiten. Über die Jahrhunderte hinweg haben die Waldbewohner gelernt, dort Gemüse anzubauen, zu jagen, zu fischen und Wildfrüchte zu sammeln, ohne den Wald zu schädigen.

In den letzten Jahren haben uns Bilder aus dem zerstörten Regenwald daran erinnert, daß die grüne Lunge unseres Planeten nicht unerschöpflich ist und ständig schrumpft. 15 Prozent des Amazonas-Gebietes sind schon abgeholzt, und jährlich fallen 80 000 km^2 unberührten Urwaldes den Sägen zum Opfer. Doch was ist mit den Menschen?

Seit der Jahrhundertwende ist in Brasilien jedes Jahr ein Indianerstamm ausgelöscht worden. Ungezählte Male habe ich auf diese Tatsache hingewiesen, und dennoch habe ich das ganze Leid, das dahintersteckt, nicht annähernd erfassen können. Es wäre vielleicht ein kleiner Trost, wenn wir diesen Verlust auf die Sünden der Vergangenheit schieben könnten. Aber das können wir nicht. Im Gegenteil: Das Tempo der kulturellen Vernichtung verschärft sich eher, da immer neue Straßen durch Stammesgebiet geschlagen werden, über die immer neue Wellen von Wald- und Minenarbeitern, Siedlern, Alkohol und Krankheiten den Urwald überrollen.

Jason Clay von „Cultural Survival" stellt fest: „Die Ureinwohner dieser Tropengebiete verschwinden sogar noch schneller als die Regionen, in denen sie seit Urzeiten leben. Unter dem raschen Wandel lernen die jungen Leute vieler Eingeborenenvölker nicht mehr die Kunst ihrer Vorfahren, ökologisch empfindliche Gebiete zu erhalten. Es bleibt nicht viel Zeit, dieses Wissen zu retten."

Die meisten Indianervölker Amazoniens sind bereits ausgestorben, und dem kümmerlichen Rest steht die Vernichtung unmittelbar bevor. Gibt es für sie wirklich keine Rettung? Im brasilianischen Recht ist verankert, daß eingeborene Gemeinden „dauerhafte Eigentümer des Landes sind, das sie bewohnen, und sie an seinem natürlichen Reichtum das ausschließliche Nutzungsrecht besitzen". Ein anderes Gesetz erlaubt es der Regierung jedoch, Indianerland zu enteignen und ganze Gemeinden umzusiedeln, wenn es das nationale Interesse der Sicherheit und Wirtschaftsentwicklung erfordert. Um aber die Sicherheit der Indianer zu garantieren, müßten verbindliche Grenzen ihr Land festlegen und diese ohne Kompromisse respektiert werden. Brasilianische Regierungen wechseln schnell; manche sind mehr, andere weniger korrupt, manche mehr, andere weniger an den Problemen der Indianer interessiert.

Wenn Naturschützer endlich begreifen würden, daß eingeborene Völker ein Teil dieser Natur sind, dann könnten sie einen wichtigen Beitrag zur Rettung der Amazonas-Kulturen leisten. Jedes Jahr werden Millionensummen ausgegeben, um bedrohte Vogelarten, Säugetiere, Insekten und Schlangen zu retten, aber daß auch Menschen aussterben können, machen sich nur wenige bewußt. Auch Anthropologen, Wissenschaftler und engagierte Laien könnten die Überlebenschancen dieser Menschen deutlich verbessern. Aber auf lange Sicht wird die Rettung der Regenwaldvölker wohl von ihnen selbst abhängen und von ihrer Entschlossenheit, um ihre Rechte zu kämpfen. Erst vor wenigen Jahren begannen die Häuptlinge verschiedener Indianerstämme, sich zu treffen und abzusprechen. 1980 gründeten brasilianische Indianerführer die Union Indianischer Völker, um ihre gemeinsamen Probleme auch gemeinsam zu lösen.

1992 versammelten sich bei Rio de Janeiro mehrere hundert Indianerführer, um mit der Kari-Oca-Erklärung ihre Bedürfnisse und Rechte gemeinschaftlich zu formulieren. Ich hatte das Privileg, zwischen den Vertretern der Kayapo, Xingu, Terena, Potiguara, Yanomami und anderer Stämme des Amazonasbeckens an der Sitzung teilzunehmen. Auch wenn es noch interne Differenzen gibt und Ressourcen fehlen, so formiert sich doch eine neue Generation eingeborener Führer, um der Vernichtung ihrer Völker endlich entschlossen entgegenzutreten.

„Wir brasilianischen Indianer sind ganz anders als die nordamerikanischen Indianer, die australischen Ureinwohner oder die Maori", erklärte mir Jorge Terena. So wie er mir gegenüber saß, seine dunkle Mähne über die Schulter fallend, hätte er geradewegs aus dem Urwald steigen können. Aber sein Englisch war perfekt – nach acht Studienjahren in den USA wurde Jorge der erste brasilianische Indio, der einen Magisterabschluß erhielt. „Diese anderen Eingeborenenvölker sind im Grunde genommen viel weiter entwickelt als wir. In ihren Ländern sind Eingeborene Geschäftsleute, Anwälte oder Lehrer, aber nicht in Brasilien. In anderen Teilen der Welt haben sie Zugang zu allen technischen Möglichkeiten ihres Landes – nicht so bei uns. Anderswo haben Eingeborene ihre Rechte zum Teil schon durchgesetzt, während wir noch darum kämpfen, als Volk mit eigenen Institutionen überhaupt anerkannt zu werden."

In vieler Hinsicht ist das heutige Brasilien ein Stiefkind seiner turbulenten Vergangenheit. Seit den ersten Raubzügen der Europäer im 16. Jahrhundert sind sechs Millionen eingeborene Brasilianer ermordet oder durch eingeschleppte Krankheiten hingerafft worden. Niemand weiß genau, wie viele Indianer bei der Eroberung Brasiliens starben oder wie viele Völker dabei ausgelöscht wurden. Das ist zwar Geschichte, aber die damalige Verachtung der Eingeborenen prägt noch heute das Verhältnis der weißen Brasilianer zu den 225 000 Indianern, die bald nur noch ein Tausendstel der Bevölkerung stellen.

Terena vermutet: „Heute, da wir uns zusammenschließen, sehen sie in uns eine Bedrohung ihrer Macht. Aber wir müssen einfach unabhängig werden. Immer noch sind viele Stämme darauf angewiesen, daß Regierungsbeamte ihre Sache vertreten, aber wir wollen uns von diesem Gängelband lösen. Wir können für uns selbst sprechen, dazu brauchen wir niemand anderen. Wir wissen, wie wir unsere Probleme auf den Tisch legen."

Amazonien

Der Schimaco-Indianer bringt Bananen auf das Schiff, das sie den Amazonas hinuntertransportieren soll.

Lateinamerika

Diese Majoruna-Frau trägt einen dem Jaguar nachempfundenen „Schnurrbart", um sich zu schützen. Sie weigert sich, ihre acht Kinder zur Schule zu schicken, weil dort nur Spanisch gesprochen wird.

Ein Thema brachte Terena immer wieder zur Sprache: das Recht am geistigen Eigentum. „Für uns Ureinwohner ist das etwas Neues. Kaum jemand kennt sich im Jargon der Wissenschaftler aus. Aber wenn wir auch nicht wissen, was Biotechnologie bedeutet, so wissen wir sehr genau, wie sie in der Praxis funktioniert. Ständig kommen Leute in unser Dorf, um unser Wissen zu rauben. Ein Forscher spricht mit den Dorfältesten und erfährt alle Geheimnisse der Kräuter- und Naturheilkunde. Er nimmt das Wissen und einige Pflanzenproben, geht in sein Labor und erwirbt ein Patent. Jetzt gehört ihm offiziell das Wissen, das er uns gestohlen hat. Und was haben wir davon? Nichts! Ich finde, jedes Land sollte dieses Recht am geistigen Eigentum per Gesetz festschreiben. Allerdings fürchte ich, daß wir auch dieses Mal wieder mit leeren Händen dastehen werden."

Wenn man Eliane Potiguara trifft, spürt man sofort, wie entschlossen sie sich im Kampf um die Rechte eingeborener Frauen einsetzt. Als Vorsitzende von Grumin, einer Selbsthilfegruppe von 500 Indianerfrauen, leitet Eliane eine Reihe von Projekten. Die Frauen töpfern, um etwas Geld für ihre Gemeinde zu verdienen. Eine andere Initiative bildet indianische Lehrer aus, eine weitere stellt Lehrmittel für den Unterricht her, die sich auf den Alltag der Indianer beziehen. Auch dem Alkoholismus hat Eliane den Kampf angesagt. Sie sagt: „All unsere Männer trinken. Sie fühlen sich ohnmächtig, weil es keine Arbeit für sie gibt und sie ihr Volk sterben sehen."

Elianes eigener Stamm, die Potiguara (meist ist der Nachname eines Menschen einfach der Name seines Stammes), zählt noch 7000 Indianer. In den letzten 20 Jahren hat sich ihre Lage drastisch verschlechtert. Zuvor hatten sie wenigstens ausreichend Land, um sich zu ernähren, aber dann nahm ihnen die Regierung die Hälfte weg, um für den Export Zuckerrohrplantagen anzulegen. Flußkrebse waren einst fester Teil ihrer täglichen Nahrung, aber heute hat der Bergbau das Wasser verseucht und die Krustentiere ungenießbar gemacht. „Ob sie es wollen oder nicht", stellt Eliane fest, „alle, die zu uns kommen, zerstören Schritt für Schritt unsere Lebensart. Wir haben unser Land verloren. Die Männer finden keine Arbeit. Unsere Babys verhungern."

Eliane schöpft ihre unglaubliche Energie aus ihrer tiefen Spiritualität. Man könnte ihre Entschlossenheit leicht an vielen Beispielen zeigen, aber am ehesten versteht man diese bemerkenswerte Frau wohl durch ihre eigenen Worte. In einem Gedicht erinnert Eliane an ihren Freund Marcal Tupa, einen Guarani-Häuptling, der 1983 ermordet wurde. Sie nennt es ihr Gebet für die Befreiung der Ureinwohner:

Man schnitt unsere Blätter, man nahm uns den Pflug,
man ertränkte unseren Glauben, unsere Wurzeln lagen bloß.

• 74 •

Die Seele erstickt, unsere Lieder verstummt,
erhebe ich endlich meine Stimme.
In feuchter Erde keimt die zarte Saat dessen,
was einst war.
Das Erbe unserer Väter erstrahlt im neuen Glanz –
Reiche Legenden, das Blut der Ahnen: Rituale der
Erinnerung...

Hinweg mit dem Neid und Undank der
Mächtigen!
Gib uns Licht, Vertrauen und Leben durch die heiligen
Bräuche.
Führe uns, oh Tupa, weg von Gewalt und Morden
zu einem heiligen Ort am Fluß.
In den Nächten des vollen Mondes, oh Marcal,
rufe die Geister der Felsen, die Tora zu tanzen.
Zum Fest der Maniok und Schamanen
bring uns die Kraft des Lebens...
Bete für uns, Vogel des Himmels,
daß Jaguar, Wildschwein und Tukan
sich an den Ufern des Jurena und Paraná
versammeln,
denn wir wollen den Frieden – trotz allem...
Bete für uns, heiliger Vogel, bete jeden Morgen
im Amazonas wie im trockenen Land
und im Herzen einer Frau.

Mach die Kinder glücklich,
geboren aus indianischen Bäuchen.
Gib uns Hoffnung, jeden Tag,
denn Land und Frieden ist alles, was wir wollen
für unsere Armen – die ihren Reichtum in sich tragen.

„Es gibt viele verschiedene Wege, den Fortschritt zu verstehen und zu messen", sagt Evaristo Nugkuag, Präsident der COICA, einer Arbeitsgruppe, in der sich die Amazonas-Indianer zusammengeschlossen haben.

„Die Regierung und private Unternehmer haben uns ständig neue Entwicklungsmodelle aufgezwungen, unter denen wir stark gelitten haben. Wer unser Verständnis von Fortschritt teilen

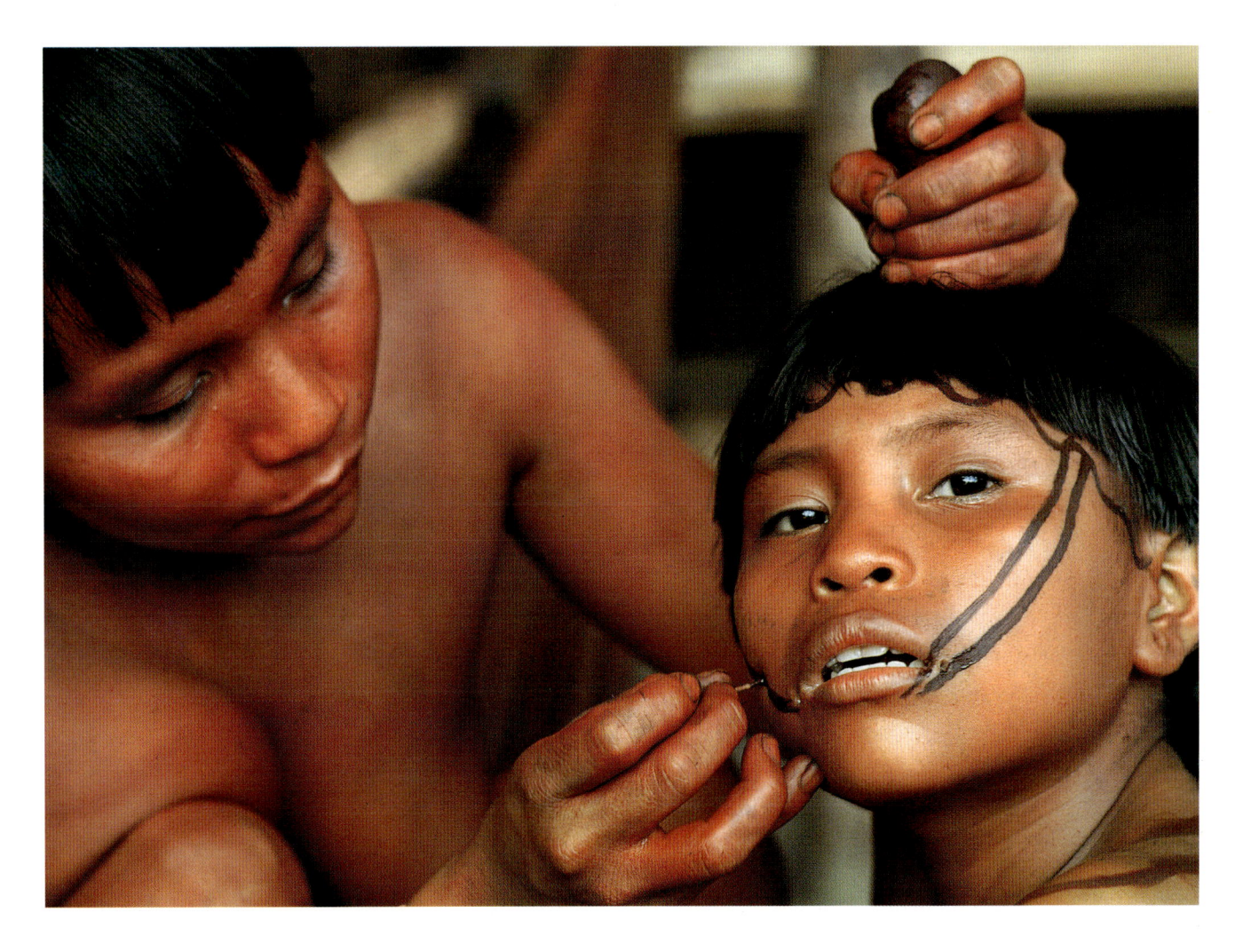

Eine Yanomami-Mutter bemalt das Gesicht ihres Kindes.

will, der muß wissen, daß wir eine ganz andere Art von Entwicklung im Sinn haben. Wir wollen nicht materiellen Wohlstand anhäufen oder nach riesigen Profiten streben, die man nur auf Kosten zukünftiger Generationen aus dem Land herauspreßt... Für uns muß der Fortschritt die Zukunft des ganzen Volkes bedenken."

Aus dieser Perspektive bedeutet Fortschritt vor allem ein behutsam genutztes Land, auf dem Menschen und Tiere, Bäume und Flüsse gleichen Nutzen tragen. „Die Missionare und Entwicklungshelfer zeigten uns, wie man Rinder züchtet", erklärt Evaristo. „Langsam wird uns klar, was für ein schlechter Tausch das war: Wir haben Tausende nützlicher Arten vernichtet, nur um eine Kuh zu füttern."

Jason Clay warnt vor einem romantisch verklärten Bild des eingeborenen Bauern. „Manchmal vergessen sie, wo sie Samen ausgestreut haben; dann müssen sie die Felder doppelt einsäen. Aber sie haben ein Gespür für die Natur; ihr Landbau fußt auf der Überzeugung, daß die Natur der Lebensquell kommender Generationen ist und daher nicht für kurzfristigen Gewinn langfristig zerstört werden darf."

„Zerstörte Wälder bedeuten den Tod", sagt Evaristo. „Wir aber wollen weiter in unserer Heimat leben und nicht in Städten im materiellen Wohlstand von den Profiten des geplünderten Regenwaldes zehren."

Jedes Jahr gehen allein in Peru 2000 km² Regenwald in Rauch auf. „Fortschrittliche Landnutzung", nennt das die Regierung. „Eine Katastrophe, die unsere Menschen ins Elend stürzt", sagt Evaristo. „Noch heute werden von den Landbesitzern Hunderte von Familien als Sklaven gehalten, die ohne Lohn und Essen unter scharfer Bewachung Holz fällen müssen. Mädchen und junge Frauen werden im Haus des Grundbesitzers gefangengehalten, um dem Hausherren zu dienen. Junge und Alte werden geprügelt und verstümmelt, wenn sie zu fliehen versuchen. Viele leiden an Tuberkulose. Die Behörden wissen sehr genau, daß all dies geschieht, aber sie schließen die Augen."

„Es gibt wirklich noch Sklaverei – am Ende des 20. Jahrhunderts. Wir leben in bitterster Armut. Die Behörden verweigern uns jegliche Rechte.

Davi Kopenawa von den Yanomami sagt: „Wir müssen zwei Kämpfe bestreiten. Den einen, um unser Land zu verteidigen, den anderen, um die Erde, die Bäume, den Himmel und den Wind zu schützen."

Unser Wald ist zum Land der Gewalt geworden. Armut, Bestechung, Unrecht und das Fehlen selbst der grundlegenden Menschenrechte schaffen diese Gewalt. Das ist heute die brutale Wirklichkeit des Amazonas."

Bis in die siebziger Jahre lebten die Yanomami fernab vom 20. Jahrhundert in einem abgeschiedenen Teil Nordbrasiliens und des südlichen Venezuelas. Etwa 20 000 Yanomami verteilten sich auf kleine Gruppen, die alle vier oder fünf Jahre weiterzogen, um dem Wald und ihren kleinen Feldern Zeit zu geben, sich zu regenerieren.

Im Schicksalsjahr 1973 brach die heile Welt der Yanomami zusammen – die nördliche Kontinentalstraße schlug ihre Trasse 200 km durch Indianergebiet. Die Bauarbeiter brachten Infektionskrankheiten und Prostitution.

Bis 1975 hatten vier Yanomami-Dörfer am Ajarani-Fluß bereits fast ein Viertel ihrer Einwohner verloren. 1978 lebten in vier Dörfern am Catrimani-Fluß nur noch halb soviel Menschen wie früher. In

Im Alter von zehn Jahren jagen die Yanomami-Jungen bereits sehr geschickt Vögel und Affen mit Pfeil und Bogen.

einer Yanomami-Gemeinde in der Serra de Surucucus starben zwei Drittel der Menschen fast über Nacht.

Eine zweite Welle des Todes rollte über die Yanomami hinweg, als man auf ihrem Land Gold entdeckte. Im August 1987 strömten Tausende *garimpeiros,* geldgierige Spekulanten und Abenteurer, aus allen Teilen Brasiliens in das Land der Yanomami. Während des Winters schlugen sie mehr als 80 illegale Flugschneisen in den Wald. Im ersten Halbjahr 1989 hatten 50 000 Goldsucher das Yanomami-Land heimgesucht. Alcida Ramos stellte in ihrem Bericht an die brasilianische Regierung fest: „Innerhalb weniger Monate wurden große Flüsse unbrauchbar. Giftiges Quecksilber (durch das Goldwaschen) und Verschlammung beeinträchtigten den gesamten Verlauf des Macajai; die Fische des Uraricoera, des Catrimani und des Couto de Magalhaes fielen dem Quecksilber und Öl zum Opfer . . . In den ersten neun Monaten des Jahres 1990 starben mehr als 1500 Yanomami – die meisten durch Krankheit, aber viele wurden auch erschossen."

Im Frühjahr 1992 erzählte mir Davi Kopenawa Yanomami: „Als ich jung war, mußten wir nicht so leiden wie heute. Das Leben war gut. Unsere Menschen starben nicht so wie jetzt. Seit die Weißen in unser Land kamen, haben sie uns hungern und leiden lassen. Ich sage es dir so, damit du es in deinem Herzen fühlst."

Als einer der wenigen Yanomami, die Portugiesisch sprechen, hat Davi oft zwischen seinem Volk und der Außenwelt vermittelt. Bei unseren Treffen in Rio, Kari-Oca und später bei den Vereinten Nationen in New York war er immer herzlich und direkt. Jedes Mal, wenn wir im Gespräch saßen, hatte ich das Gefühl, neben einem Menschen aus einer anderen Zeit und Welt zu sitzen. Zum Teil rührt das wohl daher, daß Davi in einem Wald lebt, den ich wahrscheinlich nie sehen werde, und daß seine Kindheit Tausende von Jahren von meiner eigenen Jugend entfernt war. Aber den Schmerz in seiner Stimme verstand ich nur zu gut: Was Harold Napoleons Volk der Yup'ik vor hundert Jahren durchlitt, erlebt Davi hier und jetzt.

„Die Yanomami sind krank. Wir sterben wie Fliegen", sagte er mir einmal. „Wir wissen nicht, wie wir die fremden Krankheiten bekämpfen sollen, die die Goldsucher ins Land schleppten. Die Regierung verschwendete keinen Gedanken an uns, als sie diese Profitjäger gewähren ließ. Wir bitten die Welt, die brasilianische Regierung zu bedrängen, endlich für den Schutz aller Ureinwohner Brasiliens zu sorgen. Wir bitten sie, uns Ärzte zu schicken, unsere Kranken zu heilen. Ich will nicht, daß mein Volk stirbt."

Claudia Andujar aus São Paolo arbeitet seit vielen Jahren mit Davi und anderen Yanomami zusammen, um das Land der Indianer zu schützen. Sie sagt: „Jeder, der die Yanomami beobachtet hat und sie kennt, sieht sie auf andere Weise. Für mich sind sie Intellektuelle – Menschen, die unsere Welt als Ganzes verstehen. Diese Vision ist so alt wie die Menschheit selbst, aber wir haben sie verloren."

Aus meinen kurzen, aber denkwürdigen Begegnungen mit Davi Yanomami kann ich Andujars Einschätzung bestätigen. Einmal sagte er mir: „Ich brauche die Hilfe deines Volkes, um diese Krankheiten zu besiegen. Aber im Umgang mit der Natur braucht ihr meine Hilfe. Die Amerikaner, die Engländer, die Japaner – ihre Kinder und Enkel wollen wir lehren, die Erde nicht länger zu zerstören. Nicht nur den Yanomami, sondern uns allen droht Gefahr. Wir leben alle auf demselben Planeten."

Dann sah er mir in die Augen und sagte, als spräche er zu mir persönlich und zu meinem Volk: „Ich kämpfe an eurer Seite. Ich werde nicht weglaufen. Aber ich werde auch nicht schweigen. Wann immer ihr mich braucht, werde ich dasein, denn die Yanomami müssen kämpfen, damit unsere Brüder nicht leiden.

Wir haben keine Jobs und kein Geld. Und wir wollen diese Dinge einer fremden Kultur nicht. Indianer leben in einer anderen Welt. Und dort wollen wir auch bleiben." Davi schwieg fragend, ob ich ihn verstanden hatte. Dann fuhr er fort: „Die Berge, der Regen, der Wind, der Mond, die Sterne, die Sonne – all das brauchen wir zum Leben. Wir wollen unsere Kultur behalten, unsere Art zu denken. Ich will in meinem Wald sein, den Vögeln lauschen und dem Donner – und die reine Luft atmen."

Amazonien

Dieser Yaqui-Indianer, der an einem Nebenfluß des Amazonas im Nordosten Perus lebt, jagt heute noch mit einem Blasrohr Fische und Wildschweine. Man nimmt an, daß 80 Prozent der Yaqui heute quasi als Sklaven gehalten werden; Siedler oder Drogenhändler bekommen oft junge Yaqui-Mädchen als Schuldenausgleich angeboten.

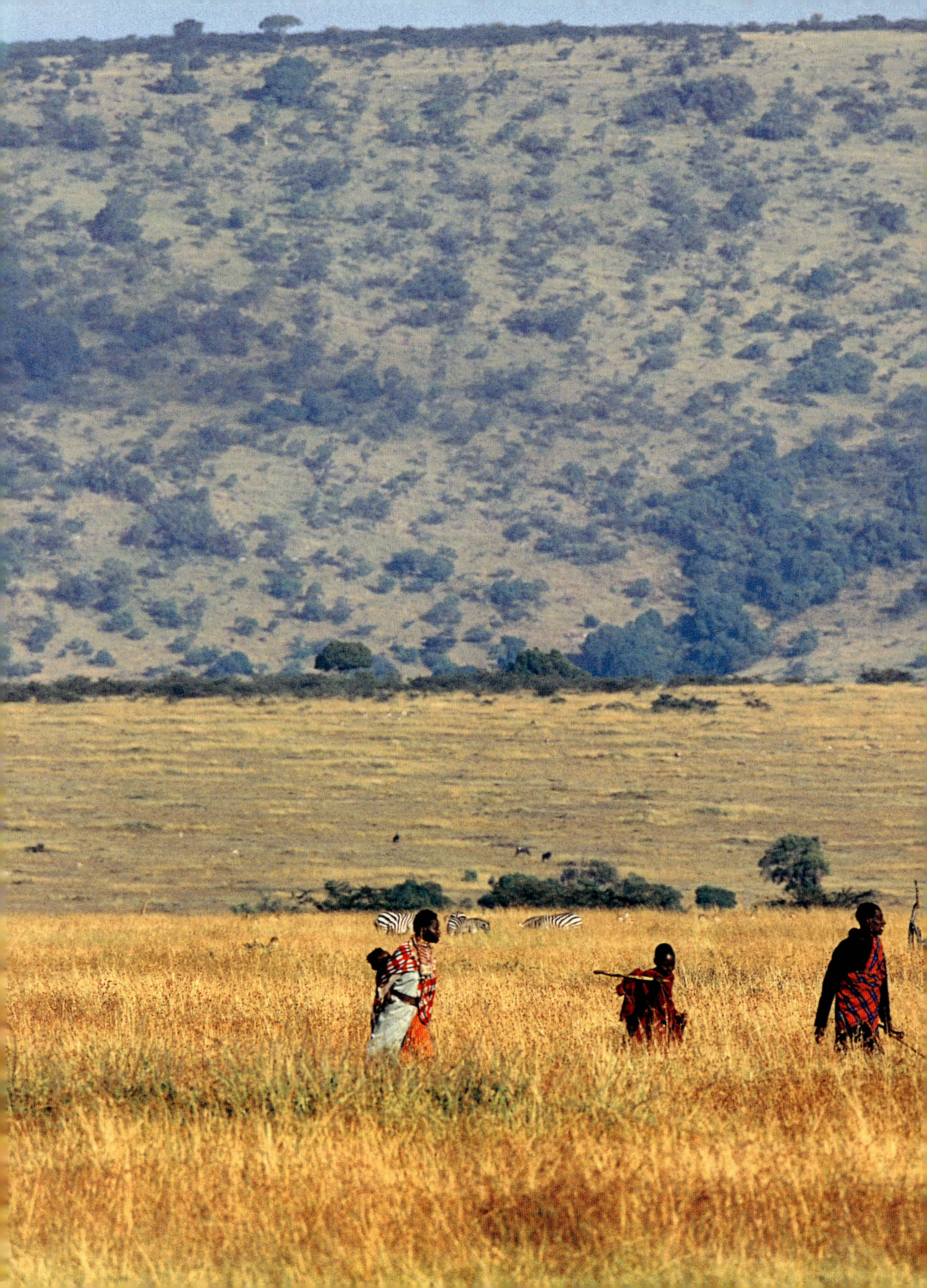

AFRIKA

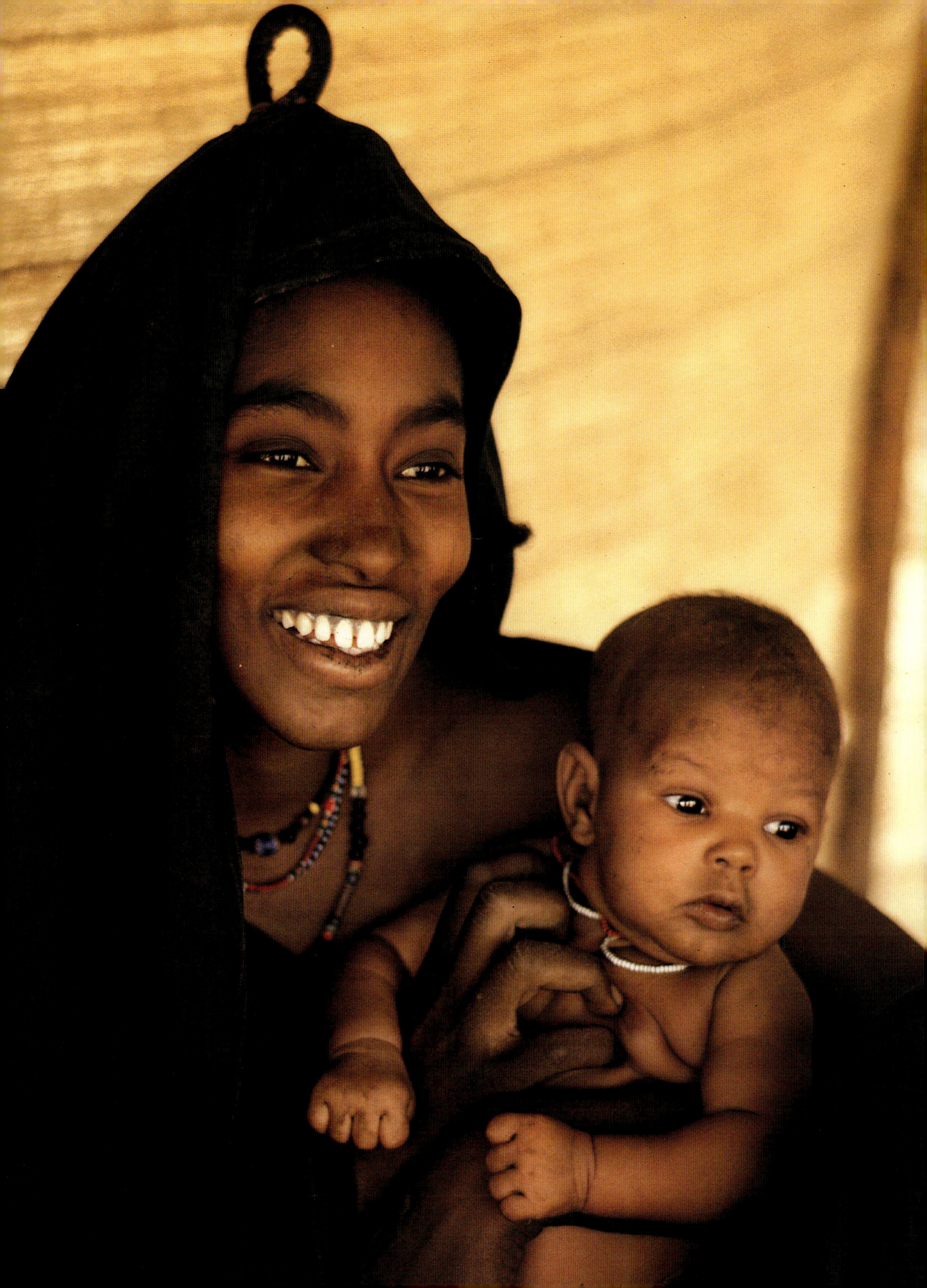

TUAREG

DIE BLAUEN MENSCHEN AUS DER SAHARA

Tuareg-Mutter mit Kind in Mali.

Seite 80/81: Massai-Familie im Massai-Mara-Wildreservat in Kenia.

*E*ine Stunde nach Sonnenaufgang hat sich die kühle Nachtluft erwärmt. Bis Mittag werden es bald 50 °C sein. An einem windigen Tag ist das Geräusch von Sand, der über 1000 Kilometer Wüste geweht wird, beinahe ohrenbetäubend. Aber an diesem Morgen herrscht kein Wind, und die Stille wird nur von den Geräuschen eines Tuareg-Lagers unterbrochen, das zum Leben erwacht. Barfüßige Kinder laufen in den Zelten ein und aus. In blaue Musselin-Gewänder gekleidete Frauen plaudern ruhig, während sie mit gekreuzten Beinen im Sand sitzen und einen Kessel Pfefferminztee erhitzen. Ab und zu meckert eine Ziege in der Ferne.

„Mit zehn Ziegen, fünf Schafen, ein paar Rindern und einem Kamel kann ein nomadischer Hirte seinen Lebensunterhalt in der Wüste bestreiten", erzählt mir Acherif Ag Mohammed auf Französisch. Er ist ein Tuareg, Mitte Vierzig, mit dunklen, zusammengekniffenen Augen, die aus dem schützenden Umhang aus blauschwarzem Musselin hervorspähen. „Die Sahara ist lebenswert", sagte er. „Sie ist der einzige Ort, an dem ich mich zu Hause fühle."

„Sie brauchen die moderne Welt nicht?" frage ich.

„Doch, wir brauchen Hilfe aus der modernen Welt, aber nicht um jeden Preis. Ich will Ihnen etwas sagen. Ich würde eher sterben, als unsere Lebensweise aufzugeben. Wir müssen frei durch die Sahara ziehen können. Aber jetzt lassen uns Niger und Mali nicht ihre Grenzen überqueren."

„Und wenn Sie es versuchen?" frage ich.

Mohammed schüttelt seinen Kopf und schaut dann in meine Augen. „Sie erschießen uns", sagt er ruhig. „Sie erschießen unsere Kamele, unsere Ziegen und Schafe. Sie erschießen unsere Männer. Und wenn sie die Männer nicht bekommen können, töten sie unsere Frauen und Kinder. In den vergangenen sechs Monaten sind mehr als 800 unschuldige Menschen gestorben."

Ich schwieg einen Augenblick, suchte nach Worten, um seine leidvolle Offenbarung zu würdigen. „Sie müssen doch schrecklich entmutigt sein."

„Nein. *Vorher* fühlten wir uns entmutigt. Wir waren verzweifelt. Aber die Zeit der Trauer ist vorbei, beendet. Jetzt kämpfen wir um unser Leben. Die Soldaten halten uns noch an den neuen Grenzen an, aber um zu überleben, brauchen wir ein sehr großes Territorium. Wir sind nomadisch, weil unsere Lebensbedingungen nomadisch sind. Der Regen kommt und geht. Jedes Jahr bringt der Regen in einem anderen Teil der Wüste frisches Gras hervor. Wir müssen dem Wetter folgen. Durch die Sahara zu ziehen, ist unser Leben. Das macht unser Wesen aus. Wenn wir davon abgehalten werden, reißt es uns unser Leben heraus. Jeden Tag nähern wir uns dem Schicksal sterbender Leute. Aber wir werden einen Weg finden, um zu überleben."

Die Tuareg sind Überlebende. Seit Jahrhunderten haben sie die rauhe Natur der Sahara ertragen, ausgeharrt in Sandstürmen, Dürre, Hunger und erbitterten Wüstenkämpfen. Heute jedoch ist ihre Existenz bedroht wie niemals zuvor. Neue Völkerstaaten umringen die Tuareg. Die Ausbreitung der Wüsten beschleunigt sich. Und in Zukunft könnte ihrer Lebensweise als nomadische Hirten und als Karawanenvolk einfach der Platz fehlen. Zunächst sind sie gefordert, physisch zu überleben, um dann neu zu bestimmen, wer sie sind und wie sie in der modernen Welt leben werden.

„Für viele Tuareg war der erste Exodus aus ihren Heimatgebieten in der Tat ‚eine letzte Karawane', und sie starben oder blieben verstreut in den Städten Westafrikas", schrieb Thurston Clarke, der in den 20er Jahren bei den Tuareg lebte. „Sie leben dort von Almosen oder ihrem Verdienst als Wächter oder Arbeiter . . . In ein paar Jahrzehnten werden sie ein schwaches und verzerrtes Echo einer früheren Generation sein."

Die Tuareg von heute sind in einem gewissen Sinne Flüchtlinge aus einer anderen Ära. Ihre Vorfahren waren auch Flüchtlinge, die als Nachkommen der Berber galten, einem kaukasischen Volk, das in Nordafrika siedelte. Als die Araber in ihre Gebiete vordrangen, zogen sich einige ins Atlasgebirge von Marokko zurück. Andere versuchten ihre Stammesbräuche zu erhalten, indem sie in die Wüste gingen. Diese Wüstenbewohner nannten sich Kel Tamashek, „die Menschen, die Tamashek sprechen". Die arabischen Eindringlinge nannten sie Tuareg, „die von Gott Verlassenen".

Die Tuareg wurden Nomaden der offenen Wüste. Bis zum Beginn des 20. Jahrhunderts beherrschten sie die Karawanen, die die Sahara durchquerten. Einige waren Händler. Andere boten sich als Wachen den großen Karawanen an, die Stoffe, Gewürze, Gold und Sklaven zwischen Arabien und dem tropischen Afrika transportierten. Wurde ihr Schutzangebot abgelehnt, so überfielen sie die Karawane manchmal selber. Die Tuareg entwickelten sich bald zu einem Stamm geschickter Krieger.

Als die Franzosen Ende des 19. Jahrhunderts begannen, Westafrika zu kolonisieren, jagten ihnen die Tuareg Furcht ein. Ein Franzose, der die blauverhüllten Männer auf ihren Kamelen angreifen sah, berichtete von „den schrillen Schreien der Krieger, dem Geräusch der durch die Luft sausenden Wurfspieße und dem langen klagenden Taktschlag der Toboltrommeln . . . Einen Angriff der Tuareg zu sehen bedeutet, die äußerste Furcht den Körper hinaufkriechen zu fühlen."

Die Franzosen und die Tuareg trugen, Gewehre gegen Schwerter, blutige Kämpfe in den Außenposten von Hoggar, Tit und Timbuktu aus. „Wenn wir in diesem Wüstenland bleiben wollen, müssen wir es ohne Gnade für die Tuareg unterwerfen", berichtete ein französischer Offizier. „Der Tuareg hat nicht mehr Existenzberechtigung als der amerikanische Indianer, aber leider haben das Wüstenklima und ihre grotesken Kamele uns Hindernisse in den Weg gesetzt, die den Amerikanern unbekannt waren. Aber wir können diese Hindernisse überwinden."

Im Jahre 1920 schließlich hatte die französische Artillerie die Krummschwerter und den Kampfeswillen der Tuareg bezwungen. Unter der französischen Regierung konnten die Tuareg jedoch immer noch beliebig durch die Sahara ziehen. Und mit Beendigung der offenen Feindseligkeiten erfreuten sie sich sogar einer Zeit der relativen Ruhe und des Wohlstandes. Aber die Ära ihrer großen Karawanen neigte sich dem Ende, und damit auch ein wesentlicher Teil ihrer Kultur.

„Wir haben immer Salz, Käse, Datteln, Butter und Rauchfleisch mit anderen Karawanen gehandelt", erinnert sich Acherif Ag Mohammed.

Burkina Faso, eine Eingeborene. Das heutige Afrika ist das Ergebnis des europäischen Kolonialismus, der Millionen – manche glauben sogar hundert Millionen – eingeborene Afrikaner in die Sklaverei zwang.

„Aber der Tauschhandel verschwindet. Güter werden jetzt von Trans-Sahara-Lastwagen oder mit dem Schiff transportiert. Jedes Jahr gibt es weniger Karawanen, weniger Kamele. Und das größte Problem ist, daß unsere Karawanen jetzt verboten sind."

Im Jahre 1960 gerieten die Tuareg-Karawanen und ihre nomadische Lebensweise in eine unerwartete Sackgasse. Als sich die Franzosen aus Nordafrika zurückzogen, wurden die weiten, offenen Gebiete der Sahara in die neuen unabhängigen Staaten von Algerien, Libyen, Mali, Burkina Faso und Niger unterteilt. Während das Ende der Kolonialherrschaft vielen Nordafrikanern ein neues Gefühl von Freiheit brachte, fanden sich die nomadischen Tuareg von neuen Grenzen und feindlichen Militärregierungen eingekeilt. Die Kolonialherrschaft hatte die traditionellen Feindseligkeiten in Schach gehalten; jetzt waren sie losgelassen. Die neuen Völkerstaaten bewachten nervös ihre neuen Grenzen. Die Tuareg verloren über Nacht ihre Freiheit, über das Land zu ziehen, was ja das Wesen eines Tuareg ausmacht.

„Die Jahre der Unabhängigkeit seit 1960 sind ein Alptraum für uns gewesen", sagte ein Freund von Mohammed, der aus Angst um sein Leben anonym spricht. „Während dieser Zeit haben wir nur Militärverwaltung, das Gesetz des Gewehres, Verachtung, Ungerechtigkeit und Haß erfahren. Mali schloß sich mit Algerien und Marokko zu einer gemeinsamen Front gegen die Tuareg zusammen. Wir erlebten täglich Schnellverfahren und öffentliche Hinrichtungen, unsere Lager wurden zerstört, unsere Wasserlöcher vermint und vergiftet und unsere Herden mit Maschinengewehren beschossen. Frankreich blieb ruhig. Niemand versuchte die Massaker zu stoppen oder auch nur die Ausrottung eines Volkes anzuzeigen, das um sein Überleben kämpfte."

Von Zeit zu Zeit erklärte Mali oder auch der Niger einen Waffenstillstand, und einige der flüchtigen Tuareg kamen in ihre Heimatregionen zurück. Im Dezember 1989 wurde zum Beispiel den Tuareg-Führern die Zusicherung gegeben, daß ihre Leute friedlich in Niger leben könnten. Ungefähr 20 000 Tuareg kehrten zurück. Aber bald verstärkte sich die Spannung. Tuareg wurden ohne ersichtlichen Grund verhaftet. Als ihre Freunde und Familien protestierten, brachen Kämpfe aus. Kaum sechs Monate nach Ankündigung des Waffenstillstandes verkündete ein Regierungsbeamter, daß „alle Tuareg gezählt und vernichtet werden müssen".

Mali besetzte wieder die Oasen, zu denen die Tuareg beinahe täglich zur Tränkung ihrer Tiere kamen. „Die Soldaten warteten dort und schossen auf jeden, der herannahte", sagte der Zeuge eines Überfalls. „Einige Gruppen sind völlig zerstört worden. Tuareg sind erschlagen, in Stücke geschnitten und gehängt worden. Sie sind lebendig verbrannt und lebendig begraben worden. Unsere Frauen sind öffentlich vergewaltigt worden."

Etwa eine Million Tuareg haben bisher den Zyklus von Waffenstillständen und Massakern überlebt, die mit den kurzlebigen nordafrikanischen Regimen kommen und gehen. Doch auch ein dauerhafter Waffenstillstand würde die Zukunft der Tuareg noch lange nicht sichern. Wie sagte ein Mann, der anonym bleiben wollte: „Wir haben nicht mehr das Recht, unsere eigene Sprache zu sprechen, und unsere Kinder werden gezwungen, die Sprache der anderen zu lernen. Unsere Traditionen werden verspottet. Unsere Jugend wird zum Widerstand gegen die Eltern aufgewiegelt. Und unsere Töchter sind in der Gewalt malischer Soldaten – viele sind Mütter, bevor sie das 15. Lebensjahr erreichen, und stehen vor einem Leben der Armut."

„Aber wir haben eine Kultur, eine Geschichte, eine Sprache, eine Schrift – und wir hatten einen Lebensraum. Müssen wir erst verschwinden, um der Welt das skandalöse Unrecht unseres Leidens zu beweisen? Haben wir unrecht, ein Leben nach unseren Bräuchen fortsetzen zu wollen? Ist es ein Verbrechen, ein nomadisches Leben zu führen?"

Auch wenn politische Schranken beseitigt werden, bewegt sich der nomadische Lebensstil in der unwirtlichen Sahara und der dürren Sahelzone immer am Rande des Existenzminimums. Die meisten Tuareg möchten als nomadische Viehzüchter leben und Kamele, Rinder, Ziegen und Schafe züchten. Aber umgeben von privaten Ländereien und nationalen Grenzen haben sie keinen Platz, um mit ihren Tieren in Zeiten der Dürre weiterzuwandern. Während der dreijährigen Dürre Anfang der 70er Jahre sind schätzungsweise 125 000 Tuareg langsam verhungert.

„Der Frieden ruht im Schatten der Säbel", lautet ein Sprichwort der Tuareg, das ihnen im jahrhundertelangen Überlebenskampf in der Wüste gut gedient hat. Heute müssen die Tuareg jedoch auch gegen eine Politik der Wüstenbildung kämpfen – das Verhalten der Regierungen und multinationalen Gesellschaften, die die zähe, aber auch sehr verletzliche Wüstenökologie mißachten.

Die Tuareg müssen sich zudem ihrer inneren „Feinde" erwehren – ihrer Gefühle der Hoffnungslosigkeit und ihren Verzweiflungstaten. Während die Wüste sich weiter ausbreitet und die Konkurrenz um die wenigen Ressourcen zunimmt, entgleiten uralte Verhaltensmuster gegenüber dem Land. In der Vergangenheit war es für einen traditionellen Hirten der Tuareg selbstmörderisch, einen lebendigen Baum zu zerstören, eine unentbehrliche Quelle von Schatten, Nahrung, Obdach, Brennstoff und Gerbstoffen. Aber heute werden immer mehr Bäume gefällt und zu Holzkohle verarbeitet, die man dann verkauft, um seine Tiere und Familie vor dem Hunger zu retten. Verschwinden die Bäume, können weniger Wurzeln den verdörrten Boden halten. Wind zerstreut die dünne Erde. Die Sanddünen rücken vor.

Vor kurzem reiste ein Freund auf dem Kamel mit mehreren Tuareg-Hirten durch die Sahara. Drei Wochen lang zogen sie durch die Wüste, ohne einen einzigen Busch oder Baum zu sehen. Dann stießen sie eines Morgens auf einen einsamen Baum, der sich aus dem Sand erhob. Nach seinem Umfang zu urteilen, mußte er mindestens 100 Jahre alt gewesen sein; seine unteren Zweige waren schon vor langer Zeit von Ziegen und Kamelen zu Stummeln abgeweidet worden. Ein Hirte stieg ab, kletterte auf den Baum und begann, Blätter für sein Kamel zu pflücken. Er pflückte, bis kein einziges Blatt mehr übrig war.

Nomadin mit Kind in Äthiopien.

Tuareg

Eine Oromo-Frau aus Äthiopien. Obwohl dieser Volksstamm die Mehrheit bildet, ist es den Oromo nicht gestattet, in der Schule oder in anderen öffentlichen Institutionen ihre Sprache zu sprechen, da die Mitglieder der Amharia, die nur 15 Prozent der Bevölkerung ausmachen, die Regierung des Landes mit seinen acht Volksstämmen beherrschen.

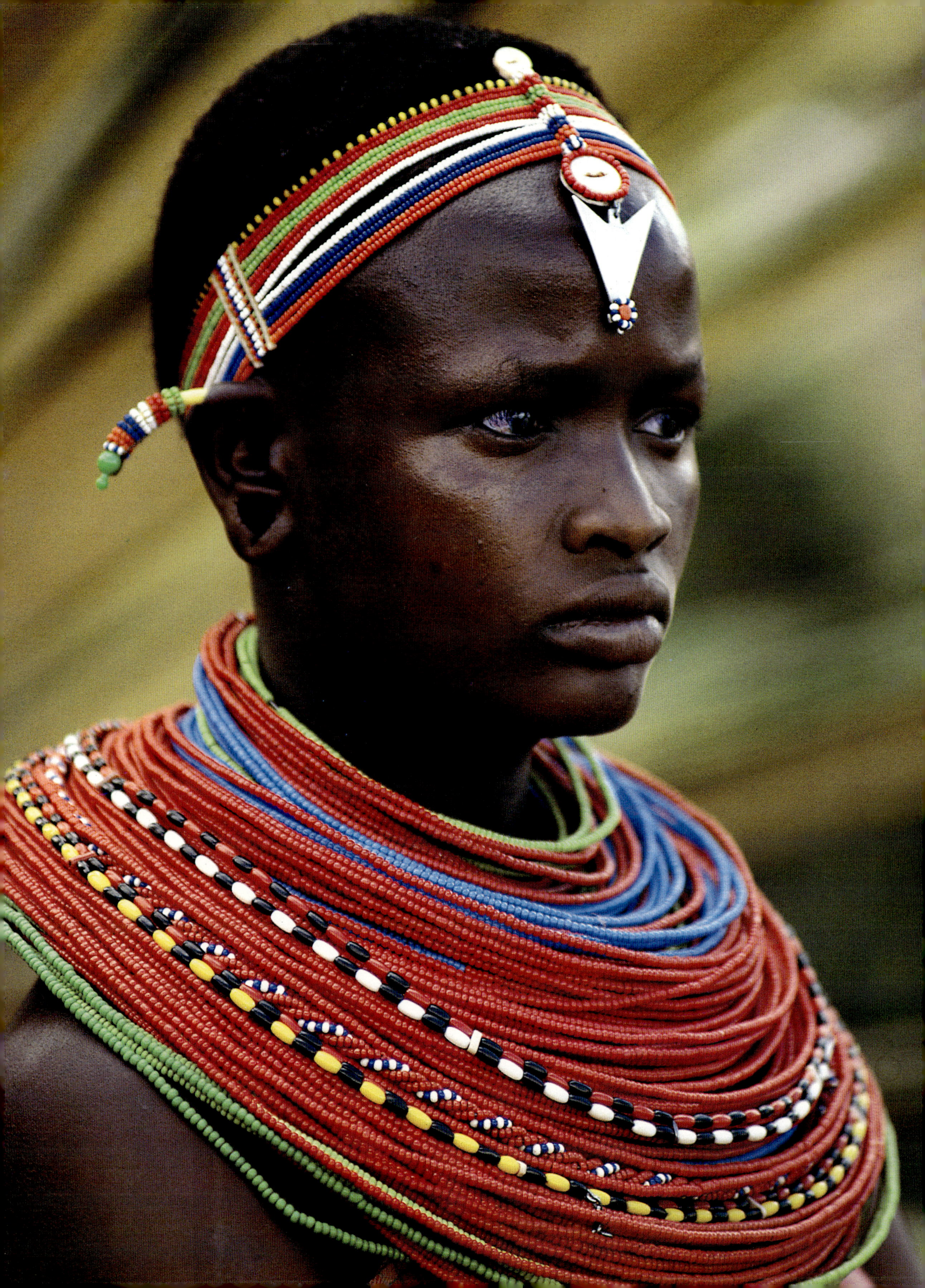

MASSAI UND BUSCHMÄNNER

„ZUM WAHREN MENSCHEN FINDEN WIR NUR GEMEINSAM"

V or langer Zeit, so überliefern es alte Massai-Legenden, lebte ein Volk in bitterer Not in einem verdörrten Land, das ringsum von unüberwindlichen Felsen eingeschlossen war. In einem Jahr blieb der große Regen aus. Die Menschen litten Hunger und Durst, ihr Vieh verendete auf den versengten Weiden. Doch die Menschen sahen, wie kleine Vögel mit frischem, saftigem Gras im Schnabel den Talkessel überflogen. Die Stammesältesten sandten Kundschafter in die Berge, und diese fanden tatsächlich einen versteckten und gefährlichen Pfad aus dem Tal des Todes zu einem Land mit üppigen Wiesen. Rasch baute man eine Brücke, und das Volk begann, mit seinen Rindern und Schafen die steilen Klippen zu übersteigen. Plötzlich brach das Holz, und viele von ihnen fielen zurück in die Wüstenei – man nannte sie fortan *Ilmeek,* die Nicht-Massai. Aber die, die den Weg in die neue Welt schafften, wurden die ersten Massai.

    Heute leben die einst tapferen Krieger als Viehzüchter in ihren Kraals in den weiten Savannen des Great Rift Valley Ostafrikas. Etwa eine halbe Million Massai verteilen sich im heutigen Kenia und Tanzania über ein Gebiet, das sie selbst „Massailand" nennen.

    „Ich hoffe, deine Herde ist gesund", begrüßen sich viele Massai, wenn sie sich unterwegs begegnen. Das Leben der hochgewachsenen Eingeborenen dreht sich nicht um die Zebras oder Gnus in der Serengeti, sondern um die immer neue Suche nach Wasser und Weidegründen für ihr Vieh. Die Zahl der Rinder bestimmt den Wohlstand einer Familie. Die Hauptaufgabe der Männer besteht deshalb darin, die Herden vor Dieben und wilden Tieren zu bewachen. Junge Männer beweisen ihren Mut, indem sie – nur mit einem Speer bewaffnet – allein in die Steppe ziehen und einen Löwen erlegen.

    Heute muß sich das Volk der Massai in dem chaotischen und oft blutigen Streit um das koloniale Erbe behaupten. Selbstbewußt und von seinen kulturellen Werten gestärkt, bemüht es sich, zusammen mit anderen Volksstämmen, seine Identität und

Massai-Frau in Kenia.

wirtschaftliche Zukunft aus dem politischen Trümmerhaufen zu retten, den die europäischen Kolonialmächte nach ihrem Abzug hinterließen.

Im 19. Jahrhundert nahmen die europäischen Großmächte Afrika in Besitz und teilten den Kontinent in 48 Territorien unter sich auf, ohne auf ökologische oder kulturelle Verträglichkeit Rücksicht zu nehmen. Willkürliche Grenzen zerrissen die Einheit vieler ethnischer Gruppen und verteilten sie auf die neuen Kolonialstaaten. Die Briten und Deutschen zerschlugen Massailand in drei Teile – Tanzania, Kenia und Uganda – und ignorierten die Selbstverwaltung der Einheimischen als „primitiv" oder lösten sie auf. In den sechziger Jahren wurden viele afrikanische Kolonien in die Unabhängigkeit entlassen, und die Wiederherstellung der alten Stammesrechte lag im Bereich des Möglichen. Aber kaum hatten die europäischen Statthalter ihre Residenzen geräumt, da waren die neuen Machthaber schon zur Stelle – afrikanische Stammesfürsten und Generäle, besessen vom Rausch der neuen Freiheit. Anstatt die alten Gebiete und damit die kulturelle Vielfalt des Kontinents wieder ins Leben zu rufen, verteidigen sie vehement die kolonialen Grenzen.

Moringe Parkipuny von der KIPOC, dem Verband der Hirtenstämme Tansanias, sieht das Dilemma so: „Heute erschöpft sich in ganz Afrika unsere große Aufgabe der nationalen Einheit in Grenzstreitigkeiten und endlosen Kriegen."

Anstelle der Wiederherstellung der alten Stammesgebiete setzte ein erbitterter Kampf um die schwindenden Naturreserven ein. Heute streiten sich die Massai mit anderen Volksstämmen sowie – ironischerweise – mit der Nationalparkverwaltung um die Nutzung der Savanne, in der sie seit Jahrhunderten als nomadische Viehhirten lebten. Obwohl ihre Lebensweise ausschließlich vom Zugang zu Weidegründen abhängt, steht den Massai heute nur weniger als die Hälfte des Landes zur Verfügung, das sie für ihre Herden bräuchten. Dies führt zur Überweidung und macht weite Gebiete dieser Trockenregion unfruchtbar. Anfang der sechziger Jahre raffte eine Dürre ein Drittel aller Rinder hin.

Es stimmt, daß die Tourismusindustrie einen Weg gefunden hat, die Reste der unvergleichlichen Tierwelt Ostafrikas zu bewahren – jedoch auf Kosten der Massai, denen ihre traditionellen Weidegebiete verwehrt wurden. So avancierten die Wildtiere zum Vorzeigeobjekt, während ein so altes und stolzes Volk wie die Massai in eine tiefe Krise gestürzt wurde. Zum Teil kommen die Eintrittsgelder der Touristen den ansässigen Hirten zugute, doch Geld kann nie ein Ersatz für eine Lebensweise sein. Ohne ihr Land und ihre Herden werden die Massai bald aussterben.

„Ich wuchs hier auf, inmitten einer überbordenden Tierwelt, ohne die Schönheit der Landschaft richtig zu begreifen", schreibt der Massai-Autor Tepilit Ole Saitoti. „Als Kind bin ich mit meinen Freunden den Zebras hinterhergerannt, bis wir vor lauter Staub nichts mehr sehen konnten; dann mußten wir uns mit lautem Rufen davor schützen, von den verschreckten Tieren niedergetrampelt zu werden."

„Ich habe meinem Vater nie widersprochen, außer wenn ich wissen wollte, warum er von all seinen Kindern ausgerechnet mich zur Schule schickte . . . ‚Warum gerade ich?' fragte ich ihn. Denn für die Massai war Schule etwas Schlechtes, ein Ort, an dem man Kinder mit fremden Ideen verwirrte und sie von den kulturellen Werten ihres Stammes wegführte."

Eines Tages im Busch fragte der kleine Tepilit seinen Vater: „Habe ich an meinem ersten Schultag geweint?"

„Du hast blutige Tränen vergossen", antwortete der Vater und fuhr nach einem Augenblick des Erinnerns fort: „Den ganzen Tag hast du untröstlich geschluchzt, und das ganze Dorf weinte mit dir."

„Habe ich auch geweint, wenn ich nach den Ferien in die Schule zurück mußte?"

„Jedes Mal", bestätigte sein Vater. Aber er erklärte ihm auch, daß es für ihn und seine Familie wichtig sei, den Kontakt mit der Außenwelt zu lernen. Gleichzeitig warnte er seinen Sohn: „Wer lange von zu Hause fort ist, vergißt leicht die Lebensweise seiner Heimat. Versuche, die neuen Wege mit unserer Tradition zu verbinden; Gott hat sich etwas dabei gedacht, als er uns Massai schuf."

Massai und Buschmänner

Stammesältester in Namibia. In Botswana, Namibia und Angola leben 62 000 Buschmänner, aber nur ungefähr 300 von ihnen führen das traditionelle Nomadendasein.

Afrika

Einer der Stammesältesten der Massai in Kenia. „Die Massai sind verzweifelt; sie rufen nach Hilfe", schreibt Tepilit Ole Saitoti über sein Volk. „Aber wir werden nicht aufgeben, an unserer Kultur festzuhalten, entgegen allen drängenden Forderungen, uns anzupassen."

Nach einer langen Pause begann sein Vater – fast zu sich selbst – erneut zu sprechen: „Auf dem Weg, der vor dir liegt, mein Sohn, kann ich dir nicht helfen – ich bin ihn nie gegangen. Viel lieber würde ich meine Kinder durch den Busch führen, sie vor den Gefahren abseits des Pfades warnen und ihnen den sichersten Weg über den Fluß zeigen. Aber das fremde Leben, das uns bedrängt, macht mich besorgt. Mit deinem unschuldigen Verstand glaubst du dich schon am anderen Ufer, aber ich rate dir: Warte auf dem Weg, schau dich um und denke nach, bevor du weitergehst . . . Vielleicht kannst du uns allen helfen, die Brücke zu überqueren – eine schwache Brücke über eine reißende Flut . . ."

Nüchtern, aber voll trotziger Hoffnung, beschreibt Saitoti die Lage seines Volkes: „Wir haben unsere Tradition und Kultur erhalten, wenngleich wir immer stärker bedrängt wurden, uns in moderne Lebensformen zu zwängen. Der Wandel scheint unvermeidlich, aber er muß allmählich kommen, statt uns zu überfallen. Mein Volk geht durch schwere Zeiten, und wir brauchen Hilfe. Aber die Massai sind entschlossen, zu überleben. Wir werden unseren Platz finden!"

In dem Film „Die Götter müssen verrückt sein" rennt ein schmächtiger, dunkelhäutiger Buschmann fast nackt über die trockene afrikanische Savanne. Plötzlich hält er inne. Vor ihm liegt ein merkwürdiges Ding auf dem Boden – eine leere Colaflasche. Weil er so etwas noch nie gesehen hat, nimmt er an, das Ding müsse vom Himmel gefallen sein, und er macht sich auf den Weg, es den Göttern zurückzubringen. Millionen Kinobesucher waren von der rührenden Unschuld dieses Mannes gefesselt, der in einer idyllischen Welt, weit weg vom unruhigen 20. Jahrhundert, lebte. Leider entstellte der Film das wirkliche Leben der Buschmänner – sehr zu ihrem Nachteil.

„Weit davon entfernt, als ‚schöne Menschen im Paradies' zu leben, hat man sie in der blutigen Geschichte Südafrikas schlimmer unterdrückt und unmenschlicher verfolgt als jedes andere Volk", schreibt Robert Gordon im *Mythos des Buschmannes*. „Wenn wir Anthropologen uns um die Zukunft der Menschheit sorgen, dann ist es unsere Pflicht, diese Unterdrückung zu verstehen und aufzudecken. Mehr noch – wir müssen uns fragen, warum die Wissenschaft die schleichende Vernichtung der Buschmänner bislang ignoriert hat."

Bevor die Europäer nach Afrika kamen, folgten die San und die !Kung – später als Buschmänner bezeichnet – den Jahreszeiten von einem Lager zum anderen und teilten sich ihre spärliche Habe. Ihre Tierbilder auf den Felsen der Wüste belegen, daß sie schon wenigstens 10 000 Jahre in den weiten Ebenen des südlichen Afrikas leben. Sie jagten und sammelten Früchte, Wurzeln und Nüsse; dank der Vielfalt an Wildtieren blieb ihnen Zeit zum Singen, Tanzen und Geschichtenerzählen. Ihre Welt war das ganze südliche Afrika, und in vieler Hinsicht *war* es das Naturparadies, so wie wir uns aus der Ferne das idyllische Afrika vorstellen. Riesige Herden der Gnus, Zebras, Giraffen und Elefanten zogen durch die Savanne, und die Buschmänner zogen mit ihnen.

„Seit es Buschmänner gibt", so sagt einer von ihnen, „haben wir nie ein Tier getötet, ohne ihm durch einen Tanz unsere Dankbarkeit zu zeigen, daß sein Tod für uns Leben bedeutet."

Mit 25 000 Buschmännern in Botswana, etwa 29 000 in Namibia und 8000 in Angola sind sie zahlenmäßig nicht von unmittelbarer Vernichtung bedroht, aber kulturell stehen sie kurz vor der Auslöschung. In Botswana breiten sich die Weiden der Viehzüchter immer weiter aus, und in Namibia herrscht Bürgerkrieg – gerade mal einige hundert Buschmänner können in einem trostlosen Winkel der Kalahari noch nomadisch leben, so wie es ihre Vorfahren seit Jahrtausenden praktiziert haben.

Der Niedergang der Buschmann-Kultur begann Mitte des 18. Jahrhunderts, als die ersten Europäer landeten. Sie bewunderten die Buschmänner keineswegs als unschuldige Naturmenschen, sondern verachteten sie als gottlose Faulpelze. Die deutschen und holländischen Siedler Südafrikas zimmerten sich eine Moral- und Rechtsauffassung, die das Töten dieser Menschen und die Vergewaltigung ihrer Frauen billigte. Sie erwarteten ohnehin, daß die Buschmänner über kurz oder lang von der afrikanischen Erde verschwänden.

„Was sollen zivilisierte Menschen mit Leuten auf dieser Stufe [der Buschmänner] machen?" fragte sich der Geograph Siegfried Passarge 1907. „Gefängnis oder Erziehungsanstalt kämen einer Belohnung gleich ... Was kann man anderes tun, als sie zu erschießen?"

In den Jahren 1911/12 schickten die Deutschen über 400 bewaffnete Patrouillen durchs Land, die die Gebiete der Buschmänner durchsuchen und deren Siedlungen auflösen sollten. Geschossen werden sollte „beim *geringsten* Anzeichen von Widerstand gegen die Beamten" oder wenn ein Verdächtiger „bei Verfolgung *nicht auf Zuruf stehenbleibt*, sondern zu entkommen sucht". Nun waren Buschmänner dafür bekannt, daß sie beim Anblick einer Streife sofort die Flucht ergriffen – damit entpuppte sich die Anweisung der Polizei de facto zu einer Lizenz zum Mord.

Der deutsche Anthropologe Leonard Schultz schrieb: „Der Buschmann ist immer weggelaufen, und man hat ihn abgeschossen wie Freiwild." Er schlug vor, „die Buschmänner in Reservaten als lebende Erinnerung an die Anfänge der menschlichen Rasse zu halten".

Viele Buschmänner wollten ihre Unterdrückung nicht als hilflose Opfer hinnehmen. Zunächst kämpften sie um ihr Land, aber ihre Bogen waren den Gewehren der Weißen nicht gewachsen – Tausende wurden von den Schußwaffen der Siedler niedergemetzelt. Als sich ihr Sozialwesen immer weiter auflöste, fanden sie neue Überlebenstechniken; mitunter Wege, die ihre Vorfahren strikt abgelehnt hätten.

„Sie stehlen und betteln nicht", schreibt der in Namibia aufgewachsene Anthropologe Robert Gordon, „sondern etablieren sich als erfolgreiche Händler im Weltmarkt für Elfenbein und Felle. Sie traten als Makler zwischen den Wettbewerbern auf und vermieteten Gewehre an Großwildjäger ... Als Handlanger der kommerziellen Plünderung Afrikas nehmen sie sich gern ihren Anteil."

Mutwillige Hilfskräfte der Zerstörung? Dies ist nur eine Sichtweise. Aus einem anderen Blickwinkel erwächst dieses Verhalten aus ihrer Verzweiflung über den Verlust ihrer Kultur. Die Europäer haben nicht nur den Bestand an Wildtieren dezimiert, sondern auch die Sozialstruktur der Eingeborenen völlig zerschlagen.

Viele Buschmänner besitzen gar nicht mehr die Fertigkeiten, als Jäger und Sammler zu leben. Schlimmer noch ist, daß sie ihr früheres Leben als peinlich empfinden. Sie sind ein „Nicht-Volk" geworden, wie der Jungsche Psychologe Laurens Van der Post schreibt, der über 40 Jahre unter Buschmännern gelebt hat. „Sie klammern sich als versprengter Rest an den Rand der industrialisierten Welt ... Besonders tragisch ist, daß sie an ihre eigene Minderwertigkeit glauben. Gnadenlos haben wir ihnen ihr Land und ihre Existenz geraubt und tun es noch heute. Wir wollten nicht akzeptieren, daß sie, genau wie wir, Anspruch auf eigene Werte haben. Wir waren blind dafür, daß ihre Lebensform funktionierte, bevor die Europäer kamen. Unsere funktionierte nicht. Und jetzt leben weder sie noch wir in Einklang mit unserer Erde."

Der Buschmann früherer Zeiten ist so gut wie ausgestorben, aber sein Geist lebt in uns fort –

heute vielleicht stärker als je zuvor, sagt Van der Post. „Als ich das Primitive in uns zu ergründen suchte, ließ ich mich vom Buschmann leiten . . . Sein Wesen war, so glaube ich, bestimmt von seinem Gefühl der Zugehörigkeit, zu Hause zu sein in der Natur, im Universum, im Leben und in seiner eigenen Menschlichkeit."

Früher fühlte sich der Buschmann eins mit jedem atmenden, leidenden und singenden Geschöpf, mit jedem Blatt, Strauch und Baum. Himmel und Erde und alles, was darin lebte, war ein Teil seiner Familie. Dort war er zu Hause wie kaum ein moderner Mensch irgendwo zu Hause ist. Wir können Atome spalten und auf dem Mond spazieren; aber haben wir unterwegs nicht verlernt, in uns selbst zu ruhen und einen Ort zu finden, an den wir gehören? Vielleicht verstehen wir irgendwann unsere Fußstapfen im Mondstaub als Spuren eines Suchenden nach, wie Van der Post schreibt, „diesem strahlenden Gefühl einer Heimat, in der man uns kennt".

Die Buschmänner sind lange nicht die einzigen Afrikaner, deren Kultur unter der Mißachtung durch Eindringlinge zerbrach. Das nachkoloniale Chaos hat ebenso vernichtend in Somalia, dem Sudan, Kenia, Äthiopien, Eritrea und Dschibuti gewütet: Dort sind mehr als 24 Millionen Menschen durch Kriege, Plünderungen und Mißernten vom Tode bedroht, wenn ihnen nicht schnell mit Lebensmitteln und medizinischer Versorgung geholfen wird.

Der Nobelpreisträger Desmond Tutu, Erzbischof von Kapstadt, erklärt in seiner gewohnten Offenheit, daß in Südafrika Millionen eingeborener Menschen „zu Fremden im eigenen Land gemacht wurden . . . gewachsene schwarze Gemeinden auseinandergerissen wurden und die Entwurzelten nicht wie Menschen, sondern wie Treibgut behandelt wurden . . . Dieses Krebsgeschwür, das den Lebensnerv der schwarzen Familie zerfrißt, ist erklärte Regierungspolitik."

Mit derselben Klarheit, mit der Bischof Tutu das zerstörerische Wesen der Apartheid offenbarte, bietet er uns auch eine Lösung an, die so einfach sein könnte, wenn wir es nur gemeinsam versuchten:

„Wir Afrikaner glauben an etwas, das sich in einer fremden Sprache schwer wiedergeben läßt; wir nennen es *ubuntu, botho*. Es umfaßt und beschreibt das Wesen des Menschseins. Man spürt, wenn es da ist, und man spürt, wenn es fehlt. Es bedeutet Milde, Sanftmut und Gastfreundschaft; es heißt, hilfsbereit, aber auch schwach und verwundbar zu sein. Es erkennt, daß du und ich einander brauchen, denn zum wahren Menschen finden wir nur gemeinsam."

Massai und Buschmänner

Hima-Mutter mit Kind im Norden Namibias.

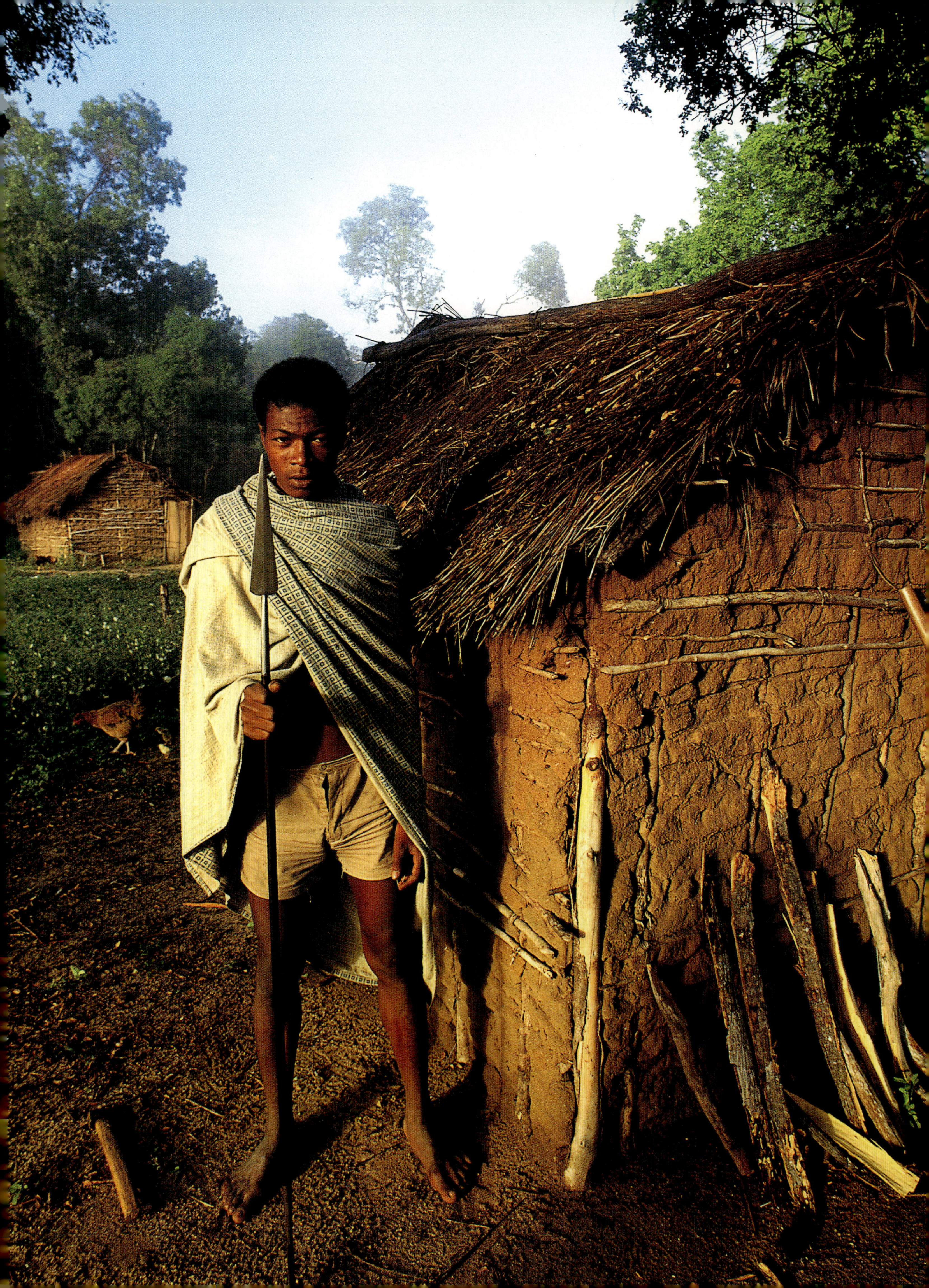

MADAGASKAR

DIE QUAL DES HUNGERS

Madagasse neben seinem Haus.

"Madagaskar ist das Gelobte Land des Naturforschers", schrieb der französische Forscher Philippe de Commerson im Jahre 1771. "Die Natur scheint sich dort in ein privates Heiligtum zurückgezogen zu haben, wo . . . man bizarren und wunderbaren Formen bei jedem Schritt begegnet."

Zwei Jahrhunderte später stellt der Naturforscher Gerald Durrell fest: "Madagaskar, seine Pflanzen, Tiere und Menschen schweben in größter Gefahr. Der Rest der Welt muß endlich die biologische Bedeutung der Insel und die Not seiner Menschen erkennen und sich beeilen, diese außergewöhnliche Ecke unseres Planeten zu retten."

Madagaskar wurde schon "eine Welt außerhalb der Zeit" und "der Ort, den die Zeit vergaß" genannt. Aber in den letzten Jahren ist dieser Inselkontinent im Indischen Ozean zum Spiegelbild unserer unruhigen Zeit geworden. Vielleicht zeigt sich hier der Vorbote einer leeren Zukunft, in der die Politik der Armut und der Druck der Überbevölkerung sowohl die Tierwelt als auch die Menschen auslöscht.

Wie die Galapagos-Inseln, wo Darwin seine Evolutionstheorie ersann, hat die Isolation Madagaskar zu einer Welt für sich gemacht. Vor rund 150 Millionen Jahren trennte sich die Landmasse, die Madagaskar werden sollte, von Afrika und begann nach Osten zu treiben. Etwa 1600 km lang und so groß wie Frankreich und die Schweiz zusammen, liegt sie rund 500 Kilometer vor der Ostküste Afrikas. 80 Prozent von Madagaskars Pflanzen- und Tierwelt ist nirgendwo sonst auf unserer Erde zu finden. Unter den 400 Reptilarten befinden sich die Hälfte der Chamäleone der Welt – das kleinste kann auf einem Finger sitzen und das größte ist ein blaugrünes riesiges Exemplar von 70 Zentimeter Länge. Der Evolutionsbrunnen der Insel hat 8000 Pflanzenarten ausgeschüttet, einschließlich einer Kaktee, die sechs Meter hoch wird, gewaltige 30 Meter hohe Affenbrotbäume und einer Fülle von Orchideen.

Afrika

Madagassin bei der Reisernte.

Madagaskar wurde erst sehr spät besiedelt. Vor etwa 1500 Jahren kamen die ersten Menschen von dem heutigen Indonesien aus mit Kanus auf die Insel, um sich hier niederzulassen.

Madagaskar war die letzte noch zu besiedelnde große Landmasse. Die vermutlich ersten Menschen kamen erst vor gut 1500 Jahren mit Auslegerbooten aus dem heutigen Indonesien. Die seefahrenden Pioniere müssen großes Selbstvertrauen besessen haben, ihre Familien in Kanus zu laden und ohne Seekarten oder Verheißung von Land hinter dem Horizont auf eine 6000 Kilometer lange Reise über den Indischen Ozean zu gehen. Aber bei all ihren hochseetauglichen Geschicklichkeiten brachten die Einwanderer offensichtlich nicht jenen Respekt vor der Natur mit sich, der die eingeborenen Menschen gewöhnlich auszeichnet.

Innerhalb eines Jahrhunderts nach ihrer Ankunft hatten Madagaskars erste Einwohner verschiedene außergewöhnliche Geschöpfe ausgelöscht. Mit primitiven Speeren rotteten sie die Groß-Lemuren aus. Doch während die Lemuren des afrikanischen Kontinents von aggressiveren Affen verdrängt wurden, konnten sich hingegen auf Madagaskar etwa 20 kleinere Arten halten. Zu ihnen gehören das Fingertier, ein katzengroßer Lemur mit fledermausartigen Ohren, und der winzige Maus-Lemur, mit 50 Gramm Gewicht der kleinste Primat der Welt.

Den ersten Madagassen wird auch die Auslöschung der großen Landschildkröten und Zwergpferde von Madagaskar zugeschrieben. Sie sammelten die ungeschützten Eier des *Aepyornis*, des sagenhaften straußenartigen „Elefanten"-Vogels, bis der letzte dieser flugunfähigen Vögel verschwunden war. Andere Arten sind vergangen, als spätere Generationen von Madagassen den Wald abbrannten, um Feldfrüchte zu pflanzen.

Einst mit Bäumen bedeckt, hat Madagaskar vier Fünftel seines Urwaldes durch wahlloses Abholzen verloren. Regen, der einst den Hügeln neues Leben brachte, spült jetzt den ungeschützten Mutterboden fort und hinterläßt an den steilen Hängen tiefe Rinnen. Ein Astronaut, der die Erde umkreiste, bemerkte einmal, daß „Madagaskar aussieht, als würde es zu Tode bluten". Satellitenbilder zeigten den verlorenen Boden der Insel, rot gefärbt, bis 80 Kilometer vor der Küste im Indischen Ozean.

„Die Erde ist die erste Frau Gottes; sie sorgt für die Lebenden und umarmt die Toten", lautet ein madagassisches Sprichwort, das deutlich macht, daß die Menschen die Empfänger der Gaben der Erde sind, aber nicht unbedingt ein unzertrennlicher Teil der Natur. Hier entfernt sich die Weltanschauung der Madagassen von der vieler eingeborener Menschen und kommt dem Grenzsiedlerdenken der Pioniere näher, die sich im 19. Jahrhundert in Amerika ansiedelten. Reiche Madagassen lichteten große Waldgebiete für Zucker-, Apfelsinen- und Bananenplantagen. Jahr für Jahr fällten sie Bäume in dem Glauben, daß es immer Urwald geben würde und damit mehr Felder zu bebauen.

Heute bestehen die Madagassen aus zahlreichen Stammesgruppen, die zum größten Teil jedoch durch eine gemeinsame Sprache verbunden sind. Einige haben ihr Leben der Natur besser angepaßt als andere. Die Mikea sind Jäger und Sammler. In kleinen Gruppen leben sie in Einklang mit ihrer Umwelt, den ariden Wäldern im Westen der Insel. Mit dem Überlebensgeschick von Kalahari-Buschmännern graben sie nach wasserhaltigen Wurzeln, um Dürren zu überstehen. Eine weitere Gruppe, die Vezo, sind Erben der Seefahrerbräuche ihrer Ahnen. Als „Leute des Paddels" bekannt, fischen sie in den Küstengewässern, sammeln Venusmuscheln und Seeigel bei Ebbe und beanspruchen ihren Lebensraum nur wenig.

Die meisten der Madagassen belasten den Boden jedoch stark, während sie einen dürftigen Lebensunterhalt durch den Anbau von Reis, Mais und Maniok herausholen. Sie leben unter dem Existenzminimum mit einem jährlichen Einkommen von weniger als 400 DM. Viele verdienen oder züchten nicht genug, um ihre Familien zu ernähren. Unterernährung ist weit verbreitet.

„Wir haben das Schreckgespenst von Äthiopien vor Augen", sagt Remy Tiandrazana vom Revolutionary Council (Revolutionsrat) der Insel. Wie die Menschen leiden, so leidet auch das Land.

Nach dem Vorbild ihrer asiatischen Ahnen ließen madagassische Bauern ihre Reisfelder an den Berghängen 10 bis 15 Jahre brachliegen, um dem Boden Zeit zur Erneuerung zu geben. Getrieben vom Hunger und der Konkurrenz um Anbauareale, bepflanzen viele jetzt ihre Felder alle fünf Jahre. Doch das erschöpft den Boden, die Erträge sinken, und die Bauern müssen weitere Waldgebiete für ihre Feldwirtschaft freilegen. Nach dem Abholzen wird die übrige Vegetation verbrannt, um den Boden mit Nährstoffen anzureichern und das Wachstum anzuregen. Jedes Jahr geht ein großer Teil des Landes in Rauch auf.

Menschen haben seit mindestens 10 000 Jahren Feuer benutzt, um Land zu erschließen, und Millionen Kleinbauern in tropischen und subtropischen Gebieten gebrauchen es immer noch für ihre Wirtschaftsweise, den sogenannten Brandrodungsfeldbau. Wahlloses Brennen hat viele Landschaften drastisch verändert, aber richtig durchgeführt haben Brandrodungstechniken nur minimale Auswirkungen. Solange traditionelle Völker Zugang zu weiten Gebieten urbaren Landes hatten, waren sie imstande, ihr Brandrodungssystem unbegrenzt aufrechtzuerhalten. Sie ließen das Abbrennen und den Anbau über viele Jahre hinweg einfach von einem Berghang zum anderen rotieren. Allein in Asien betreiben etwa 200 Millionen Menschen, meist Stammesangehörige, immer noch Feldbau durch Brandrodung.

In Nordthailand sind die Pwo Karen, die Land als heilig betrachten, sehr achtsam, ein brennendes Feld unter Kontrolle zu halten. Lua-Dorfbewohner in Indien lassen ihren Priester die beste Zeit für das Abbrennen bestimmen und führen während des Brennvorganges Zeremonien durch, um die Geister der Felder zufriedenzustellen. In Nordost-Indien sind die Garos darauf bedacht, die Waldgötter zu besänftigen, ehe sie das Fällen und Brennen mit Festlichkeiten, Festmahl, Gesang und Tanz einleiten. In Sarawak befolgen Priester der Dyak sorgfältig das vorgeschriebene Ritual eines Probefeuers; sie wählen einen glückverheißenden Tag, bereiten an ihm ein heiliges Mahl, verstreuen es als ein Opfer an die Geister und beginnen dann, sorgfältig aus der Lichtung ausgewählte Pflanzen zu verbrennen – wenn dieses Opferfeuer gut brennt, wissen sie, daß es der richtige Zeitpunkt ist, um ihre Felder auf den Anbau vorzubereiten. Diese eingeborenen Menschen teilen einen tiefen Glauben miteinander, daß ihre Bebauung ein heiliger Akt ist. Das Räumen, Brennen und Pflanzen muß daher mit großer Sorgfalt geschehen.

In dem Buch *Slash and Burn* behaupten Peters und Neuenschwander, daß der traditionelle Brandrodungsfeldbau ökologisch gesund ist, weil die Feuer gezügelt und die Brachperioden genügend lang sind. Aber sie warnen, daß sich die Situation rapide verändert: „Das Auftauchen von Millionen nichttraditionellen Wanderfeldbauern neigt die Waage zur Umweltzerstörung. Drastischer Bevölkerungsdruck verstärkt die Krise."

In Madagaskar wird die Brandrodungskrise durch eine Bevölkerung angetrieben, die jedes Jahr um 3,1 Prozent zunimmt. Bei dieser Rate wird sich die Bevölkerung bis zum Jahre 2015 auf über 30 Millionen verdreifachen. Die Frauen in Madagaskar bekommen durchschnittlich sechs Kinder. Familienplanungsprogramme sind eingeleitet worden, aber es ist unwahrscheinlich, daß sie die Geburtenrate senken, ehe sich nicht die Ausbildung, Gesundheitsfürsorge und der allgemeine Lebensstandard verbessert haben. Bis dahin stellen nur Kinder eine Sicherheit dar, die schon mit sechs Jahren auf den Feldern arbeiten und für ihre Eltern im Alter sorgen müssen.

Verarmt und mangels Arbeitsmöglichkeiten hat die große Mehrzahl der Männer in Madagaskar keine andere Wahl, als mühsam einen Lebensunterhalt aus der Landwirtschaft zu gewinnen. Um dem Land mehr Nahrung zu entlocken, setzen sie jedes Jahr zwischen einem Viertel und einem Drittel des Nutzlandes in Brand. Auf die Dauer erzeugt dieses jährliche Brennen aber nur zähes Gras, da die meisten Nährsubstanzen in den Wurzeln zurückgehalten werden. Feuer wurden auch gelegt, um die Erntefolge der Reisfelder zu beschleunigen. Der kurzfristige Gewinn ist, den Reis früher pflanzen zu können; der langfristige Verlust kann nur in Tonnen verlorenen Bodens gemessen werden. Jahr für Jahr wäscht der einst lebenserhaltende Regen tiefe Rinnen in die Berghänge. Minerale und organische Substanzen werden aus dem Boden ausgespült.

Männer in Madagaskar. Das durchschnittliche Jahreseinkommen einer madagassischen Familie liegt unter 400 DM.

Zurück bleibt sonnenverbrannter Laterit, in dem höchstens grobes Büschelgras gedeiht.

Und jedes Jahr zwingt die Verknüpfung aus abnehmender Bodenfruchtbarkeit und immer hungriger Münder die Bauern, die Brandrodung noch höher in die Berge zu treiben. Ein Bergreisfeld an einem Hang von 40 Grad verliert etwa 500 Tonnen Mutterboden im Jahr. Je mehr Boden verlorengeht, um so mehr beschleunigt sich der destruktive Kreislauf. Der Schraubstock des Hungers schließt sich fester und fester um die Madagassen und die gefährdeten Arten der Insel.

Jahrzehntelang vernachlässigte Madagaskar die Umwelt zugunsten der Exportwirtschaft. Finanzierungen durch die Weltbank und Investitionen multinationaler Gesellschaften spornten Entwicklungsprojekte an. Madagaskar fand sich bald mit nationalen Schulden in schwindelnder Höhe belastet und hatte seine natürlichen Ressourcen erschöpft.

Die Schädigung ihrer Umwelt ist wegen der extremen Armut der Madagassen „eine Tragödie ohne Schurken" genannt worden. Dennoch, verarmt oder nicht, werden die Menschen in Madagaskar schließlich die Verantwortung und Folgen tragen. Aus der Ferne läßt sich leicht vorschlagen, daß sie die Produktivität des Landes für ihre Kinder und Enkel erhalten sollten. Aber für diejenigen, deren Überleben ein tagtäglicher Kampf ist, liegt die Zukunft zu weit fort, um darüber nachzusinnen. Die Herausforderung in Madagaskar, wie in allen Ländern der Dritten Welt, liegt darin, die langfristigen Bedürfnisse der Menschen mit einer umweltverträglichen Nutzung natürlicher Ressourcen zu verknüpfen.

Die ersten Bemühungen des Naturschutzes in Madagaskar mißlangen, weil sie auf westliche Wünsche gegründet waren, exotische Tier- und Pflanzenarten zu erhalten, unter geringer oder gar keiner Berücksichtigung der ortsansässigen Menschen. Die Abholzung des Waldes einfach als ungesetzlich zu erklären, hatte wenig Wirkung. Landlose Farmer mit hungrigen Kindern waren mehr um ihre nächste Mahlzeit besorgt als um das Schicksal eines bestimmten Lemuren. Da sie erkannten, daß die Menschen praktisch keine andere Wahl hatten, schauten die Beamten gewöhnlich weg, wenn sie jemanden beim Baumfällen ertappten.

Mitte der 80er Jahre dämmerte der Regierung, daß das Wohlergehen der Menschen und der Schutz der Umwelt unauflöslich miteinander verbunden waren. „Vorher sprachen alle nur von der Schönheit und der wissenschaftlichen Bedeutung unserer Pflanzen- und Tierwelt", sagt Joseph Randrianasolo, früherer Minister für Tierhaltung, Wasser und Wald. „Jetzt sprechen wir von unseren Menschen *und* über den richtigen Umgang mit unseren Naturschätzen, um uns mit Nahrung und Feuerholz versorgen zu können."

1985 startete ein einmaliges Bündnis aus Staatsregierung, Weltbank und Naturschutzorganisationen, um das Land auf einen Kurs umweltgerechter Entwicklung zu bringen. Der World Wildlife Fund (WWF) fertigte eine umfangreiche Bestandsaufnahme über die Wälder der Insel an. Die Regierung und die Weltbank setzten die Schlußfolgerungen dieses Gutachtens in den *National Environmental Action Plan* (Nationaler Umwelt-Unternehmungsplan) um. Innerhalb eines Zeitraums von 15 Jahren sieht der Plan direkte Aktionen vor, um die Artenmannigfaltigkeit zu erhalten, Kleinbauern mit Grundbesitz zu versehen, die Auswaschung des Bodens in den Griff zu bekommen und eine Agroforstwirtschaft aufzubauen. Auch an eine Umweltausbildung von der Basis aus wurde gedacht – ein wichtiger Schritt, um soziale und ökologische Anliegen miteinander zu verbinden.

Die Wirksamkeit von Madagaskars *Environmental Action Plan* wird von dem Engagement derjenigen abhängen, die ihn ausführen. Wenn Geldgeber, Naturschützer und Regierungsbeamte weiterhin mit den ortsansässigen Menschen zusammenarbeiten, haben sie eine Chance, den selbstzerstörerischen Kurs der Insel umzukehren. Letztendlich wird es bei der Rettung Madagaskars auf die Erkenntnis der Bauern und Herdenbesitzer ankommen, daß ihre Zukunft in der Wiederherstellung der verwüsteten Landschaft der Insel liegt. Fortschritte werden in kleinen Schritten erscheinen, wenn die Bauern ihr Brandroden drosseln und wieder Bäume pflanzen, um den Wald ihrer Insel zurückzuholen.

Die Madagassen haben ein Sprichwort für dauernde Freundschaft: *Rahanoriana no lany ny ala atsinana . . .* Es wird kein Ende haben, wie der östliche Wald.

Madagaskar

Die größte Herausforderung für die Madagassen liegt darin, die natürlichen Ressourcen auszunutzen, um den täglichen Bedarf zu decken, und sie gleichzeitig langfristig zu schützen.

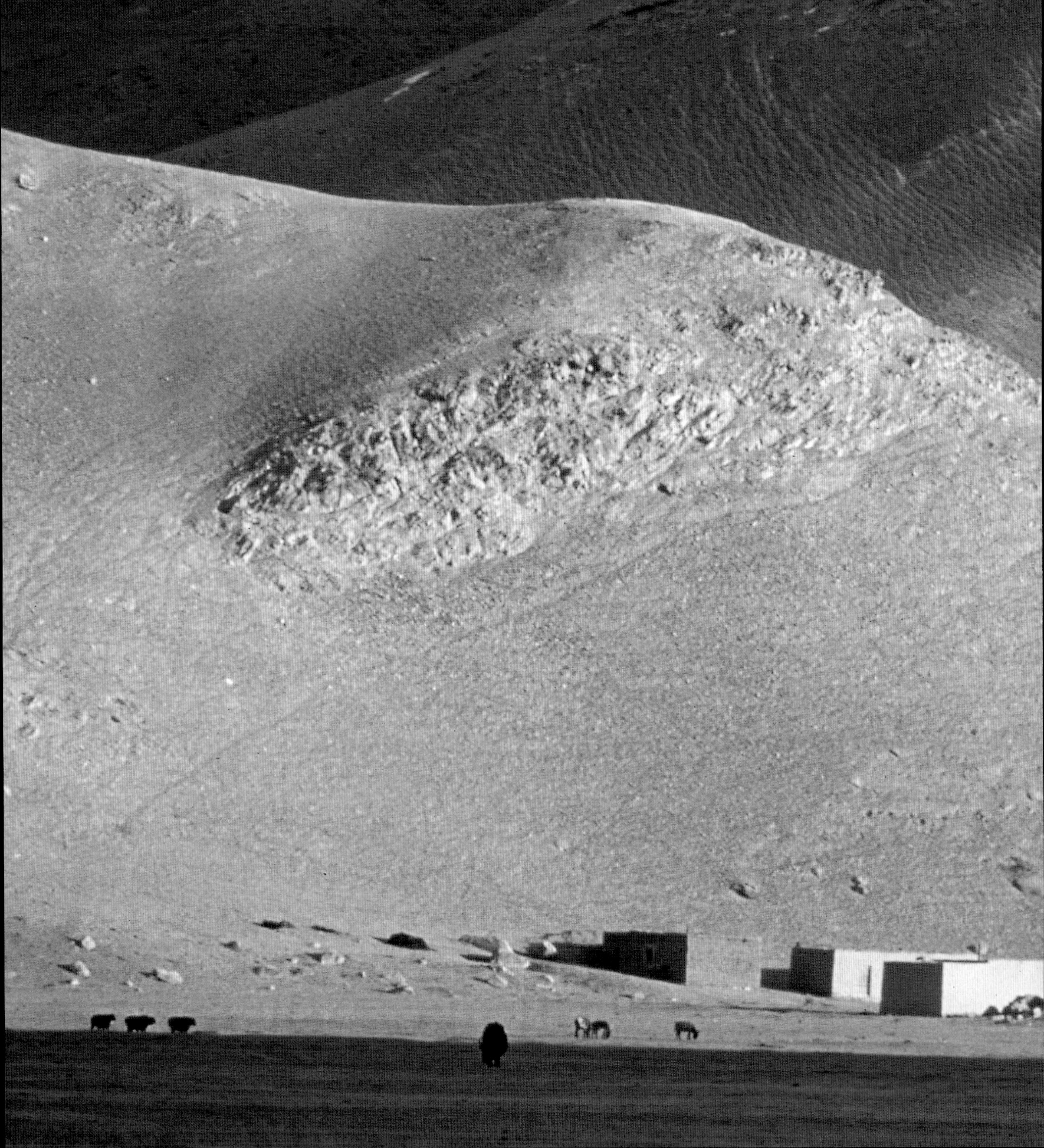

EUROPA UND ASIEN

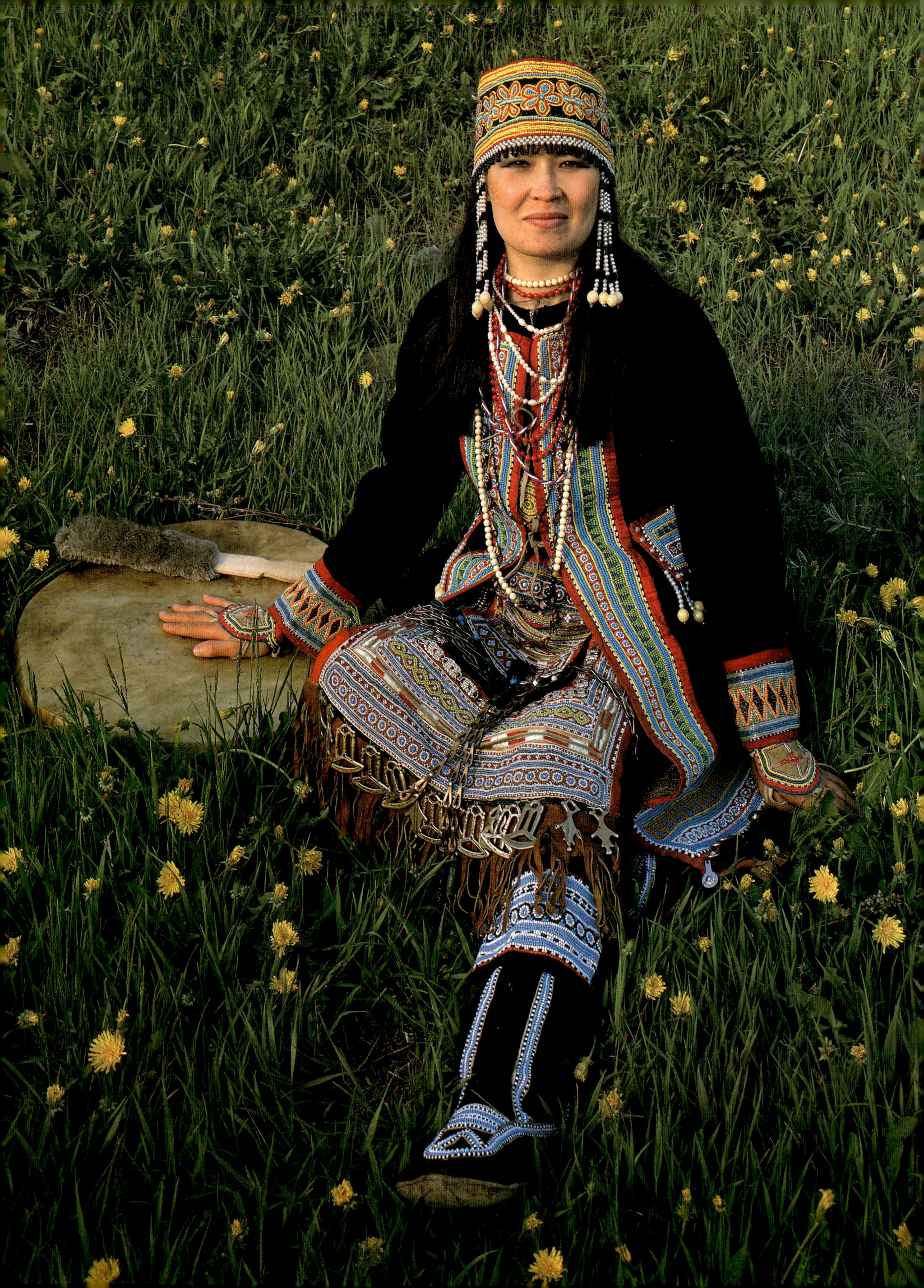

DIE „KLEINEN VÖLKER" RUSSLANDS

DIE ZEIT DER ILLUSIONEN IST VORBEI

Natalia Iwanikowa, Einheimische aus Magadan in Rußland.

Seite 104/105: Tibetisches Dorf im Himalaja. Mehr als die Hälfte der weltweit insgesamt 250 Millionen Eingeborenen leben in Asien.

„Ich kann doch nur ich selbst sein. Aber als ich ein Kind war, ja selbst noch als Teenager, schämte ich mich dafür, eine Sami zu sein", erzählte Jill Aslaksin, eine hübsche junge Frau, die außer Sami noch Englisch, Norwegisch und Russisch sprach. „Ich traute mich nicht, öffentlich Sami zu sprechen oder unsere Tracht anzulegen."

Ich besuchte Jill im Frühjahr 1992 in Norwegen, wo sie mit ihrem Freund Wladimir Afanoskier, einem Sami aus Rußland, lebt. Die Sami, häufig auch Lappen genannt, leben in den nördlichen Gebieten Skandinaviens und Rußlands und stammen von den Kaukasiern ab. Sie haben, wie andere Völker auch, ihre eigenen Lieder, Tänze, Legenden, Bräuche und Lebensgewohnheiten. Früher zogen die meisten Sami mit ihren Rentierherden frei durch die windigen Ebenen des Nordens; heute ist ihr Land zwischen Norwegen, Schweden, Finnland und dem westlichen Rußland aufgeteilt, und die Lebensqualität der verstreuten Sami hängt vor allem davon ab, in welchem Staat sie sich niedergelassen haben.

„In Norwegen mußten wir hart um unsere Anerkennung ringen", meinte Jill. „In den letzten zwanzig Jahren haben wir für unsere Probleme zunehmend Gehör gefunden, und heute kann ich als Sami leben, ohne mich dafür schämen zu müssen. Ich wohne an einem guten Lachsfluß, in dem ich fischen kann, und oft gehe ich in die Wälder und Berge zum Jagen oder Beerenpflücken."

„Wir Sami in Rußland haben nicht soviel Glück", erklärte Wladimir, ein jungenhaft wirkender Mann Anfang Dreißig. „Der Unterschied zwischen eurem und unserem Leben ist wie der zwischen Himmel und Hölle."

Ich bat ihn, das zu erklären.

„Wir haben Mühe, uns selbst das Lebensnotwendige zu beschaffen – Arbeit, Nahrung oder eine Wohnung. Fast alle unsere Schulen wurden geschlossen, und kaum jemand hat noch den Mut, öffentlich Sami zu sprechen. Unsere Frauen kleiden sich noch in der traditionellen Sami-Tracht, aber die Männer können sich den Stoff für Hemden oder Jacken nicht mehr leisten – viele, sehr viele Sami in Rußland haben weder Arbeit noch eigenes Land."

Nach kurzem Nachdenken fuhr er fort: „Wenn wir unser Land zurückbekämen, dann bräuchten wir keine andere Arbeit." Vor dem Ersten Weltkrieg, erzählte Wladimir, säumten viele kleine Sami-Dörfer die Flüsse und Küsten Westrußlands. „Mein Großvater und mein Onkel fuhren zum Fischen aufs Meer hinaus, meine Mutter fing Lachse im Fluß. Im Herbst trieben die Hirten ihre Rentiere auf die Winterweiden und warteten auf das saftige Gras des nächsten Sommers. Aber eines Tages beschlagnahmten die Kommunisten unsere Herden; plötzlich hatten wir alles verloren, wofür wir bisher gelebt hatten. Seitdem haben die Leute ihre Dörfer nach und nach verlassen und sind nach Lujardia gezogen, eine Art Reservat für die Sami. Doch kleine Häuser mit Ackerland, wie wir sie kennen, gibt es da nicht – nur ein großes, fünfstöckiges Gebäude. Einer meiner Vettern ist vor kurzem dort eingezogen. Sechzehn Leute teilen sich zwei Räume – wie soll man da noch menschenwürdig leben? Kaum jemand hat Arbeit, viele fangen an zu trinken und bringen sich, einer nach dem anderen, um."

Ähnlich Bedrückendes hatte ich schon von vielen meiner Gesprächspartner gehört; bei Wladimir spürte ich, daß es ihm persönlich besonders naheging. Nach kurzer Pause fuhr er fort: „Viele von uns, nicht nur ein paar, hat die Verzweiflung in den Selbstmord getrieben. Allein in meiner eigenen Familie ein Onkel und zwei meiner Vettern. Kurz vor seinem Tod war mein Onkel ständig betrunken, weil er mit den Problemen nicht mehr fertig wurde. Wir müssen um alles kämpfen: Eine Wohnung zu finden, satt zu werden, ein Weidegebiet für unsere Rentiere zu bekommen. All das ist unglaublich mühselig. Dabei wollen wir nur unser Land zurück und so leben wie früher; dann könnten wir uns selber versorgen."

Ich wollte wissen, wie sich *perestroika* und der Zerfall der Sowjetunion auf die Lage der Sami ausgewirkt habe.

„Viel hat sich nicht geändert. Es stimmt: Rußland ist jetzt demokratischer oder bemüht sich zumindest darum, aber oft sind es halt noch dieselben alten Funktionäre, die dieselben alten Probleme vor sich her schieben. Und inzwischen sterben die Sami aus: 1913 lebten in meinem Dorf etwa 100 Menschen, heute sind wir noch 48."

Wieder schwieg er eine Weile, bevor er mit leiser Stimme weitersprach: „Wie es mit uns weitergeht? Ich weiß es nicht. Bald drei Viertel der Sami-Männer sind nicht verheiratet. Um Frau und Kinder zu ernähren, braucht man ein Haus, einen Lebensunterhalt; ein bißchen Geld für das Nötigste... Die meisten unserer Männer haben nichts von alldem, und unsere Frauen heiraten Russen." Mit einem leichten Schulterzucken fügte er traurig hinzu: „Und sie haben ja recht; ein Russe kennt vielleicht jemanden in der Verwaltung, der ihm ein Stück Land zum Bauen verschafft. Wir Sami haben überhaupt keine Landrechte mehr. Ich hatte selbst eine Familie, aber nicht mal eine kleine Wohnung konnte ich auftreiben. ‚Nur für Russen', hieß es überall. Was sollte ich tun? Vielleicht mit Frau und Tochter in das möblierte Zimmer meiner Mutter einziehen? Schließlich haben wir uns scheiden lassen; meine Frau ist heute mit einem Russen verheiratet. Meine kleine Tochter besuche ich in den Ferien – den russischen Ferien."

Am anderen Ende des Landes, ganz im fernen Osten Rußlands, leben die Inuit der Halbinsel Tschuktschen. Zwei Generationen lang waren die Inuit Sibiriens und Alaskas weniger durch die stürmische Beringstraße getrennt als vielmehr durch den eisernen Vorhang, der sich nach dem Zweiten Weltkrieg um die Sowjetunion senkte und sich zwischen die Inuit der beiden Welten schob.

Eines Tages begleitete ich einige Bewohner der St.-Lorenz-Inseln auf die Jagd. In der Ferne verschwammen die sanften Hügel Sibiriens am Horizont. Von hier aus hätten wir in nur einer Stunde die russische Küste erreichen können. Nur wenige Kilometer trennten die Freunde und Familien während des kalten Krieges – lebensgefährliche Kilometer, die von sowjetischen Fliegern regelmäßig überwacht wurden. Nur vereinzelt haben mutige Inuit den Sprung gewagt; und manchmal gab es auch zufällige Begegnungen, wenn Eskimos aus Alaska mit ihren Booten weit aufs Meer hinausge-

Die „Kleinen Völker" Rußlands

Tamara Khutkovaz trägt das traditionelle Rentierkleid in einem Hirtencamp auf der Halbinsel Taigonosk im fernen russischen Osten. In der Hand hält sie einen mit Baumwolle gefüllten Bärenschädel, der Geister vertreiben soll.

fahren waren oder im Winter über das Packeis zogen und unerwartet auf eine Gruppe russischer Inuit stießen. Für kurze Zeit war man den Augen des großen Bruders entwischt: Man trank heißen Tee zusammen, tauschte Neuigkeiten und ein paar Geschenke aus, bevor jede Gruppe in ihre getrennten Länder zurückkehrte.

Im Sommer 1992 hatten sich die Beziehungen zwischen Rußland und den USA so weit verbessert, daß Ludmilla Ainana, Sprecherin der Tschuktschen-Inuit, ins kanadische Inuvik reisen konnte, um dort an der Weltkonferenz der Inuit teilzunehmen. Es war eine lange Reise an einen unbekannten Ort, und doch war dieser Ausflug für Ludmilla wie eine Heimkehr.

„Wir Inuit im russischen Norden müssen euren Zusammenhalt, eure Hartnäckigkeit erst noch lernen", sagte die kleine Frau in den Fünfzigern den versammelten Eskimos aus Alaska, Kanada und Grönland. „In harten Zeiten denken wir an eure Gesichter, eure Augen, eure Gedanken und eure Ideen. Heute sind wir alle hier zusammen: Wir teilen eine gemeinsame Vergangenheit, und wir können und müssen auch unsere Zukunft gemeinsam gestalten. Politische Selbstbestimmung und wirklich demokratischer Wandel haben in Rußland gerade erst eingesetzt. Das [alte] System verwehrte den Menschen, ihr Schicksal selbst in die Hand zu nehmen. Dieses System gibt es nicht mehr, aber an seinen Folgen werden wir noch viele

Ketyi Ekaterina, eine Angehörige der Tschuktschen-Inuit aus der Gegend um Magadan in Rußland.

Jahre zu tragen haben – Angst zu überwinden dauert sehr, sehr lange."

Dabei haben die russischen Inuit eine eher kämpferische Vergangenheit. Sie mußten sich gegen die klirrenden Winterfröste mit Temperaturen bis – 60 °C ebenso behaupten wie gegen die zaristischen Versuche der kolonialen Unterdrükkung. Weder Klima noch Krieg konnte sie bezwingen, aber nach der Oktoberrevolution wurden sie durch die Welle der sibirischen Siedler schlicht überrollt. In den Schulen wurde Russisch gelehrt, traditionelles Jagen und Fischen ersetzte man durch staatliche Agrarbetriebe, und die Regierung förderte Ren- und Pelztierzucht sowie den Abbau von Gold, Wolfram, Zinn und Kohle.

Später, unter Stalins Regime, wurden ungezählte Zwangsarbeiter in die berüchtigten Gulags verschleppt, in die kalten und abgelegenen Lager von Tschuktschen. Die einheimischen Sibirier wurden dabei kaum besser als die Gefangenen behandelt; noch 1958, in der nachstalinistischen Ära, räumte man das Eskimo-Dorf Naukan, um Platz für ein Lager zu schaffen. Die Bewohner wurden umgesiedelt und verloren alles, was sie hatten – ihre Häuser, ihr Land, ihren Lebensunterhalt und die Freunde in den umliegenden Gemeinden.

In ihrer Rede vor dem Plenum der Inuit erläuterte Ludmilla die Probleme ihres Volkes mit der neuen Freiheit: „Eine der schlimmsten Nachwirkungen der kommunistischen Ära war der jahrzehntelange Drill, uns den Behörden zu fügen, andere für uns entscheiden zu lassen und auf das Beste zu hoffen. Jetzt müssen wir lernen, im harten Wettbewerb des Kapitalismus zu überleben." Die Verzweiflung, so erklärte sie, entlade sich immer häufiger in Gewalt und Flucht in den Alkohol. „Die Mord- und Selbstmordraten der Ureinwohner im Norden Rußlands sind drei- bis viermal so hoch wie im Rest des Landes. Unsere Verarmung wächst, und unsere Hoffnung schrumpft."

Gleichzeitig stellte Ludmilla ihren Lösungsvorschlag aus der Krise vor: „Die Regierung muß uns Land übereignen. Es muß zum Kern der neuen Politik werden, viele kleine Nationen entstehen zu lassen, die in ihren ethnischen Traditionen weiterleben."

Daß der Wunsch nach nationaler Eigenständigkeit ganz eigene Probleme birgt, offenbart sich gegenwärtig in den verschiedensten Regionen der Welt: In Südafrika führte er zur unmenschlichen Politik der Apartheid, und in Bosnien-Herzegowina spielt sich das Drama „ethnischer Säuberungen" ab. Ähnliches könnte den kleinen Völkern Rußlands drohen, wenn ihr Streben nach Unabhängigkeit ethnischen Haß wieder aufflammen läßt. Aber bisher verläuft ihre kulturelle Auferstehung friedlich, wenngleich hart erkämpft. Nach der Lockerung staatlicher Restriktionen kommen die Menschen zusammen, diskutieren miteinander und versuchen, ihre Forderungen nach Menschenrechten und Landzuteilung gemeinsam zu organisieren – die alten Tugenden des Überlebenswillens erwachen, die ihre Kulturen Tausende von Jahren geprägt hatten. Ihr Handeln wird wieder von den Instinkten bestimmt, die achtzig Jahre lang brachgelegen haben.

„Die Zeit der Illusionen ist vorbei", sagte Tschuner Taksami im März 1990. Damals trafen in Moskau Taksami und weitere Führer von 26 eingeborenen Völkern der russischen Arktis zum ersten Mal zusammen. „Unser Leben im harten arktischen Klima verbindet uns. Zwar sind unsere Völker ziemlich klein, aber jedes hat seine Besonderheiten. Stirbt eines aus, dann verschwindet eine einzigartige Kultur für immer. Die kleinen Völker des Nordens stehen am Scheideweg, der sie zum Überleben oder zum unwiderruflichen Untergang führen kann."

Ein Sprecher nach dem anderen forderte Änderungen der Verfassung, die seinem Volk eine sichere Nische in der entstehenden Gemeinschaft Unabhängiger Staaten garantierte. Aus dem Tauziehen zwischen Konservativen und Reformern, zwischen Verfechtern der plan- und der marktorientierten Wirtschaft wollen sie sich heraushalten; sie wollen einfach sie selbst bleiben. Vor allem pochen sie auf ihr angestammtes Recht – das Land ihrer Väter. Nichts liegt ihnen mehr am Herzen und nichts ist wichtiger für ihre Zukunft.

Fremden erscheint das riesige Gebiet der Tundra und der eintönigen Taiga-Nadelwälder unwirtlich und leer. Aber für die Nenzen, Korjaken, Ewenken, Jakuten und all die anderen russischen Völker, die dort zu Hause sind, bedeutet dieses Land nichts weniger als Leben. Die Flüsse sind reich an Lachsen, Weißfischen, Äschen und Forellen, und in den vielen Seen gedeihen Hechte; in den Küstengewässern tummeln sich Wale, Robben, Walrosse, Eisbären, Fischottern und viele Arten Wassergeflügel. Landeinwärts erinnert Tschuktschen an den Nordwesten Alaskas – endlose Tundra, mit ihren Moos- und Flechtenteppichen, Zwergstrauchheiden und Graslandschaften, die nach Süden hin zahllose Elche, Rentiere, Wölfe, Bären, Füchse und kleine Pelztiere durchstreifen.

Der Norden Rußlands birgt auch die größten Rohstoffreserven des Landes: Öl und Gas, dazu gesteinsbildende Mineralien und das Holz der Taiga. Devisenmangel und die galoppierende Inflation des Rubel zwingen Rußland, den Abbau dieser Ressourcen voranzutreiben.

Taksami zieht eine traurige Bilanz: „Wir sind zu Geiseln der Wirtschaftsministerien geworden! Zusammen mit den örtlichen Behörden bauen sie ständig neue Fabriken, Eisenbahnlinien, Atom- und Wasserkraftwerke. Sie planen die Öl- und Gasförderung aus immer neuen Lagerstätten und die Abholzung riesiger Waldflächen. Die ökologische Stabilität dieser Gebiete ist stark gefährdet, und unsere Jagd- und Weidegründe werden immer kleiner und unergiebiger. Darunter leiden alle kleinen Völker – ohne Ausnahme."

Jens Dahl, einer der Leiter der Internationalen Arbeitsgruppe Eingeborene Völker in Kopenhagen (Iwgia), hat festgestellt, daß „die staatlichen Industrieunternehmen keine Rücksicht auf die empfindliche Ökologie der Arktis und Subarktis nehmen. Wird die industrielle Erschließung unverändert fortgesetzt, dann werden die meisten dieser einheimischen Kulturen verschwinden".

Stellvertretend für viele sei das Volk der Udega im fernen Südosten Sibiriens genannt. Seit mehr als 700 Jahren teilen sie sich die Sichote-Alin-Berge mit den Sibirischen Tigern, die sie mit Respekt, sogar einer Art Verehrung betrachten. Eines ihrer Sprichworte lautet: „Die Tiger und die Udega sind von einer Art", und es käme ihnen nie in den Sinn, die großen Katzen zu verletzen oder gar zu töten. Allerdings gibt es nur noch etwa 80 Tiger und knapp 2000 Udega in den Bergen – sie alle sind vom Aussterben bedroht, weil der koreanische Industriegigant Hyundai ihren Lebensraum abholzen will.

Als bekannt wurde, daß die ersten Holzfällertrupps angerückt waren, mieteten sechs Udega-Jäger von ihrem Ersparten einen Hubschrauber, um schnell in ihre Jagdgründe zu fliegen und die Bäume mit ihren Gewehren zu verteidigen. Einer sagte: „Dieses Abholzen bedroht unsere Lebensgrundlage und unser Volk." Postwendend schickte die Regierung ein Dutzend Soldaten aus Wladiwostok, um „die Grenze zu schützen". Die Bäume wurden gefällt.

Weiter westlich, im Herzen Sibiriens, hat die Öl- und Gasförderung aus einer der weltgrößten Lagerstätten bereits viele einheimische Chanten vertrieben. Zunächst nahm man ihr Land in Besitz, dann kamen die Ölarbeiter von außerhalb – plötzlich standen die Chanten land- und arbeitslos vor dem Nichts.

„Wir sollten auf der roten Liste der gefährdeten Arten stehen", sagte ein Sprecher der Chanten auf der Moskauer Konferenz. Denn für viele Völker geht es nicht nur um den Fortbestand ihrer Kultur, sondern bereits um das blanke Überleben. „Das Leben ist einfach zu hart, als daß wir Zeit hätten, uns mit einer abstrakten Kulturpflege zu befassen", meinte Zao Tschinaja aus Kamtschatka. „Die Frage heißt: ‚Was essen wir morgen?'"

Unter den Ureinwohnern Rußlands leiden mehr als doppelt so viele wie im Landesdurchschnitt an Tuberkulose-Erkrankungen. In den letzten 20 Jahren ist ihre Lebenserwartung von 61 Jahre auf 47 Jahre gefallen – mehr als zehn Jahre weniger als im Rest des Landes. Dort, wo die Einheimischen starben, wurde ihr Land von den großen Volksgruppen übernommen; heute sind die kleinen Völker gefährdete Minderheiten. 1990 stellten die Dolganen, Tschuktschenen, Neneten und Chanten nicht einmal mehr ein Zehntel der Wohnbevölkerung des Landes, das sie seit Urzeiten als ihre Heimat ansehen.

Dabei war die Eigenständigkeit der Nationalitäten bis in die 50er Jahre einigermaßen gewahrt geblieben. Viele der kleinen Völker waren in Partei und Parlament vertreten und wurden mit Respekt behandelt. Sie konnten die Bildungseinrichtungen des Staates nutzen und genossen Vorzugsrechte beim Jagen und Fischen. Doch seit den 60er Jahren betrieb die Sowjetregierung unter dem Leitgedanken der *druschba narodov,* der Völkerfreundschaft, eine aggressivere Politik der nationalen Verschmelzung. Örtliches Brauchtum und Schamanenglaube wurden von heute auf morgen verboten, Heiligtümer der eingeborenen Völker wurden beschlagnahmt. Ihre Kinder schickte man auf staatliche Internate, auch gegen den Wunsch der Eltern. Dörfer, die in Jahrhunderten gewachsen waren, wurden rücksichtslos geräumt und niedergewalzt. Ihre Bewohner siedelte man kurzerhand in Sowchosen und Kolchosen an, während umgekehrt die Fünfjahrespläne der Regierung Tausende russischer Siedler in die zuvor geräumten Gebiete beorderten. Wie Schachfiguren schob man die Menschen hin und her, und die besten wild- und fischreichen Gebiete der Einheimischen erhielten privilegierte Profitjäger, die in den Norden strömten.

„Die Regierung begründete das mit unserer Rückständigkeit", erklärte Taksami. „Die Siedler kümmerten sich nicht um unsere Lebensweise und Traditionen; alles, was irgendwie ethnisch aussah, mußte vernichtet werden. Sie plünderten die Natur, als ob es kein Morgen gäbe: Lachsflüsse wurden überfischt und Wildtiere willkürlich erlegt – Geld war das einzige, was sie interessierte. Die meisten Siedler versuchten nicht einmal, die Einheimischen zu verstehen. Langsam fangen wir an, uns selber für minderwertig zu halten."

Heute kann nur noch die Hälfte der Chanten und Naneten ihre eigene Sprache sprechen. Wenn nichts unternommen wird, dann werden diese Sprachen vielleicht schon mit der nächsten Generation aussterben. „Meine Kinder sprechen nur Russisch", sagt ein Stammesführer, der außer der Landessprache noch Chantisch und Nanetisch fließend beherrscht. „Es gibt ja auch keinen praktischen Grund, unsere eigene Sprache zu lernen, zumal wir keine Lehrbücher besitzen. Unsere Kultur stirbt."

Die sprachliche Assimilierung des Vielvölkerstaates Sowjetunion, die auf den ersten Blick sinnvoll erscheinen mag, hat ihr Ziel unter Zwang und auf Kosten der Nationalsprachen fast erreicht. Eine ganze Generation ist großgeworden, ohne zu wissen, wer sie eigentlich ist und woher sie kommt. „Natürlich wissen wir, daß die Internatsschulen die Kinder von ihren Familien und Traditionen entfremden", sagte Taksami. „Das schafft egoistische Verhaltensweisen und eine Konsum-Mentalität, die es den jungen Leuten unmöglich macht, so zu leben wie ihre Vorfahren ... Wir stehen an einem Wendepunkt unserer Geschichte."

Boris und Vargarita Tineru, Tschuktschen-Inuit aus der Gegend um Magadan.

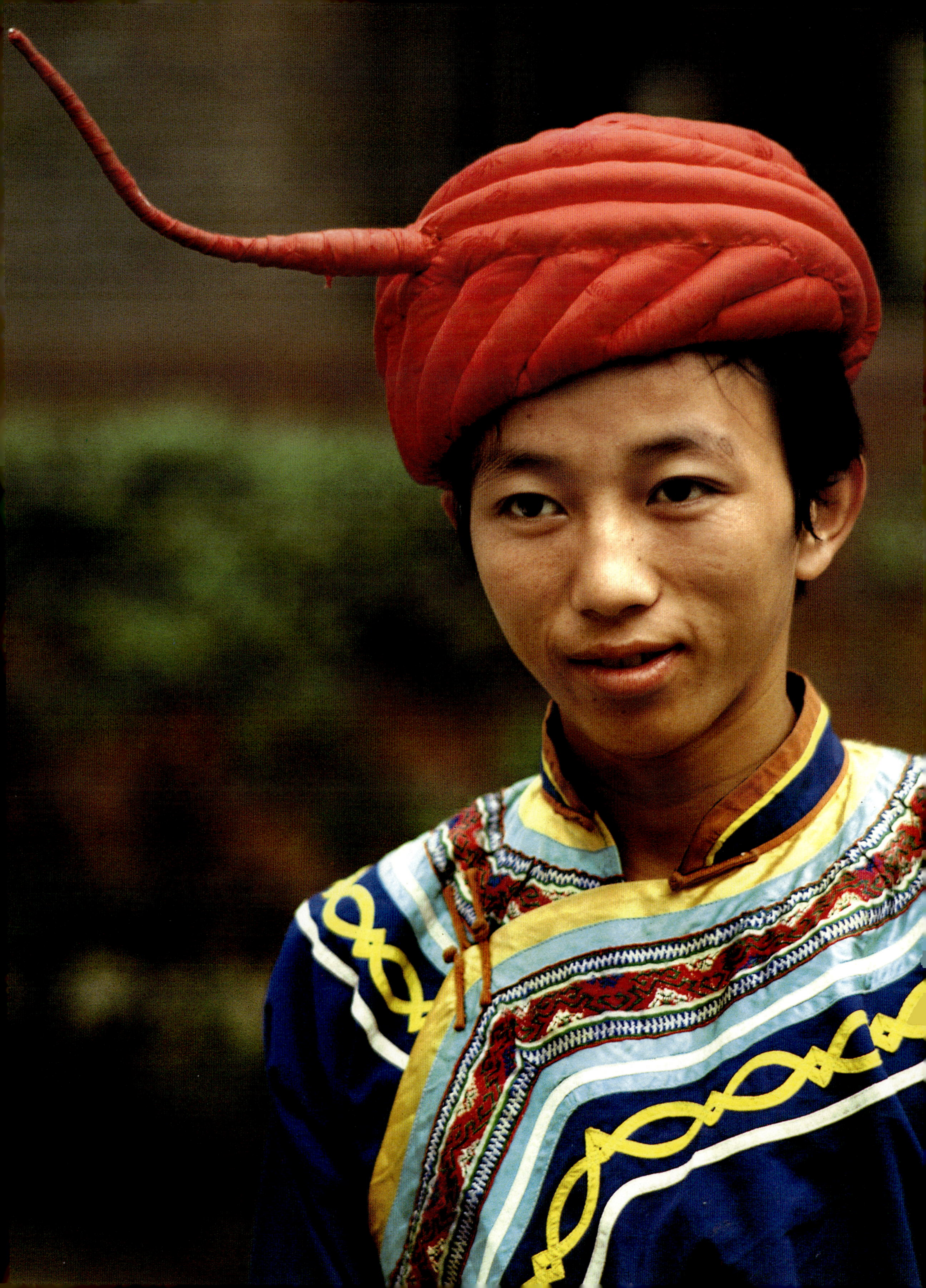

TIBET UND CHINA

EINE KULTUR IM EXIL

Ureinwohner in China. Etwa 7 Prozent der Gesamtbevölkerung Chinas (70 Millionen Menschen) sind Angehörige unterschiedlicher ethnischer Minderheiten.

„Wir wollten nur, daß man uns in Ruhe läßt", erklärte der Dalai-Lama, geistiger und politischer Führer der Tibeter. „Tausend Jahre lang hatten wir mit dieser Einstellung auch friedlich gelebt, dann überholte uns das zwanzigste Jahrhundert."

Tibet ist ein Land, das die Phantasie beflügelt: Gebetsfahnen flattern in der kühlen, dünnen Gebirgsluft; Mönche singen in den Klöstern; die trutzigen Felswälle des Potala, Palastburg des Dalai-Lama, erheben sich über Lhasa; himmelhohe Berge umschließen das Land von allen Seiten. Jahrhundertelang isolierten die Bergketten des Himalaja das Volk der Tibeter, die zufrieden in ihrer eigenen, abgeschlossenen Welt arbeiteten und beteten.

„Wir verstärkten unsere natürliche Abgeschiedenheit noch dadurch, daß wir so wenig Ausländer wie möglich in unser Land ließen", erläuterte der Dalai-Lama. „Wir hatten ... nur den Wunsch, in Frieden zu leben und unsere Kultur und Religion zu pflegen ... Für viele Tibeter war das materielle Dasein hart, aber sie hatten der Sklaverei des Besitzstrebens entsagt. Wir waren glücklich. Wir lieben das einfache Leben und brauchen nur unsere Selbstbestimmung. Bei uns in den Bergen fanden die Menschen einen Seelenfrieden, wie sie ihn heute in kaum einer Stadt dieser Welt finden."

1950 war diese Idylle schlagartig vorbei, als chinesische Truppen in Tibet einmarschierten und damit begannen, nach und nach die tibetische Kultur gründlich und umfassend zu zerschlagen. Die Invasion und die folgenden Jahrzehnte der Besatzung mit schweren Hungersnöten töteten 1 200 000 Tibeter. Sie lesen richtig: eine Million und zweihunderttausend Tote! Dieser Verlust übersteigt wohl das Begriffsvermögen der meisten von uns. Im Vietnamkrieg verloren die USA rund 50 000 junge Soldaten, und das Land versank in einem nationalen Trauma. Die Tibeter verloren mehr als zwanzigmal so viele Menschen, darunter viele Frauen und Kinder – bei einer Bevölkerung von gerade einmal sechs Millionen. Fast jeder fünfte Tibeter hat seine Begegnung mit China mit dem Leben bezahlt.

Europa und Asien

*Junge Tibeterin beim Sieben von Weizen.
Der Dalai-Lama sagte einmal: „Alle sechs Millionen Tibeter sollten auf der Liste der bedrohten Völker stehen.
Für sie zu kämpfen ist mein größtes Anliegen."*

Zahllose Tibeter schmachten in chinesischen Gefängnissen. Wie viele es genau sind, weiß niemand – die Besatzer lassen keine Menschenrechtsorganisationen wie Amnesty International ins Land. Einem Häftling gelang es, einen Brief hinauszuschmuggeln, der schließlich eine amerikanische Aktivistengruppe zum Schutz eingeborener Völker erreichte. „Hier sitzen auch Diebe und Mörder, aber die politischen Gefangenen werden am schlimmsten behandelt", schrieb der Mann, ohne zu wissen, ob seine Worte jemals gelesen würden. „Sie wollen die politischen Häftlinge nicht direkt töten, um den öffentlichen Skandal zu vermeiden. Aber sie behandeln uns erbärmlich. Besucher sind nur alle drei oder vier Monate erlaubt – für gerade mal zwei Minuten. Und natürlich wird gefoltert.

Man gibt uns nur soviel zu essen, daß wir nicht verhungern. Wir brechen Steine in den Bergen, stampfen Papier oder verpacken Zement. Miteinander sprechen dürfen wir nicht. Und man erteilt uns politischen Unterricht, wie gut die Kommunistische Partei Chinas doch sei. Damit wollen sie unsere alten Ideen auslöschen und uns zu neuen Menschen machen. Einmal im Monat führt man alle Gefangenen zusammen, um der Erschießung eines Mithäftlings beizuwohnen. Die Gewehre werden geladen, der Verurteilte wird hereingeführt, und man warnt uns: ‚Tut, was wir euch sagen, und achtet die Kommunistische Partei. Der hier hat sich geweigert; sein Leben ist verwirkt.'"

In der Nacht des 17. März 1959 begann die Flucht des Dalai-Lama. Als einfacher Arbeiter verkleidet, schlich er sich mit einer Gruppe getreuer Helfer aus der Hauptstadt und überschritt nach einem zweiwöchigen Fußmarsch durch den Himalaja die indische Grenze. Hier gewährte man ihm politisches Asyl und erlaubte ihm, eine Exilregierung zu bilden.

Etwa 120 000 vertriebene Tibeter leben heute im Ausland, bis auf 5000 alle in Indien und den benachbarten Königreichen Nepal und Bhutan. In Indien bilden sie regelrechte tibetische Exklaven, und ihre Dörfer sehen aus wie daheim: mit einem buddhistischen Tempel, mit Werkstätten, in denen das traditionelle Handwerk fortlebt, und mit Garküchen, in denen man tibetisches Essen kocht. Aber noch wichtiger ist den Flüchtlingen etwas anderes: Wenn es irgend möglich ist, bauen sie eine Schule, in der ihre Kinder die buddhistische Philosophie und die tibetische Sprache lernen – seit Jahrhunderten das Fundament, auf dem ihre Kulturgeschichte aufbaute.

So blüht die ausgelagerte Kultur in der Fremde freier auf als in der besetzten Heimat. In ihren Werten und Traditionen finden die Exil-Tibeter Zuflucht und Zusammenhalt. „Wir sind Vertriebene, aber nicht als Individuen, sondern als Nation", sagt Tsering Wangjal, der in Delhi den *Tibetan Review* herausgibt. „Durch unsere Flucht aus Tibet wollten wir nicht unser Leben retten, sondern zuallererst die Lebensweise der Tibeter bewahren. Das Geheimnis unseres kulturellen Überlebens ist, daß ebendiese Kultur unseren Alltag bestimmt – die Art, wie wir denken, sprechen und handeln. Sie gehört zu allem, was uns Freude macht oder Trauer bewirkt. Sie ist, kurz gesagt, die Seele des Tibeters. Und solange wir mit unserem Wesen glücklich und zufrieden sind, bleibt auch unsere Kultur lebendig."

Chinas Überfall auf Tibet zeigt viele Parallelen mit dem irakischen Einmarsch in Kuwait. Beide Angriffe erfolgten ohne vorherige Herausforderung, und beide zielten vor allem auf die Rohstoffe des kleineren Nachbarn. Kuwait besaß Erdöl, und Tibet war reich an Holz, Uran und Mineralien. Drei UN-Beschlüsse, die China aufforderten, das Morden in Tibet zu beenden und die Selbstbestimmung der Tibeter zu respektieren, verliefen ohne Ergebnis im Sande. Und hier endet die Gemeinsamkeit: Während die USA das kuwaitische Problem militärisch lösten, gewährten sie auf der anderen Seite China zu Zeiten des Einmarsches in Tibet sogar einen Sonderstatus im Außenhandel – für gute Geschäfte zum Aufbau der Wirtschaft. Kein Staat der Welt kam Tibet zu Hilfe.

Junge Einheimische in China.

Europa und Asien

Flüchtling aus Tibet. Seit der chinesischen Besetzung 1950 mußten etwa 20 Prozent aller Tibeter ihr Leben lassen, und Hunderttausende wurden ins Exil getrieben.

Bald begannen die Chinesen, die tibetische Kultur planvoll zu demontieren. Dazu bedienten sie sich der unterschiedlichsten Mittel. Mit der Ansiedlung chinesischer Familien in Tibet beispielsweise sollten die Tibeter zur Minderheit im eigenen Land gemacht werden. Hunderttausende Chinesen sind seit dem Einmarsch ins Land geströmt. Diese massenhafte Zuwanderung, insbesondere in die fruchtbareren Regionen, hat die tibetischen Hirtennomaden und ihr Wanderleben erheblich behindert, indem die Zugänge zu den Weidegebieten versperrt wurden. Das jährliche Pro-Kopf-Einkommen dieser Hirten (130 DM) und ihre Lebenserwartung (40 Jahre) gehören zu den niedrigsten der Welt.

Die Tibeter, die in ihrem Land überlebt haben, müssen sich täglich aufs neue der Schikanen erwehren, mit denen die chinesischen Besatzer ihre ureigene Lebensweise auslöschen wollen. Klöster wurden systematisch zerstört. In den Schulen lernen die Kinder Chinesisch – und nur Chinesisch – sowie die chinesische Version ihrer Geschichte. Arbeitsplätze werden vorrangig an Chinesen verteilt. Manche tibetische Frauen mußten chinesische Männer heiraten, andere wurden sterilisiert. Tausende junger Tibeter wurden nach China geschickt, und alle tibetischen Tänze, Lieder und religiösen Zeremonien wurden verboten.

Als seien diese massiven Maßnahmen nicht genug, ersannen die Chinesen den *tamzing*, eine Art ideologisches Spießrutenlaufen, um die Einheimischen weiter zu demütigen. Ein Tibeter, der an mehreren *tamzing* teilgenommen hat, beschreibt sie als „teuflisch ausgeheckte Versammlungen zur Selbstkritik, auf denen Kinder ihre Eltern nie begangener Verbrechen anklagen, Bauern ihre Grundbesitzer verprügeln und Schüler ihre Lehrer beschimpfen mußten; auf denen ehrwürdige Lamas zum öffentlichen Sex mit Huren genötigt wurden und die Würde der Menschen von ihren eigenen Kindern, Nachbarn und Freunden in den Schmutz gezogen wurde".

Inmitten dieses systematischen Kulturgemetzels ruht die Hoffnung vieler Vertriebener auf dem Dalai-Lama, der mit sanfter, aber unerschütterlicher Entschlossenheit versucht, seinen Anhängern den Glauben an sich selbst und ihren Traum zu erhalten, eines Tages nach Tibet zurückzukehren. Ann Forbes beschreibt in *Settlements of Hope*, wie mehrere tausend Flüchtlinge sich in Nepal auf einer verschneiten Hochebene des Himalaja versammelten, um einem Fremden zu lauschen, der ihnen eine Botschaft des Dalai-Lama brachte. „Wir sind heute Gäste im Land eines anderen Volkes", las der Bote. „Verliert nicht euren Glauben und euren Mut. Es gibt Hoffnung für uns. Wo immer ihr seid, pflegt eure Freundschaft zu den Menschen des Landes. Die Verständigung ist vielleicht nicht immer einfach, aber versucht euer Bestes. Seid freundlich zu euren Nachbarn, und, vor allem, haltet stets zur Gemeinschaft der Tibeter."

1939, im zarten Alter von vier Jahren, wurde der Dalai-Lama als Wiedererstehung des barmherzigen Buddha erkannt – Mönche des Klosters Lhasa salbten ihn als Kind zum 14. Dalai-Lama, dem geistigen und weltlichen Oberhaupt der sechs Millionen Tibeter. In den Jahrzehnten des Widerstandes ist er zur Integrationsfigur der tibetischen Einheit und Kultur gewachsen. Mehr noch: Der

Alter Mann mit Eselskarren in China.

Dalai-Lama steht für den Kampf aller Menschen, die überall auf der Welt versuchen, ihr Menschsein zu erneuern und zu behaupten.

„Meine Religion ist ganz einfach. Meine Religion heißt Güte", hat der Dalai-Lama einmal gesagt. „Es ist unser ureigenes Interesse, eine liebende, gerechte und tolerante Welt zu schaffen, denn ohne das Gefühl einer ethisch begründeten allgemeinen Verantwortlichkeit für diese Welt stehen unsere Existenz und unser Überleben vor einem gefährlichen Abgrund. Gewaltige Konflikte erschüttern zur Zeit unseren Planeten . . . [Die] Lösung ist nicht technisch oder politisch, sondern geistig: ein einfühlsames Verstehen unserer gemeinsamen Lage."

„Frieden und Fortbestand des Lebens auf der Erde, wie wir sie heute kennen, sind durch menschliches Handeln bedroht, das sich von seinen eigentlichen humanistischen Grundwerten entfernt hat. Die Zerstörung der Natur und ihrer Schätze entsteht aus Unwissenheit, Gier und mangelndem Respekt für die Lebewesen dieser Erde. Auch Menschen leiden unter der fehlenden Achtung ihres Lebens, besonders die kommenden Generationen, denen wir einen geplünderten Planeten vererben werden, wenn wir den Weltfrieden nicht endlich wahrmachen und wenn die Vernichtung unserer natürlichen Umwelt nicht endlich aufhört."

Seit der chinesischen Invasion wurden mehr als 40 Prozent der Wälder Tibets abgeholzt – gewaltige Erdrutsche und eine extreme Verschlammung des Jangtse und des Indus waren die Folge. Die neuen Herren Tibets verseuchten weite Teile des Hochlandes mit atomarem und anderem Giftmüll, der bei den Hirtennomaden, ihren Herden und den Wildtieren bereits genetische Mißbildungen verursacht. Die einst reichhaltige und vielfältige

Tierwelt Tibets schrumpfte rasch – bereits 1990 standen 30 Arten auf der roten Liste der bedrohten Tiere, darunter der Schneeleopard, der Bambusbär („Großer Panda") und der Schwarzhalskranich. Zahlreiche Berichte bestätigen, daß chinesische Soldaten ganze Herden Wildjaks und Wildesel mit automatischen Waffen niedergemäht haben.

„Wir haben unsere wilden Tiere immer als Symbol der Freiheit betrachtet", erklärt der Dalai-Lama. „Nichts hält sie; frei streifen sie durch das Land. Ohne sie bleibt selbst die schönste Landschaft leer, und nur mit ihnen gewinnt das Land seine ganze Schönheit zurück. Die Natur und ihre ungezähmten Tiere ergänzen sich gegenseitig. Menschen, die in dieser Natur leben, ohne sie zu schädigen, halten ihr Gleichgewicht aufrecht. In Tibet ist diese Harmonie noch nicht gänzlich verschwunden, und weil wir sie in der Vergangenheit hatten, dürfen wir auf die Zukunft hoffen. Wenn wir es nur versuchen, dann können wir all dies zurückgewinnen."

Im Angesicht einer unüberwindlich scheinenden Bedrängnis die Hoffnung und die Entschlossenheit zu wahren, erfordert einen starken Glauben. Der Dalai-Lama sagt: „Ich habe in meinem Leben unvorstellbares Leid und zahllose Morde von Menschen an Menschen gesehen. Es wäre allzu leicht, an menschlichen Werten und der Wahrheit zu verzweifeln, aber es ist vor allem wichtig, Optimismus und Vertrauen zu bewahren. Wenn wir an unsere Erfahrungen der letzten 40 Jahre denken, dann erinnern wir uns, wie seit der chinesischen Invasion einige von Tibets engsten Freunden unser Land aufgegeben hatten. Es gab keine Hoffnung. Heute wissen wir, daß Tibet nicht gestorben ist. Aus Asche und Ruinen ersteht es langsam wieder auf."

In der Zukunftsvision des Dalai-Lama „muß Tibet nicht länger ein besetztes Land bleiben, gewaltsam unterdrückt, unproduktiv und vernarbt vom langen Leiden. Es kann eine Freistatt werden, in der Mensch und Natur harmonisch zusammenleben, ein schöpferisches Modell für die Auflösung von Spannungen in Krisengebieten überall auf der Welt."

1989 wurde der Dalai-Lama mit dem Friedensnobelpreis ausgezeichnet, um ihn als politischen und geistigen Führer der Tibeter und seine Philosophie des Friedens zu würdigen, die aufbaue auf der „Achtung alles Lebendigen und dem Konzept einer allumfassenden Verantwortung für den Menschen und die Natur". Als Symbolfigur für den Überlebenskampf aller bedrohten Völker bedankte sich der Dalai-Lama für die erwiesene Ehre und hielt eine optimistische Rede: „Wir müssen den Wandel durch Dialog und Vertrauen suchen. Ich bete mit ganzem Herzen dafür, daß wir das Leiden meines Volkes auf diese Weise beenden können und daß Tibet, das Dach der Welt, wieder zu einer Zuflucht des Friedens und einer Quelle der geistigen Inspiration im Herzen Asiens aufblühen wird."

Im Frühjahr 1993 traf ich im winzigen Büro der Tibetischen Bürgerrechtsbewegung in Seattle im US-Staat Washington eine junge Aktivistin der Exil-Tibeter, Kusang King. Sie erzählte mir, daß ihr Großvater 1959 mit dem Dalai-Lama geflohen sei. Im selben Jahr habe ihre Mutter sich gerade in Indien aufgehalten, als das Wüten der Chinesen in ihrer Heimat dramatisch zunahm und eine Rückkehr ausgeschlossen war. So brachte sie die kleine Kusang im Exil zur Welt.

„Ich bin ein echtes Flüchtlingskind", meinte Kusang. Westlich gekleidet und mit kurzgeschnittenen Haaren sah sie wie eine Amerikanerin aus. Im breiten Dialekt der Westküste fügte sie hinzu: „Ich wurde im Exil geboren. Mein Land habe ich nie gesehen."

„Und Sie widmen Ihr Leben der Befreiung Tibets?"

„Ja. Meine Landsleute daheim können nicht für sich selbst sprechen. Wenn sie es versuchen, dann verhaftet oder tötet man sie. Dagegen geht es uns hier verdammt gut – wir sind sicher und haben genug zu essen."

„Und wie viele Tibeter leben heute in den USA?"

„Nur etwa 500. Dieses Jahr lassen die USA weitere 1000 ins Land; wir sind hier die Minderheit unter allen Minderheiten. Aber wir setzen uns nach Kräften für Tibet ein. Wir pflegen unsere Kultur, lehren unsere Kinder die Sprache und alles über unser Land und unsere Geschichte. Mit uns Flüchtlingen leben die tibetischen Traditionen weiter, egal, wo wir sind."

Tibet und China

Während der Sommermonate lassen die Tadjik ihre Ziegen und Schafe auf den hochgelegenen Weiden des Himalaja grasen. Im Herbst packen sie ihr gesamtes Hab und Gut auf ein einziges Kamel und ziehen hinab in wärmere Gegenden.

Ein Thema bereitete Kusang King besondere Sorgen: Berichte aus Tibet deuteten darauf hin, daß dort Frauen zwangsweise sterilisiert wurden. Diese Gerüchte sind schwer nachzuweisen, weil das Rote Kreuz, Amnesty International und andere Menschenrechtsbeobachter nicht ins Land gelassen werden. Sicher ist aber, daß Kusangs Tante zur Entbindung ihres Kindes in eine Klinik gefahren war und danach nicht mehr empfangen konnte. „Es ist schwer zu beweisen, was da passiert ist", meinte Kusang. „Aber wir wissen, daß mobile Krankenstationen von Dorf zu Dorf fahren und die jungen Frauen auffordern, sich sterilisieren zu lassen. Manchmal geben sie ihnen auch etwas Geld dafür.

Im Westen ist unser Schicksal schon fast in Vergessenheit geraten, aber immer noch sterben in Tibet Menschen. Man erschießt sie auf der Straße, wenn sie demonstrieren. Wer eine tibetische Flagge entrollt, geht für den Rest seines Lebens ins Gefängnis."

„Wie lange, glauben Sie, kann Ihre Kultur überleben, wenn die Chinesen in Tibet an der Macht bleiben?"

„Ich weiß nicht – hoffentlich so lange, wie es irgendwo Tibeter gibt. Aber was heißt das schon?! Eine Kultur ist doch nicht nur für einzelne da, sondern für ein Volk, eine Gemeinschaft..."

Sie hielt kurz inne und fuhr nachdenklich fort: „Wir kämpfen um Tibet, aber nicht nur für die Tibeter. Unsere Kultur hat der Welt so viel zu geben. Eine Menge Leute im Westen hat sich schon dem tibetischen Buddhismus zugewandt. Andere finden ihre ganz persönliche Deutung unserer Philosophie, unserer Lebensart... unseres Verständnisses eines harmonischen Zusammenlebens. Wir können anderen helfen, nach innerem Frieden statt äußerem Wohlstand zu streben."

Im heutigen China sind die Tibeter nur eine von 55 Minderheiten. Insgesamt leben rund 70 Millionen eingeborene Menschen dort – das sind knapp 7 Prozent der Bevölkerung. Mit 10 Millionen sind die Zhuang die größte Völkergruppe, während das Völkchen der Hezhe gerade einmal 800 Menschen zählt. In den nördlichen und westlichen Landesteilen – der Inneren Mongolei, Sinkiang und Tibet – leben die Menschen vor allem als nomadische Viehzüchter, während die meisten Eingeborenen Südchinas Rodungsfeldbau betreiben, nur wenige schlagen sich noch als Jäger und Sammler durch.

Dabei hatte China in den ersten Jahrzehnten unseres Jahrhunderts eine recht fortschrittliche Minderheitenpolitik betrieben. Nach der Gründung der Kommunistischen Partei Chinas 1922 wurde den Ureinwohnern weitgehende Selbstverwaltung zugestanden. Aber der lange Marsch zur Macht mußte finanziert werden, und so blickte die KP Chinas immer begehrlicher auf das Land der Eingeborenen, das reich an Hölzern und Bodenschätzen war.

„Je näher die Machtübernahme rückte, desto stärker bedrängte die Partei die Minderheiten des Landes", schreibt Julian Burger, der die UN-Arbeitsgruppe für eingeborene Völker koordiniert. „Das Prinzip der Selbstverwaltung wurde dem großen Ziel untergeordnet, eine sozialistische Gesellschaft in ganz China aufzubauen."

Die sozialistischen Reformen verbesserten tatsächlich den materiellen Wohlstand der Minderheiten in China, aber während des 1958 verkündeten *Großen Sprungs nach vorn* setzte sich in der Partei die Einstellung durch, eingeborene Bräuche seien primitiv und behinderten Entwicklung und Fortschritt. Im Zuge der Kulturrevolution 1966–1969 wurde China völlig neu geordnet, und in der großen Einheit hatten die eingeborenen Kulturen keinen Platz mehr: Mit brutaler Härte wurden den Minderheiten ihre tradierten Rechte entzogen, eingeborene Führer „auf Parteikurs gebracht" und das Sprechen, Schreiben und Lehren ihrer Sprachen verboten.

Heute hat die offene Verfolgung der Minderheiten einer subtileren, aber ebenso wirksamen Politik Platz gemacht – einer Veränderung der kulturellen Werte durch die allmähliche Assimilierung in die dominierende Bevölkerungsgruppe der *Han*-Chinesen. Aber wenn diese Minderheiten untergehen, trifft der Verlust nicht nur China, sondern uns alle: In den verklingenden Stimmen der eingeborenen Völker schwingt eine sanfte Weisheit, deren einigende Kraft unsere zerstrittene Welt so bitter nötig hat.

Tibet und China

Junge Mädchen eines einheimischen Volksstammes in China. Ihre Heimat zieht sich an der berühmten Seidenstraße entlang, dem Handelsweg, auf dem die Seiden- und Gewürzhändler aus dem Mittelmeerraum den Himalaja durchquerten.

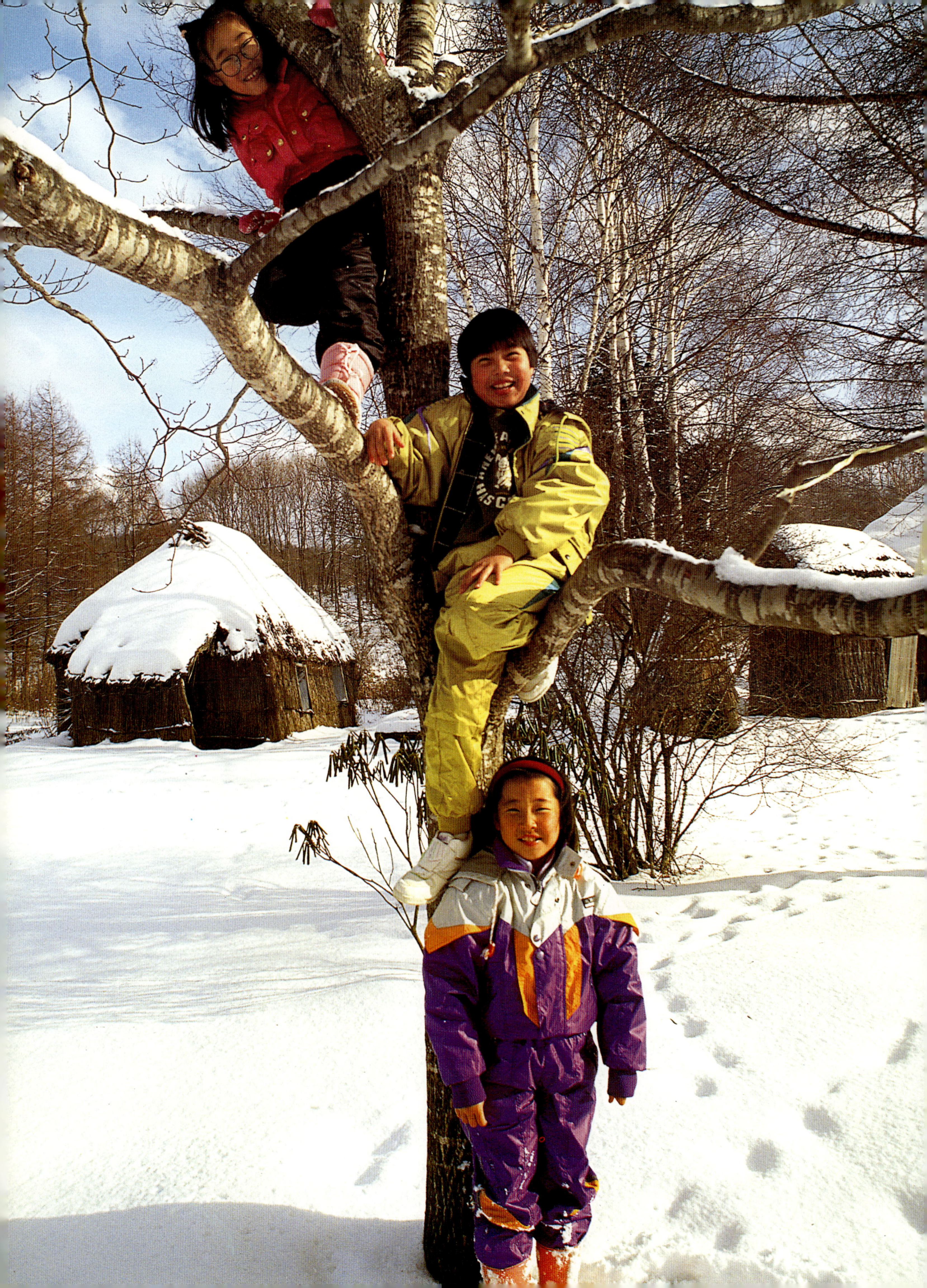

AINU

IM LAND DER MENSCHLICHEN WESEN

Ainu-Kinder in Hokkaido, Japan.

„Sie sind mit der Rinde der Bäume und der ungegerbten Haut der Tiere bekleidet", schrieb Isabela Bird über die Ainu, die sie im Jahre 1878 auf ihrem Trek nach Nibutani, Japan, sah. „Sie beten den Bären an, die Sonne, den Mond, das Feuer, das Wasser, und ich weiß nicht, was noch . . . Ihre Kinder gehorchen aufs Wort . . . So sanft und friedlich sie auch sind, bewundern sie doch Wildheit und Mut . . . Ich hoffe, ich werde niemals den Klang ihrer leisen, lieblichen Stimmen vergessen, das sanfte Licht ihrer milden braunen Augen und die wunderbare Süße ihres Lächelns."

114 Jahre später fuhr ich in einem Leihwagen auf einer gut gepflasterten Straße nach Nibutani. Es war die erste Woche im Mai auf der großen nördlichen Insel Hokkaido. Bunte Tupfen von wilden Azaleensträuchern schmückten die Berghänge, und hier und da sprossen noch die weißen Blüten der Magnolienbäume. Der Saru-Fluß führte, bedingt durch die Schneeschmelze in den Bergen, Hochwasser. Die Straße durchquerte die weite Ebene eines einst offenen Weidelandes, das jetzt mit Ranchen und Landsitzen reicher Japaner bebaut war; ihre Rassepferde grasten auf ordentlich eingezäunten Weiden. Ich kam an jungen japanischen Paaren auf ihrem Weg zu einem Kirschblütenfest vorbei und anderen, die das erste Frühlingsgras in den Golfanlagen für ein Spiel nutzten.

Ainu bedeutet in der Ainu-Sprache „menschliches Wesen". Dies hier war ihr Land gewesen, Ainu-Moshiri, das Land der menschlichen Wesen. Die nördliche Insel Japans wird nun Hokkaido genannt, und soviel ich bei meiner Fahrt sehen konnte, war sehr wenig von ihm in den Händen der Ainu geblieben.

Ich kam im Laufe des Vormittags in Nibutani an und suchte meinen Weg entlang der von Geschäften gesäumten Hauptstraße zu einem einräumigen Blockschulhaus, wo Shiro Kayano ein Programm der Ainu-Sprache leitet. Sein Vater, Shigeru Kayano, baute diese Schule als einen Ort, an dem Ainu-Kinder etwas über ihre Kultur lernen konnten. Heute gibt es etwa 25 000 Ainu und vielleicht dreimal mehr, wenn man jeden einbezieht, der eine Spur von Ainu-Blut besitzt, so wie die Ainu es tun. Weniger als 100 sprechen noch Ainu. Mit 65 Jahren ist Shiros Vater einer der jüngsten unter ihnen.

„Wir begannen diesen Kindergarten im Jahre 1980 zu bauen", sagte Shiro. „Mein Vater wollte kleinen Kindern Ainu beibringen, aber ein Ministerium war dagegen und drohte, den Kindergarten zu schließen. Daher mußten wir für alle Kosten selbst aufkommen."

„Warum hilft die Regierung nicht?"

„Sie fürchten vielleicht, daß wir die Ainu-Sprache wiederbeleben, die sie für tot hielten", sagte er. „Viele Japaner wären froh, wenn gar unsere Kultur verschwindet. So viele Dinge haben sich bereits verändert – unser traditionelles Wohnen, die Nahrung, die Kleidung. Aber wenn wir unsere Sprache sprechen, überlebt sie, und die Werte unserer Kultur bleiben erhalten."

Wie andere frühe Völker des Nordpazifikraumes lebten die Ainu davon, daß sie Bären, Rotwild und Vögel jagten, Lachse und Forellen fischten und eßbare Pflanzen sammelten. Anstatt einer Schriftsprache entwickelten sie eine reiche Erzählkunst, die ihre enge Verbindung mit der Natur widerspiegelt. Ein alter Ainu-Gruß lautet: „Dem Meer, das uns nährt, dem Wald, der uns beschützt, entbieten wir unsere Dankbarkeit. Ihr seid die beiden Mütter, die dasselbe Kind nähren; seid nicht ärgerlich, wenn wir eine verlassen und zu der anderen gehen. Die Ainu werden immer der Stolz des Waldes und des Meeres sein."

In den Tälern und Bergen von Ainu-Moshiri riefen die Ainu die *Kamui* an, die Geister aller Dinge. Sie betrachteten die *Kamui* mit großer Verehrung und bezogen sie auf andächtige Weise in ihr Leben ein. Wenn sie Pflanzen in den Bergen sammelten, beteten sie zum Geist des Berges. Wenn sie einen Baum fällten, baten sie den Geist des Waldes um Verständnis. Ganz besonders schätzten sie die Bären und ihr wildes Draufgängertum. Wenn ein Ainu einen Bär fing, wurde das meist gefeiert – die Menschen sangen und tanzten, erzählten Geschichten und schickten im Gebet den Geist des Bären zu den Göttern zurück.

„Wir wissen, daß Kulturen vergehen. Und wenn sie einmal verschwunden sind, kann man sie nicht wieder ausgraben", sagte Shiro. „Ich glaube, daß Kulturen der ganzen Welt gehören. Die Erhaltung der Ainu-Kultur dient nicht nur uns oder den Japanern – sie bereichert die Welt. Für mich ist es das wichtigste im Leben, unsere Kultur zu schützen, solange, bis viele Menschen sie respektieren."

Ich fragte ihn, ob es darum ging, das Land der Ainu und andere Rechte wiederzuerlangen, die die Regierung verweigerte.

„Das ist unsere Hoffnung. Aber zuerst müssen wir darum kämpfen, daß wir als ein eigenes Volk anerkannt werden. Es gibt einige unter uns, die am liebsten die Japaner packen und Ainu-Moshiri verlassen sehen. Aber die meisten von uns wollen einfach als eigenes Volk innerhalb der japanischen Nation akzeptiert werden."

Die Ainu sind niemals eine Nation im modernen Sinne gewesen. Historisch betrachtet waren sie ein unabhängiges Volk, das in kleinen Gemeinschaften lebte und mit dem Land immer so umging, daß weder der Wald noch das Wild überbeansprucht wurden. Ihre angeborene Souveränität wurde erstmals im 16. Jahrhundert bedroht, als Clanführer auftauchten, um den Lachs- und Pelzhandel zu monopolisieren. Bald gründeten die japanischen Kaufleute Handelsniederlassungen und zwangen die Ainu in eine Art feudalistische Sklaverei. Junge Männer mußten ohne Lohn arbeiten. Junge Ainu-Mädchen wurden als Magd gehalten oder zum sexuellen Vergnügen ihrer japanischen Herren.

„Unsere Leute sind so schwer gedemütigt worden", sagte Shiro, „daß nur ein Drittel von uns öffentlich als Ainu auftritt. Ein weiteres Drittel wird erst nach intensivem Zureden zugeben, Ainu zu sein, und der Rest niemals. Die von meinen Vorfahren erfahrene Not ist allen Ainu gegenwärtig. Ich werde Ihnen von meiner Familie erzählen."

Zu der Zeit, als wir uns unterhielten, war Shiro Kayano 34 Jahre alt, ein hochgewachsener, kräftiger Mann mit einem freundlichen, offenen Gesicht. Er hatte einen akademischen Grad erworben und besaß eine gute Stelle in der Stadt, aber er beschloß, nach Nibutani zurückzukehren und seinen Leuten zu helfen. „Meine Kinder sind Ainu", sagte er, „und sie werden als Ainu aufwachsen. Wenn sie die Ainu-Lebensweise in ihrer Umgebung sehen, können sie leichter den Stolz empfinden, Ainu zu sein. In dem Sinne haben sie Glück."

Shiros Vater, Shigeru, wurde zu einer Zeit geboren, als die Regierung die Ainu einschüchterte,

Shigeru Kayano, Schriftsteller und Angehöriger der Ainu, neben einem traditionellen Wohnhaus, das er als Teil eines Heimatmuseums gebaut hat.

ihre eigene Sprache zu sprechen. Trotzdem lernte er Ainu von seiner Großmutter. Als junger Mann versuchte er, sich der japanischen Gesellschaft anzupassen und diente in der Armee, ehe er in der Forstwirtschaft tätig wurde. Mit 40 Jahren „wachte er auf" und sah, daß die Ainu-Kultur vor dem Verschwinden stand.

„Mein Vater sparte mit großer Geduld jede überzählige Münze, um ein Tonbandgerät kaufen zu können", erzählte Shiro. „Dies war eine teure Sache für ihn, und ich verstand damals nicht die Wichtigkeit seines Vorhabens. Wir hatten ja keine Schriftsprache, und unsere Leute waren doch hervorragende Geschichtenerzähler. Ihre Geschichten enthielten alle Weisheit unseres Volkes. Mein Vater hat jetzt mehr als 500 Stunden Ainu-Geschichten aufgenommen, die sonst bereits verloren gewesen wären."

Shiros Vater wurde zu einem „Ein-Mann-Kampfverband" für kulturelles Überleben. Er schrieb mehr als ein Dutzend Bücher über das Ainu-Volk und verwendete seine bescheidenen Ersparnisse, um alte Werkzeuge, Handarbeiten, Kleidung und Kunstwerke der Ainu zu erwerben, so daß sie künftigen Generationen nicht verloren sein würden. Schließlich errichtete er ein kleines Museum und mehrere im alten Stil gedeckte Häuser. „Erst jetzt verstehe ich", sagte Shiro, „wie hingebungsvoll mein Vater die Wahrung unserer Kultur betrieben hat."

Eine Generation zuvor ist Shiros Großvater verhaftet worden, als er einem japanischen Verbot gegen die Ainu trotzde und Lachs fing, die traditionelle Hauptnahrung der Ainu. Wieder eine Generation davor, im Jahre 1850, gehörte Shiros Urgroßvater, Tokkaram, zu denen, die von den Samurai fortgeholt wurden – sie kamen in sein Dorf und befahlen den Ainu, alle zu übergeben, die arbeiten könnten, oder sie würden jeden im Dorf töten. Von den 116 Dorfbewohnern nahmen sie 43 junge Männer und Frauen mit, die ohne Lohn in den Fisch- und Handelslagern arbeiten mußten.

„Mein Urgroßvater war erst zwölf Jahre alt, als sie ihn zur Arbeit in eine Fischfabrik fortbrachten", sagte Shiro. „Er sehnte sich nach seiner Familie. In dem Glauben, er könnte nach Hause geschickt werden, wenn er verletzt wäre, beschloß er, einen seiner Finger mit dem Küchenmesser abzuschneiden. Er legte seinen Finger auf das Schneidebrett, aber er konnte es nicht fertigbringen. Am nächsten Tag ging er zurück zum Schneidebrett, schloß seine Augen und schnitt seinen linken Zeigefinger ab. Er schrie vor Schmerz. Der japanische Aufseher eilte herbei. Aber anstatt ihn nach Hause gehen zu lassen, sagte der Aufseher: ‚Nur ein oder zwei Finger. Es wird leicht heilen, wenn du Salz darauf streust.'"

„Während seine Wunde heilte, verstärkte sich sein Heimweh so sehr, daß Tokkaram die Leber eines giftigen Kugelfisches nahm und über seinen ganzen Körper rieb. Seine Haut wurde gelb. Der Aufseher hielt ihn für erkrankt und schickte ihn nach Hause."

Eine Fotografie der Familie Kayano zeigt einen alten Mann mit einem fehlenden Zeigefinger an seiner linken Hand. „Alle Ainu haben ähnliche Leidensgeschichten in ihren Familien", sagte Shiro. „Die japanische Regierung trägt die Verantwortung für diese Vorfälle, aber sie hat sich nie entschuldigt. Sie hat nicht einmal zugegeben, daß diese Vorfälle stattfanden."

Shiro behauptet, daß die japanische Behandlung der Ainu gegenüber der japanischen Öffentlichkeit und dem Rest der Welt absichtlich verborgen worden ist. Die Ainu sehen das Jahr 1699 als einen Wendepunkt. Ihr stärkster Führer, Shakushain, versuchte, die Japaner zu vertreiben,

Europa und Asien

Ainu-Ehepaar des zwanzigsten Jahrhunderts. Nur noch einige alte Frauen tragen die traditionellen Tätowierungen.

aber als es zur Entscheidungsschlacht kam, wurden seine nur mit Messer und Bogen ausgerüsteten Männer von den Schußwaffen und Samurai der Japaner zurückgeschlagen. Shakushain wurde zu Friedensverhandlungen eingeladen, aber während der Gespräche wurde er bei einem Essen meuchlings ermordet. Der Tod ihres Führers hielt die Entwicklung einer unabhängigen Ainu-Nation wirksam an.

Mitte des 18. Jahrhunderts verstärkten Kaufleute vom Festland ihren Druck auf die Ainu. Ihr begieriges Gewinnstreben führte zu einer neuen Dimension der Grausamkeit und Mißhandlung – Ainu wurden geschlagen, beraubt und mit dem Tode bedroht, wenn sie sich zu arbeiten weigerten. Im Jahre 1789 kam es zu einer erfolglosen Revolte. Nachdem sie zur Aufgabe überredet wurden, enthaupteten die Japaner öffentlich 37 Ainu-Männer; ihre Köpfe wurden gepökelt und in Fässer verpackt, um sie in einem Außenposten der Regierung zur Abschreckung auszustellen.

Im Jahre 1868 machte das feudalistische Handelsimperium der Meiji-Herrschaft Platz. Ein hoheitlicher Erlaß verkündete bald, daß „die Blüte der kaiserlichen Macht von der Kolonisierung und Ausbeutung Hokkaidos abhängt". Eine neugebildete Kolonisierungskommission förderte die Einwanderung der Japaner nach Ainu-Moshiri. Die verbleibenden Ainu-Gebiete wurden beschlagnahmt und die Ainu sogar ihrer ethnischen Identität beraubt. Sie mußten japanische Familiennamen annehmen und wurden eingestuft als „ehemalige Eingeborene". Ihnen war verboten, ihre Muttersprache zu sprechen und traditionelle Zeremonien durchzuführen. Rotwild und Lachs wurden knapper, als die Wellen japanischer Siedler einliefen. Im Jahre 1873 gab es in Ainu-Moshiri noch 33 Prozent Ainu; nur 40 Jahre später zählten die Ainu weniger als 1 Prozent der Bevölkerung.

„Die Ainu sind unwissende Leute, rückständig, minderwertig und zum Untergang verurteilt", verkündete ein japanischer Beamter, und spiegelt damit die Meinung zur Jahrhundertwende wider. „Daher müssen wir Japaner, voller Ritterlichkeit, sie mit allen Mitteln beschützen."

Schutz kam in Form des *Hokkaido Former Aborigines Protection Act of 1899* (Gesetz über den Schutz der früheren Eingeborenen in Hokkaido), das jedoch trotz aller selbstlosen Forderungen ein Versuch war, den Ainu juristisch ihre Existenz zu nehmen. Anstatt ihre Jagd- und Fischereirechte zu schützen, beabsichtigte das „Schutzgesetz" die Ainu in die Landwirtschaft zu drängen. Jedem Ainu-Haushalt wurden etwa 15 Hektar Land gewährt, aber es gab einen Haken: Wenn sie ihr Land nicht kultivierten, wurde es beschlagnahmt. Und die ertragreicheren Ländereien hatten ohnehin bereits die japanischen Einwanderer erhalten. So blieben den Ainu die steilen Hänge, Sümpfe, Überschwemmungsebenen und andere kaum zur Bewirtschaftung geeignete Anbauflächen. Eine Ainu-Familie nach der anderen verlor ihr Land an skrupellose Japaner und geriet in wirtschaftliche Bedrängnis. Um nach dem Zweiten Weltkrieg zu überleben, mußten viele Hokkaido verlassen und in den großen Städten der Hauptinsel Honshu nach Gelegenheitsarbeiten suchen.

„Warum drängen die Japaner nicht die Regierung, für diese vergangenen Greueltaten Schadenersatz zu leisten", fragte ich Shiro. „Wissen sie nicht, was geschah?"

„Niemand weiß es, außer den wenigen, die sich darum bemühen", sagte er. „Zum größten Teil haben die Japaner vor der Wahrheit die Augen verbunden. Wenn Sie nach Tokio gehen, werden Sie feststellen, daß die meisten Leute dort überhaupt nichts über die Ainu wissen."

Die Vorurteile gegen die Ainu wurzeln tief, und als japanische Einwanderer nach Hokkaido strömten, überwältigten diese Vorurteile die Ainu. In nur 100 Jahren wuchs dort die japanische Bevölkerung von etwa 20 000 auf mehr als 5 Millionen.

„Uns ist unsere Würde abgesprochen worden, und sie ließen uns in der japanischen Gesellschaft umhertappen", sagte Mieko Chikap, eine 42jährige Ainu-Aktivistin aus Sapporo. Sie trug einen dunkelblauen, mit komplizierten Ainu-Mustern bestickten Kimono, auf dem ihr dichtes dunkles Haar glänzte. „Unsere Sprache, Bräuche, Sichtweisen und Werte sind anders", sagte sie. „Alles, was wir haben, unterscheidet sich von den Japanern. Und weil wir anders sind, haben die Japaner uns verfolgt. Sie nennen uns nicht nur schmutzig und häßlich, sie machen es uns auch beinahe unmöglich, gute Stellungen zu bekommen. Und viele japanische Eltern wollen nicht, daß Ainu in ihre Familien einheiraten. Die Japaner denken, wir seien Untermenschen. Aber wir sind menschliche Wesen, so wie jeder andere auch. Ich bin eine Ainu und stolz darauf. Aber es gibt noch eine Menge von uns, die verbergen wollen, wer wir sind. Manchmal fühle ich mich als Ainu sehr einsam."

Chipak erzählte, daß, neben ihren politischen Kämpfen für Ainu-Rechte, die traditionelle *Ikarakara*-Stickerei ein Ausdruck ihrer Ainu-Identität geworden ist. Als sie sich erstmals mit *Ikarakara* beschäftigte, entdeckte sie, daß die meisten Handarbeiten ihres Volkes im Besitz von Museen waren, wahrscheinlich den einzigen staatlichen Stellen, die den Ainu historischen Wert zuschrieben. Um ihre Kunstfertigkeit auszubilden, besuchte Chipak die Museen und betrachtete aufmerksam die Ainu-Stikkereien in den Glasschaukästen. Sie sagte, daß „bei dieser Sichtweise die Ainu-Kultur etwas lang Vergangenes zu sein schien. Als eine lebende Ainu, fühlte ich, daß meine Herkunft, meine Wurzeln, wie ein Traum waren."

Doch hinter dem Glas rief die alte Stickerei ihr zu: „Du mußt uns wieder zu lebendigen *Kamui* machen." Chipak erklärte, daß die Stickerei, die sie anfertigt, aus der Zeit stammt, als das tägliche Leben der Ainu unzertrennlich von den *Kamui* war, den Geistern der natürlichen Welt. Die Arbeit mit der Stickerei hilft, diese Beziehung wiederherzustellen. Jeder Stich, Schlinge und Knoten haucht neues Leben in das bedrohte Muster ein, und schließlich verwandelt die komplizierte Alchemie ihrer Handarbeit die Muster in lebendige *Kamui*.

Ich fragte Chipak, ob sie daran glaubte, daß die Japaner und Ainu lernen könnten, zusammenzuleben.

„Ich hoffe, daß wir es können", sagte sie. „Aber es wird sehr schwierig sein, denn die Regierung sagt, es gibt keine eingeborenen Menschen in Japan. Unsere Existenz als Ainu, ein eingeborenes Volk, wird so geleugnet. Die Wirklichkeit ist jedoch, daß wir existieren. Wir sind die Ureinwohner dieses Landes. Und wir werden nicht verschwinden."

„Wie könnte die Regierung Ihnen helfen? Welche konkreten Veränderungen würden Sie gern sehen?"

„Die Veränderungen, die wir benötigen, können nicht in wenigen Jahren durchgeführt werden. Aber diesen Prozeß der Veränderung einzuleiten, ist äußerst wichtig. Er kann bereits durch positives Verhalten beginnen. Die Schulen könnten ältere Ainu einladen, die Geschichte unseres Volkes, unserer Kultur, unserer Bräuche und dergleichen Dinge erzählen lassen und die Anliegen der Menschenrechte diskutieren. Aber um diesen Veränderungsprozeß zu beginnen, muß die Regierung zunächst das ‚Schutzgesetz' abschaffen. Wir benötigen Gesetze, die uns beschützen und nicht unsere Menschenrechte nehmen."

Seit mehr als zwei Jahrzehnten haben die Ainu nun versucht, den *Hokkaido Former Aborigine Protection Act* durch ein Gesetz zu ersetzen, das ihre Menschenrechte anerkennt. Aber dieses Relikt der Rassenpolitik des 19. Jahrhunderts bildet immer noch die gesetzliche Grundlage für die Beziehungen der Japaner zu den Ainu und dient als eine Art psychologischer Schirm für verschiedenste Aktivitäten, die Ainu zu assimilieren. Der beharrliche Versuch, das ureigene Existenzrecht der Ainu einzuschränken, hat die Japaner auf einen Kollisionskurs mit den *International Covenants on Human Rights* (Internationale Bündnisse über Menschenrechte) gebracht. Im Jahre 1979 verabschiedeten die Vereinten Nationen diese *Covenants* und stellten schon im nächsten Jahr die japanische Regierung zur Rede. Die Regierung versuchte geschickt ihre Verletzung der Ainu-Rechte zu umgehen, indem sie deren Existenz als eingeborenes Volk einfach abstritt. Wie ein japanischer Delegierter zur UNO sagte: „Ethnische Minderheiten, wie in diesem *Covenant* definiert, existieren in Japan nicht."

Im Jahre 1986 bestätigte der japanische Ministerpräsident Nakasone erneut diese Politik: „Japan ist eine Nation gleichartiger Menschen." Im Dezember 1991 gibt die japanische Regierung

Mieko Chikap sagt: „Die Regierung behauptet, es gäbe in Japan keine Eingeborenen mehr. Aber die Ainu sind da. Wir leben, und wir verschwinden keineswegs."

dann endlich zu, daß die Ainu als eine ethnische Minderheit existieren. Aber sie weigert sich noch, anzuerkennen, daß sie eingeborene Menschen sind, ein Präzedenzfall, der zur Anerkennung der Ainu-Rechte führen könnte. Und das wichtigste Recht ist für die meisten, wenn nicht für alle Ureinwohner, ihr Anspruch auf das Land, in dem sie leben und sich als Volk entwickelt haben.

Viele Ainu haben sich der Regierung gegenüber zu wehrlos gefühlt oder waren sich ihrer selbst zu ungewiß, um ihre Landansprüche durchzusetzen. Aber Mieko Chipak, eine geborene Aktivistin, verlangt, daß Japan den Ainu, die schon immer auf der Kurileninsel Chain lebten, die sogenannten „nördlichen Territorien" zurückgibt. Nach dem Zweiten Weltkrieg verlor Japan die Kurilen an die Sowjetunion. Japan versucht nun, sie zurückzubekommen, aber die Russen lehnen es ab. Ironischerweise behaupten jetzt die Japaner, die die Kurilen von den Ainu gestohlen haben, mit Empörung, daß die Russen Japan die Kurilen geraubt haben. Die Ainu sind in dem Tauziehen gefangen.

„Die Russen haben mehr Verständnis für unsere Sache", sagte Mieko. „Ich glaube, das kommt daher, daß sie multikulturell sind. Sie erkennen nicht nur die Ainu als eigenes Volk an, sondern verstehen, daß wir gültige, historische Rechte auf dieses nördliche Territorium haben. Die japanische Regierung weigert sich, die Ainu in die Verhandlungen einzubeziehen. Aber wir müssen einbezogen werden. Unser Volk lebte in den nördlichen Gebieten. Es war unser Land, und wir brauchen es heute. Denn ohne Land können wir uns nicht wieder erholen, unsere Kultur retten und das nächste Jahrhundert überleben. Wir brauchen das Land wieder, einen Ort, an dem wir wir selbst sein können. Das ist mein Traum."

Seit der Rückkehr in mein Heim in Alaska frage ich mich, warum die japanische Regierung nicht einfach sagt: „Wir haben einen Fehler gemacht bei den Ainu. Jetzt wollen wir Schadenersatz leisten." Natürlich, Regierungen geben selten ihre eigenen Fehler zu.

So unwahrscheinlich es scheinen mag, ich persönlich glaube, die Japaner haben etwas Angst vor den Ainu. Sie haben keine Angst vor einem bewaffneten Aufstand. Sie fürchten auch kaum die Kosten einer Begleichung von Landansprüchen. Schließlich stellten sie im Krieg mit dem Irak drei Milliarden Dollar bereit, um Kuwait wieder den Scheichs zu unterstellen. Und ich bezweifele, daß sie Angst haben, daß die Ainu-Sprache Japanisch ersetzen wird.

Die Furcht der Japaner vor den Ainu wird auf einer tieferen und weniger greifbaren Ebene wirksam. Eine Anerkennung der Ainu als eingeborene Menschen würde den Mythos der „Gleichheit" der Japaner, ihr „Wir-Japaner-Syndrom" beeinträchtigen. Und wirklich auf die Einwände der Ainu zu hören, würde bedeuten, mehr als 300 Jahre systematischer Versuche ihrer Beseitigung ins Auge zu blicken. Die Wände der Verleugnung sind niemals leicht niederzureißen. Ihre Sorge um die Ehre und die Wahrung des Gesichtes machen es den Japanern erst recht schwierig.

Auch habe ich den Verdacht, daß viele Japaner irgendwie den wilderen, naturverbundeneren Geist der Ainu fürchten, weil sie diesen Teil bei sich selbst immer nur mit großem Unbehagen empfinden.

„Die Naturverbundenheit reicht in der Ainu-Kultur viel tiefer als in der japanischen", erzählte mir Shiro Kayano in Nibutani. „Wir haben die japanische Kultur als eine gesehen, die so viel nimmt, wie sie kann. Was später geschieht, kümmert sie nicht. Es geht ihnen nur darum, Geld zu scheffeln. Aber es gibt wichtigere Dinge, als Geld zu verdienen – Großzügigkeit, Toleranz, Sympathie für die Schwachen, behutsamer Umgang mit der Erde. Wir haben den Japanern viel anzubieten."

„Ich frage mich, wie viele Menschen diesen Punkt würdigen?" sinnierte ich.

„Kaum jemand. Dennoch ist er sehr wichtig. In der modernen japanischen Gesellschaft wollen die Menschen so viele Dinge haben, so viel Luxus. Dies ist die japanische Wirklichkeit: sich nicht um die Zerstörung der Umwelt in einem anderen Land zu kümmern. In unserer Ainu-Denkweise nehmen und gebrauchen wir nur das Minimum für die Grundbedürfnisse. Die Ainu glauben, daß die Natur die menschlichen Wesen beschützt, nicht umgekehrt. Wenn wir die Grenzen der Natur erkennen und in ihnen leben, erneuert die Natur sich selbst."

Dies ist mehr als ein inländisches Anliegen. Im Dezember 1992 berichtete Giichi Nomura, Präsident der Ainu-Association, der UNO-Generalversammlung, daß „die überseeischen Aktivitäten der japanischen Firmen und die Auslandshilfen der japanischen Regierung ernste Folgen für den Lebensunterhalt von eingeborenen Menschen in der ganzen Welt haben. Diese Situation ist auf die Gleichgültigkeit zurückzuführen, die den Ureinwohnern in Japan selber entgegengebracht wird."

„Durch eine neue Partnerschaft", schloß Nomura hoffnungsvoll, „so glauben wir, wird die japanische Regierung nicht nur ihre Verantwortung gegenüber den Ainu, sondern auch gegenüber allen eingeborenen Menschen erkennen."

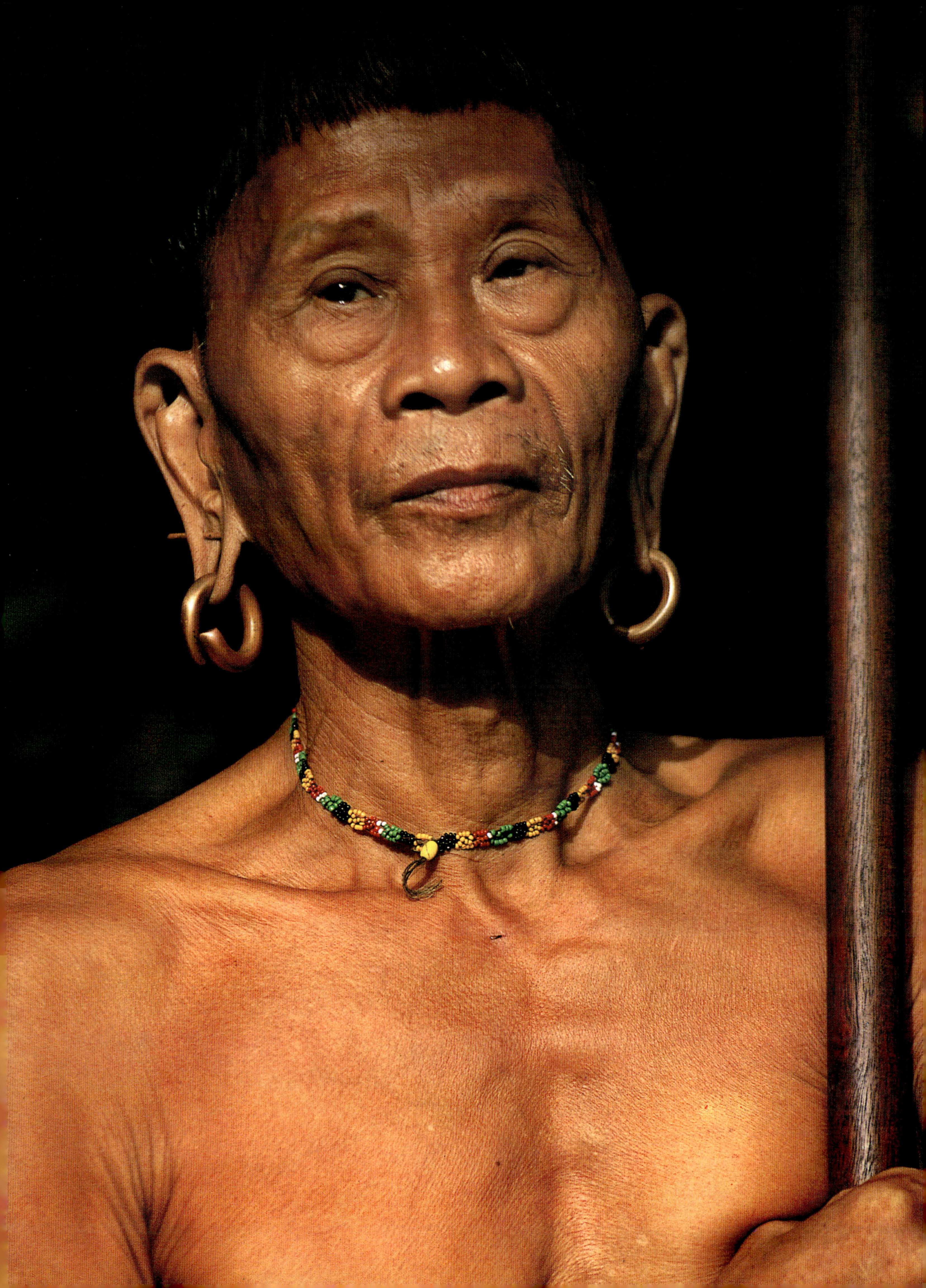

SARAWAK

METHUSALEM DER WÄLDER

"Warum ich?" fragte Mutang Urud, als wir in Rio de Janeiro spazierengingen. Seine Frage galt ihm selbst wohl ebenso wie mir. "Wieso bin ich in dieses ganze Schlamassel hineingeraten? Wieso ich?"

Praktisch über Nacht wandelte sich Mutang vom einfachen Landschaftsgärtner, der sich an seiner Arbeit mit Bäumen und Sträuchern erfreute, zum Exil-Führer der Kelabit, Penan und 23 weiterer Eingeborenenvölker von Sarawak und der Insel Borneo in Malaysia. Während der Umwelt-Konferenz in Rio im Sommer 1992 haben Mutang und ich manchen Abend zusammen verbracht – beim Essen, Spazierengehen oder einfach im Gespräch.

Mutang, der zum Stamm der Kelabit gehört, hatte gerade einen Monat in Einzelhaft verbracht, weil er den friedlichen Widerstand seines Volkes gegen die Abholzung ihrer heimatlichen Wälder organisiert hatte. Nirgendwo auf der Welt wüten die Motorsägen schlimmer als in Malaysia. Allein die bestehenden Lieferverträge verlangen die Abholzung von drei Vierteln des restlichen Waldes. Die malaysische Regierung hält dieses Vorgehen für "vertretbar", aber unabhängige Fachleute der Holzindustrie schätzen, daß der Regenwald von Sarawak bis zum Jahr 2000 verschwunden sein wird, selbst wenn man den Holzeinschlag sofort halbierte.

Als Mutang zum ersten Mal verhaftet wurde, gab man ihm keine Begründung, aber jeder wußte, daß man ihn dafür bestrafen wollte, die Allianz der Eingeborenen Sarawaks gegründet und bei der Errichtung menschlicher Barrikaden gegen die Holztransporte mitgeholfen zu haben. "Jetzt bin ich zum Verbrecher gestempelt", sagte Mutang. "In meinem Land werde ich mit einem Haftbefehl gesucht, und wenn ich zurückgehe, wirft man mich ins Gefängnis. Das letzte Mal sagte mir die Polizei: ,Tu so etwas nie wieder. Wir wissen alles über dich. Du kannst uns nicht entkommen. Wir geben dir keine zweite Chance.'"

Einer der wenigen hundert Penan, die heute noch in den Regenwäldern von Sarawak leben.

Europa und Asien

Mutang Urud klagt: „Ich wurde verhaftet, weil ich gegen das Abholzen der Bäume war, durch das bereits Tausende von uns heimatlos und 70 Prozent unserer Flüsse verschmutzt wurden. Wie sollen unsere Kinder und Enkelkinder unter diesen Umständen überleben?"

Mutang fand sich plötzlich in einer verwickelten Zwangslage – seine persönliche Überzeugung war fortan untrennbar mit dem Schicksal der Ureinwohner Sarawaks verknüpft. Würde er nach Hause zurückkehren, so sagte ihm sein Anwalt, müßte er mit neun Jahren Gefängnis rechnen. Neun Jahre auf engstem Raum bei erbärmlicher Hygiene und möglicher Folter, das käme fast einem Todesurteil gleich. Einerseits würde er gern in seine Heimat zurückkehren, andererseits könnte er für sein Volk in Freiheit viel mehr erreichen.

„Ich wäre ja bereit, ins Gefängnis zu gehen, wenn sich mein Volk dadurch angespornt fühlte, gegen den Holzfrevel aufzustehen. Aber würde meine Haft das bewirken? Unsere Menschen sind von Natur aus scheu; obendrein werden sie von Soldaten und Polizisten eingeschüchtert. Wenn man mich einsperrt, werden sie vielleicht noch mutloser. Aus dem Exil kann ich sie mit Nachrichten versorgen und der Welt von unseren Schwierigkeiten erzählen. Auf der anderen Seite könnte mein Opfer ihre Kampfbereitschaft wirklich stärken. Ich weiß einfach nicht, was das Richtige ist."

„In Sarawak müßtest du im Untergrund leben, oder man steckt dich ins Gefängnis", versuchte ich ihn abzubringen. „Beides wäre gefährlich."

„Und dabei könnte ich alle Schwierigkeiten beenden und sorgenfrei zu Hause leben, wenn ich die Zerstörung des Waldes mitmachte", antwortete er. „Verschiedene Holzunternehmen haben mir viel Geld geboten, damit ich meinen Widerstand aufgebe. Und die Behörden haben mir gesagt: ‚Arbeiten Sie mit uns zusammen. Sie können ein schönes Leben führen und bekommen alles, was Sie brauchen. Bringen wir unser Land gemeinsam voran und führen wir diese Menschen aus der Steinzeit. Warum wollen Sie sich Ihr Leben unnötig schwer machen?'"

Als Mutang sich weigerte, seine Ideale zu verkaufen, verfolgten die Behörden jeden seiner Schritte. Vor seiner Flucht aus Sarawak mußte er zwei Wochen versteckt leben, einmal hier, einmal dort übernachten. Um nach Rio auszureisen, ging er verkleidet durch die Grenzkontrollen. Und vor seiner Rede im Plenum der Umweltkonferenz arrangierten die malaysischen Behörden ein Treffen; sie versprachen ihm weder Straffreiheit noch ein Umdenken ihrer Politik, sondern warnten ihn davor, gegen die malaysische Regierung zu sprechen.

Mutang blieb standhaft und hielt seine Rede. Viele seiner Landsleute hätten in ähnlicher Lage wohl den leichteren Weg gewählt, denn die Ureinwohner Sarawaks haben ein friedfertiges Wesen, und viele lassen sich von der mächtigen Staatsmaschinerie abschrecken. Es waren gerade die angenehmen Eigenschaften dieser Menschen, die ihren Umgang mit herbeigeführt haben: die Dajak haben Besucher immer herzlich aufgenommen, auch jene, die nur ihre Ausbeutung im Sinn hatten. Und ihre Verehrung der Alten läßt sie manch ergrautem Regierungsbeamten vertrauen, der alles andere als ihr Interesse am Herzen hat.

„Wir sind einfach zu gutgläubig für die heutige Zeit", meinte Mutang. „Wir vertrauen darauf, daß andere genauso aufrichtig sind wie wir. Aber wir werden immer wieder hintergangen – das schmerzt uns tief. Politiker mißbrauchen unseren guten Willen, indem sie unseren Leuten Geld und schöne Häuser versprechen, wenn sie als Holzfäller arbeiten. Aber wenn der Wald vernichtet ist, was bleibt dann für unsere Kinder und Enkel?

Ich meine, unsere Politiker dürfen beim wirtschaftlichen Aufbau unseres Landes nicht blind dem westlichen Modell folgen. Viele Menschen des Westens wurden von ihren Traditionen, ihren kulturellen Wurzeln abgeschnitten. Genau das fürchte ich auch für mein Volk. Was geschieht, wenn man unsere Wurzeln ausreißt? Ein Baum und eine Blume gehen ohne Wurzeln zugrunde. Ich glaube, viele Menschen im Westen haben diesen Halt verloren und treiben ohne geistige Richtung umher. Derart entseelte Menschen habe ich auch unter den Ureinwohnern Australiens, Brasiliens und Nordamerikas erlebt. Das gleiche passiert jetzt mit meinem Volk, und es macht mich traurig."

Aus westlichen Augen betrachtet, verbinden sich in Mutang scheinbar gegensätzliche Eigenschaften. Er ist einer der freundlichsten und sanftesten Menschen, die ich kenne – im Umgang mit anderen stets voller Rücksicht und Respekt. Gleichzeitig besitzt er ungeheuer viel Mut. Der Wendepunkt in seinem Leben kam 1984, als ein großes Holzunternehmen auf dem Land der Penan und Dajak mit dem Waldeinschlag begann. Mutang faßt zusammen: „Das hat unser Leben seither auf den Kopf gestellt."

Unter dem steigenden Druck von Regierung und Holzwirtschaft beschloß Mutang, sich für eine Weile zurückzuziehen, um den Konflikt und seine Rolle darin zu überdenken. Allein ging er zwei Tage durch den Dschungel, überwand steile Klippen und Krokodilflüsse, bis er einen einsamen Strand erreichte. Dort baute er sich aus Ästen und Lianen eine kleine Hütte. Es war die Zeit des Monsuns, und oft zerrissen die peitschenden Winde seine notdürftige Unterkunft.

„Nachts schlugen die Wellen so hart gegen die Klippen, daß ich Angst bekam", erzählt Mutang. „Regen prasselte vom Himmel, und es donnerte. Blitze warfen bizarre Schatten auf die grüne Wand des Dschungels. In diesen Tagen nahm mein Leben eine neue Richtung. Morgens wachte ich auf und dachte, wieviel Wichtigeres es doch gibt, als Geld zu verdienen und uns mit Luxus zu umgeben. Ich betete um göttliche Führung. Ich wollte diese Furcht in mir besiegen – die Furcht vor dem Dunkel und dem Unbekannten, die Furcht vor der Regierung und den Holzfällern, die Furcht vor der Zukunft und allen Unsicherheiten des Lebens."

Als Mutang aus seiner selbstgewählten Klausur zurückkehrte, stand sein Entschluß fest: Den Rest seines Lebens würde er für seine Heimat kämpfen, die viele Fachleute für den ältesten Urwald unseres Planeten halten. 10 Millionen Jahre der Evolution haben diesen Dschungel aus Bäumen, Schlingpflanzen, Sträuchern und Blumen entstehen lassen. In keinem Wald der Welt ist die Vielfalt der Bäume größer: Auf 125 000 km^2, etwas mehr als der Fläche Bayerns und Niedersachsens, leben mehrere tausend Baumarten, 20 000 Sorten an Blütenpflanzen, etliche hundert verschiedene Schmetterlinge und fast 200 Arten von Säugetieren. Jeder Schritt durch diesen Urwald bringt den Wanderer tiefer in die Geschichte des Menschen, denn im weichen Licht unter dem ewiggrünen Dach leben die Waldbewohner noch in ursprünglicher Harmonie mit ihrer Umgebung.

„Dort in unseren Baumhäusern ist unser Zuhause – das schönste, das ich mir vorstellen kann", erzählte mir Mutang. „Der Wald gibt uns Schutz, Nahrung und Medizin. In ihm lebt die Geschichte meines Volkes – unsere Sagen, Legenden und Erzählungen. Wenn wir zusammen durch den Wald gingen, könnte ich dir zu jedem Fleckchen eine Anekdote erzählen – wer wo auf Jagd gegangen war, auf welcher Lichtung mich ein Wildschwein fast gebissen hätte und welchen Baum mein Onkel vor vielen Jahren einmal gekerbt hat. Unsere Lebensgeschichten stehen in der Landschaft geschrieben. Wir kennen jeden Baum und Bach. In Städten verlaufe ich mich schnell, aber draußen im Wald weiß ich immer, wo ich bin. Wir haben für Tausende von Flüssen und Bächen, selbst für das kleinste Rinnsal, einen Namen."

Die malaysischen Behörden jedoch sehen in den Wäldern von Sarawak weder die Artenvielfalt noch den Lebensraum von Ureinwohnern, sondern ein riesiges Lager natürlichen Reichtums: Das ist auch kein Wunder, denn der Wald war nie ihr Zuhause. Und historisch sind sie nicht an das Land gebunden – erst seit dem Abzug der britischen Kolonialmacht ist Sarawak ein Gliedstaat Malaysias.

Damit fiel einer der letzten großen Dipterocarpus-Wälder an Malaysia: Die massigen, harten Stämme dieses imposanten Baumes haben einen Umfang von vielen Metern und wachsen bis zu 50 m hoch. Ende der 80er Jahre exportierte die Region mehr als die Hälfte allen tropischen Vollholzes der Welt, obwohl sie nicht einmal ein Zehntel des Amazonas-Regenwaldes mißt.

„Holzfällen ist mein Broterwerb, seit ich 1949 diese Industrie mit aufgebaut habe", sagt Datuk Amar James Wong, Malaysias Minister für Tourismus und Umweltschutz. „Ich bin für mögliche Schäden durch den Holzeinschlag zwar verantwortlich, aber bis jetzt habe ich mir nichts vorzuwerfen." Sein reines Gewissen rechtfertigt der Minister wohl mit seinem Wunsch nach Fortschritt und wirtschaftlicher Entwicklung des Landes. „Wenn wir für jedes Baumhaus einen ganzen Wald reservieren müßten, könnten wir das Holzfällen gleich einstellen", stellt er fest. „Sie [die Penan] müssen im Interesse Malaysias weichen."

Aber die Ureinwohner Sarawaks sehen im Holzeinschlag eine systematische Zerstörung ihrer Heimat. Erst fällt man die Wälder, dann entstehen Plantagen, auf denen die Eingeborenen nicht mehr wie früher jagen und sammeln können. Und um das Maß vollzumachen, fließen fast alle Gewinne aus dem Holzverkauf nach Europa und Amerika. Der Provinzverwalter Sarawaks, Taib Mahmut, hat die lukrativsten Verträge seiner Familie und politischen Freunden zugespielt. Sein persönliches Vermögen schätzt man auf über 6 Milliarden DM, während es den Eingeborenen selbst am Nötigsten mangelt: sauberes Wasser, angemessene Ernährung und medizinische Versorgung.

Besonders tragisch erweist sich für den Menschen wie für die Natur die Vergiftung der Gewässer: 70 Prozent der Flüsse und Bäche Sarawaks sind verseucht. Zum einen haben die schweren Kettenfahrzeuge die Flüsse verschlammt, zum anderen haben sich Gifte aus den Baumrinden im Wasser gelöst und die Fische getötet. Mit dem Verschwinden der Fische, Vögel und Kleinsäuger aus den gerodeten Gebieten versiegt auch die wichtigste Nahrungsquelle der Penan und der Dajak-Völker. Sie werden in überfüllte Lager gedrängt, wo viele Menschen an Infektionen, Ruhr, Tuberkulose und rheumatischem Fieber sterben. In vielen Siedlungen leidet praktisch jedes Kind an Eiterflechten, Krätze oder anderen Hautkrankheiten; zudem ist jedes zweite unterernährt.

„Es stimmt ja nicht, daß wir gegen den Fortschritt wären", sagt eine Frau der Penan. „Wir wollen Schulen und Krankenhäuser. Aber zunächst verlangen wir unser angestammtes Land zurück. Hört mit dem Abholzen auf, und dann reden wir über eine uns angepaßte Erschließung."

„Dieses Haus, das wir von der Regierung bekommen haben, ist ja nicht schlecht", erklärt einer der umgesiedelten Penan, „aber was nützt es uns, wenn wir darin verhungern? Wir wollen fischen und jagen. Touristen sehen das neue Haus und glauben, wir müßten glücklich sein. Aber das stimmt nicht. Wir wollen unseren Wald! Wir wollen echte Penan sein!"

Die malaysischen Behörden halten dagegen, daß es nur noch wenige hundert nomadischer Penan gebe – zu wenige, um besondere Rücksicht zu rechtfertigen. Aber außer den Penan sind Hunderttausende weiterer Eingeborener auf den Wald angewiesen. Die Regierung meint, diese Leute sollten endlich in die Neuzeit eintreten. „Wir wollen sie aus dem Urwald holen, ihnen ein ordentliches Leben ermöglichen", sagte die Ministerin für Außenhandel und Industrie, Frau Rafidah Aziz, im Mai 1992. Auf den Widerstand gegen die Abholzung angesprochen, antwortete sie: „Es geht doch gar nicht um das Abholzen. Es geht um die ursprünglich 6000 Penan, die seit Urzeiten im tropischen Regenwald von Sarawak lebten ... Heute leben dort vielleicht noch 300 dieser Penan, die sich weigern, ihren Urwald zu verlassen ... Ich meine, wir reden hier über 1992. Wir reden über das 21. Jahrhundert. Wir können es uns nicht leisten, daß einige unserer Bürger im Wald Affen jagen."

Scharf kritisierte Frau Aziz eine Sendung des britischen Fernsehens, in der sich eine Frau der Penan besorgt über das Verschwinden der Waldtiere äußerte. Es werde immer schwieriger, sagte die Frau, Affen oder andere Tiere zu erlegen, um die Kinder zu ernähren. „Na und?" kommentierte die Ministerin. „Leute in England werfen uns vor, wir nähmen den Penan ihre Lebensgrundlage. Aber was für ein Leben ist das? Ihre Kinder jagen Affen,

Sarawak

Männer vom Stamm der Penan. „Seit Jahrtausenden war der Wald für uns Heimat und Freund zugleich; jetzt vernichtet man ihn ohne Rücksicht. Wir wollen doch nur überleben, unsere überlieferten Bräuche pflegen und unseren Enkelkindern eine sichere Zukunft bieten."

unsere Kinder lernen, mit Computern umzugehen ... Menschen, die Affen jagen. Ich bitte Sie! Einige Leute halten das wirklich für ein angemessenes Leben. Keine Schule. Kein Garnichts. Laßt sie doch im Lendenschurz herumlaufen! ... Wir haben dieses [faszinierende] exotische Stammesleben. Da heißt es dann: ‚Rührt das nicht an, laßt ihnen ihr kulturelles Erbe, ihre Grabstätten und so weiter. Und hört auf, Holz zu fällen.' Das ist *unverschämt*."

Ganz anders klingt die Geschichte aus dem Mund der Penan, deren Führer nach zehn Monaten der Straßenblockade im März 1992 einen handgeschriebenen Brief aus dem Urwald schmuggelten. „Wir wenden uns heute an alle, die unseren Kampf gegen das Holzfällen unterstützen", hieß es darin. „Die malaysischen Behörden behaupten, Ausländer hätten kein Recht, unsere Wälder zu schützen. Aber wir glauben an Sie und daran, daß Sie uns helfen."

Dann beschrieb der Brief, wie Sondereinheiten der Polizei mit Waffengewalt und Tränengas die Blockade aufgelöst hatten. „Wir waren nur wenige Leute. Wären wir dageblieben, hätte man uns getötet ... Unsere Behörden sagen, wir hätten kein Recht auf dieses Land. Aber unsere Vorfahren haben seit Urzeiten in Sarawak gelebt – das muß uns doch Rechte geben. Wir blicken jetzt auf Sie, draußen in der Welt, um unseren Widerstand zu unterstützen. Wenn Sie uns nicht helfen, dann werden wir bald von der Hand der malaysischen Behörden sterben."

Nachdem die Umweltkonferenz in Brasilien vorüber war, entschied sich Mutang schweren Herzens, ins kanadische Exil zu gehen. Als ich ihn dort besuchte, erklärte er mir: „Ich sah ein, daß ich von hier aus mehr für mein Volk tun konnte. Ich kann meine Leute mit den neuesten Nachrichten versorgen und die Hilfsangebote koordinieren. Das zeigt ihnen, daß sie nicht vergessen sind, und es stärkt ihr Selbstvertrauen. Hier kann ich mich auch auf den Tag vorbereiten, an dem ich in meine Heimat zurückkehren werde."

Im Exil war Mutang von seiner Familie getrennt und konnte seine Freunde nicht bei der Blockade der Transportwege unterstützen. Dafür versuchte er andere Länder zu überzeugen, daß sie mit dem Kauf des Tropenholzes zum Untergang seines Volkes beitrugen. Japan kauft besonders viel. Dort leben zwar nur zwei Prozent der Weltbevölkerung, aber das Land ist der weltgrößte Importeur tropischer Harthölzer. Über 90 Prozent stammen allein aus den malaysischen Teilstaaten Sarawak und Sabah. Das meiste Holz wird nur ein- oder zweimal zur Verschalung von Gußbeton verwendet und dann weggeworfen.

Mutang reiste nach Japan, um einen dringenden Appell an Premierminister Miyazawa und andere Kabinettsmitglieder zu richten. Er führte aus, wie in den gerodeten Landstrichen die Fische, Wildtiere, Vögel, Sagopalmen und Heilkräuter verschwanden. Er beschrieb, wie Hunderte ihrer Friedhöfe von den Raupenschleppern niedergewalzt wurden. Er sagte: „Wir haben getan, was wir konnten, um die Unternehmen und unsere Regierung auf diese Probleme aufmerksam zu machen, aber all unsere Appelle sind auf taube Ohren gestoßen. Deshalb mußte ich nach Japan kommen, weil das meiste Holz aus Sarawak hierhin verkauft wird. Solange Sie dieses Holz kaufen, tragen Sie direkt zur Zerstörung unseres Lebensraumes, unserer Kultur und Tradition bei."

Wenn Mutang solche öffentlichen Erklärungen abgibt, mühen sich die malaysischen Behörden redlich, ihn in Mißkredit zu bringen. Dabei könnte er ihnen einen unschätzbaren Dienst erweisen. Denn die Geschichte wird über Männer wie Taib Mahmut und ihre korrupte Vernichtungspolitik gnadenlos urteilen: Was andere mit Gewehren und Gaskammern versuchten, schaffen sie unbeabsichtigt mit Motorsägen und Planierraupen. Die Vernichtung eines Volkes darf nicht sein, gleichgültig, wie sie geschieht. Statt die Abholzung voranzutreiben, die die Penan und andere Ureinwohner auslöschen wird, könnte Malaysia sich zum Vorreiter einer neuen, sanften Strategie erheben, die Erschließung von Rohstoffen mit dem Erhalt eingeborener Lebensweisen verbindet.

Das nächste Mal traf ich Mutang, als die Vereinten Nationen in New York 1993 zum Jahr der bedrohten Völker erklärten. Als der Augenblick seiner Rede gekommen war, schritt er ans Podium, schaute über das riesige Halbrund der versammelten Nationen und sagte: „Die malaysische Regierung sagt, sie brächte uns den Fortschritt. Aber alles, was wir sehen, sind staubige Transportstraßen und Umsiedlungslager. Für uns bedeutet dieser sogenannte Fortschritt Hunger, Abhängigkeit, Ohnmacht, die Zerstörung unserer Kultur und die Vernichtung unserer Menschen. Die Regierung sagt, sie gäbe uns Arbeit. Aber diese Arbeit gibt es nur solange, bis der letzte Baum gefallen ist.

Ein hoher Regierungsbeamter sagte mir einmal, daß irgend jemand für den Fortschritt Opfer bringen müsse. Aber warum sollen wir dieses Opfer bringen? Wir haben schon so viel gegeben: unser Land und unsere Würde. Alles, was wir jetzt noch opfern könnten, wäre unser Leben.

Weil wir unsere Lebensweise verteidigen, hat man uns als grüne Spinner, Verräter und Terroristen beschimpft. Die Holzunternehmen heuern Söldner an, die unser Leben bedrohen. Waldarbeiter überfallen unsere Dörfer und vergewaltigen die Frauen. Die Unternehmen bereichern sich an unseren Wäldern, während wir ein erbärmliches Dasein fristen."

Mutang hielt einen Augenblick inne, dann fuhr er mit bewegter Stimme fort: „Müssen erst Menschen sterben, bevor Sie handeln? Muß es erst Krieg und Blutvergießen geben, bevor die UNO einem Volk hilft? Wir haben trotz aller Gewalt niemals Gegengewalt gebraucht. Wir haben immer friedlich protestiert. Warum hört diese Organisation, die dem Frieden dienen will, nicht auf die verzweifelten Hilferufe eines friedlichen Volkes?"

Die beiden Penan grillen während ihrer Pause einen Fisch.

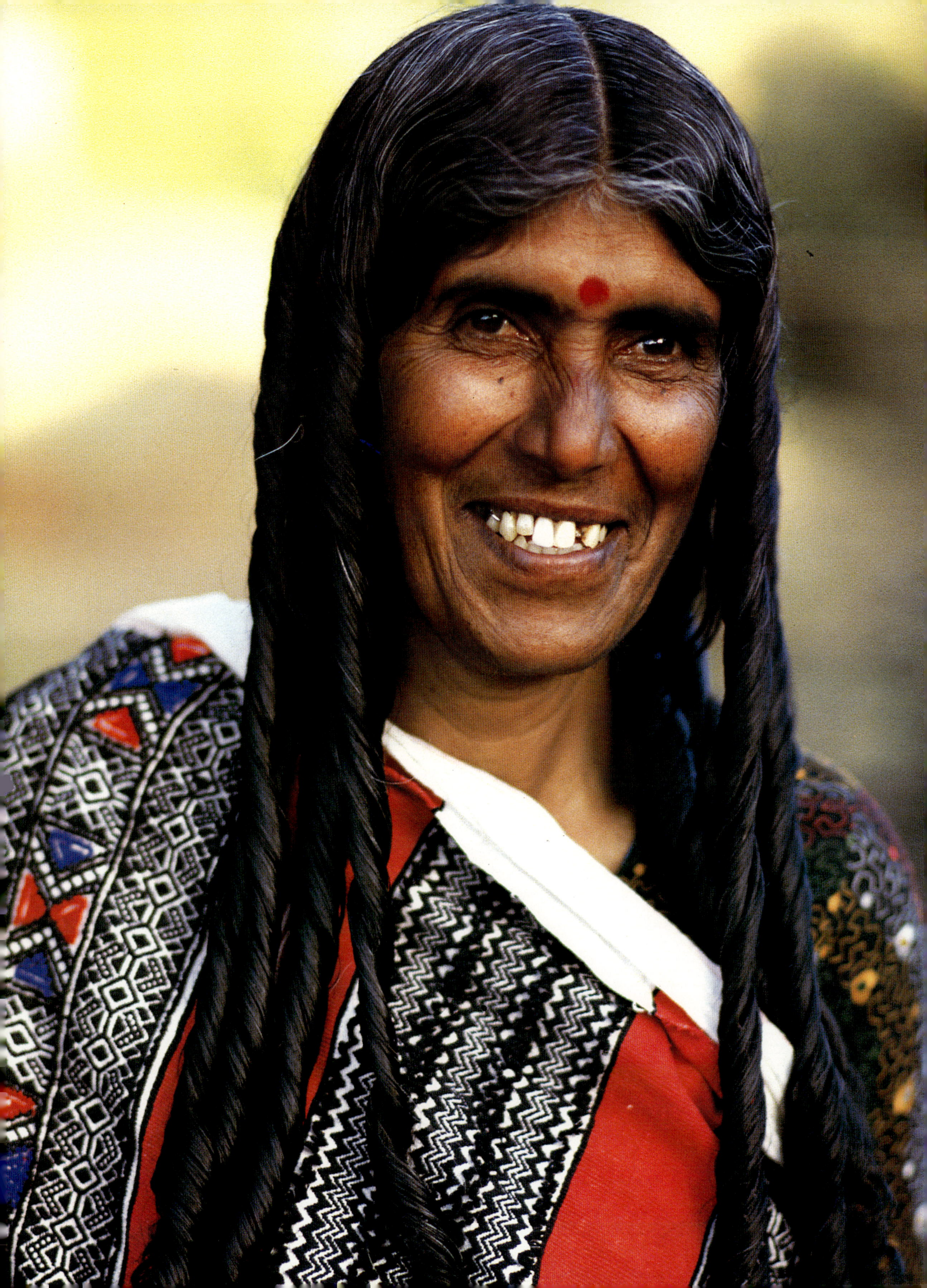

SÜDOSTASIEN

DIE TRÄNEN UNSERER VÖLKER

Toda-Frau in den Nilgiri-Bergen in Südindien.

„Es hat keinen Sinn, sie zu einer zweitklassigen Kopie unserer selbst machen zu wollen", sagte einst Indiens Ministerpräsident Jawaharal Nehru über die Ureinwohner seines Landes. „Sie sind Menschen, die singen und tanzen und sich des Lebens freuen; nicht Leute, die in Börsen sitzen, einander anschreien und sich für zivilisiert halten ... Wir beabsichtigen nicht, uns in ihre Lebensweise einzumischen, sondern wollen ihnen helfen, sie zu leben ... gemäß ihrer eigenen Natur und Tradition."

Im Jahre 1950 nahm Indien unter Nehrus Führung seine Schutzpolitik für Stammesvölker auf. Aber unter dem Druck, Indien zu modernisieren, ist diese Vision einer multikulturellen Gesellschaft nur schwer zu erreichen. Einige Stämme wurden, obwohl ziemlich klein, den strengen Maßnahmen der Geburtenkontrolle unterworfen. Und wenn Dämme gebaut, Wälder gerodet oder Parks neu angelegt wurden, mußte die eingeborene Bevölkerung oft ihr Heim verlassen und woanders neu siedeln.

„Als wir in den Bergen lebten, hatten wir alles, was wir brauchten", sagte Goga Gaita, ein Ältester der Bartar, nachdem die Regierung seine Leute umgesiedelt hatte. „Unsere Vorfahren lebten in den Bergen. Sie hatten ihre Götter, ihre Gebete und ihr Land. Wir führten dort ein glückliches Leben. Wir hatten genug zu essen, und niemand störte uns. Aber das neue Land, in das wir vor 20 Jahren kamen, bringt uns weder Glück noch genug zu essen. Vor drei Jahren kamen Leute von der Regierung und sterilisierten all unsere verheirateten Männer. Seitdem werden wir immer weniger. Unsere Götter haben uns verlassen, und das Land will uns auch nicht."

In Nordindien werden die letzten Dörfer der Banjara verdrängt. Vor Jahrhunderten wanderten die ersten Banjara aus, zunächst nach Westen, dann aus Indien hinaus, durch den Mittleren Osten nach Europa und schließlich in die Vereinigten Staaten. Obwohl sie auch körperliche Arbeit verrichteten, zogen sie es vor, als Schauspieler und Wahrsager zu überleben. Mit der Zeit wurden sie als Zigeuner[1] bekannt.

---

1) Die Bezeichnung „Zigeuner" wird hier als Oberbegriff für Gruppen wie Sinti, Roma und Kalle gebraucht.

In den Nilgiri Hills Südindiens gibt es vier Völkerstämme, die durch ihre Isolierung in diesem Jahrhundert gut geschützt waren. Auf einem Hochplateau unter gemäßigten Temperaturen, 2000 Meter über dem schwülen Tiefland, lebten die Stammesangehörigen der Toda, Kota, Badaga und Kurumba in Frieden miteinander und unterhielten einen regen Tauschhandel. Als aber die Briten eine Straße in ihr Gebiet bauten, brachten fremde Werte und Bräuche das uralte Gleichgewicht durcheinander. Die kleinbäuerlichen Badaga fanden sich rasch in der vorherrschenden Lebensweise Südindiens zurecht. Aber die Kota, die Musiker und Künstler waren, und die zurückgezogenen Kurumba, bekannt als Waldbewohner und Zauberer, konnten sich nicht anpassen, und heute sind diese Gruppen völlig verschwunden. Die Toda schließlich, deren Leben sich auf die Büffelhaltung konzentriert, sind auf etwa 300 Familien geschrumpft. Dieser kümmerliche Rest versucht verzweifelt, sich an seine Bräuche und spirituellen Überzeugungen zu halten.

„Unsere Geschichte ist traurig", erzählte Evam Pilgain dem Fotografen John Isaac und mir.

Toda-Mutter mit Kind. Bei den Toda dürfen die Frauen mehrere Ehemänner haben.

„Viele Fremde ziehen in das Land der Toda, und wir verlieren immer mehr unsere Rechte."

Mit ihren 60 Jahren ist Evam eine bemerkenswerte Frau, die Analphabetentum, strenge Sitten und das starre Kastenwesen überwunden hat und zu einer allseits geschätzten Führerin der Toda emporgestiegen ist. Sie erzählte mir, daß sie als Kind bei einer Schulaufführung die Rolle der Florence Nightingale spielte; plötzlich wußte sie, daß ihre Berufung Krankenschwester war. Sie lernte mit großem Eifer und konnte bald ihre Ausbildung in London abschließen, wo sie ihr neues Leben genoß. Sie hätte gut ihr ganzes Leben dort verbringen können, wenn sie nicht ein erschreckender Bericht über den Verfall der Toda erreicht hätte. Mehrere Tage lang konnte sie weder essen noch schlafen, und innerhalb von zwei Wochen trat sie die Rückreise nach Indien an.

Es gab jedoch keine Stellen für eine Krankenschwester in den Nilgiri Hills. Daher lebte Evam über ein Jahr lang von ihren Ersparnissen und bot freiwillige Dienste an. Dann traf sie bei einer Versammlung in Madras den Ministerpräsidenten Nehru. Sie erzählte ihm, daß sie zurückgekommen war, um ihren Leuten zu helfen – genau das, was er sich von jungen ausgebildeten Menschen wünschte –, aber daß sie keine Anstellung finden könnte. Bald darauf wurde sie zur leitenden Krankenschwester des Gebietes ernannt.

Einige Jahre später kam Nehru im Urlaub in das Nilgiri-Gebiet und besuchte Evam. Er fragte sie nach den Ehebräuchen der Toda, die ihn tief beunruhigten. Die Eltern arrangieren nämlich schon bei der Geburt eines Mädchens die Verlobung. Mit 15 Jahren zieht das Mädchen in das Haus des gewählten Jungen um und heiratet nicht nur ihn, sondern auch seine jüngeren Brüder. Zwei Monate, bevor ihr erstes Kind geboren wird, beschenkt sie einer ihrer Ehemänner, gewöhnlich der älteste Bruder, mit einem symbolischen Pfeil und einem Bogen und erklärt sich zum offiziellen Vater des Kindes. Die Identität des biologischen Vaters des Kindes bleibt unwichtig. Später kann sie sich mit Einwilligung ihrer Ehemänner einen anderen Toda-Mann zum Liebhaber nehmen.

„Diese Freizügigkeit, mehr als einen Mann zu haben, irritiert mich", gab Nehru Evam

Südostasien

Angehörige eines Eingeborenenstammes in Indien. Hier leben 51 Millionen Eingeborene, die über 200 verschiedenen Volksstämmen angehören.

gegenüber zu. „Was werden Sie mit diesen Ehebräuchen in dieser modernen Zeit machen?"

„Nichts, Sir", erwiderte Evam.

„Warum denn nicht?" konterte der Ministerpräsident.

„Weil wir nur offen tuen, was viele sogenannte zivilisierte Leute im geheimen machen. Wir sind ehrlicher. Warum sollte ich versuchen, unsere Leute unehrlich zu machen?"

Wie Evam sich erinnert, dachte Nehru einen Augenblick nach, brach dann in ein breites Grinsen aus und streckte ihr ohne ein weiteres Wort die Hand aus.

Als John Isaac und ich im Frühling 1993 mit Evam sprachen, war Nehru natürlich seit langem gestorben und das Vordringen der Zivilisation bescherte den Toda neue Schwierigkeiten. Eine Filmgesellschaft war in ihr Gebiet gekommen und lud ihren Abfall auf dem Land der Toda ab. Evam erzählte uns, daß sie auf das Gelände ging und nach dem Beispiel von Mahatma Ghandi *Satyagraha*, Fasten und Beten, vollzog und die Gesellschaft durch Gewissensappelle zu überreden versuchte, ihre Sachen selbst zu bereinigen. Sie hatte Erfolg.

Evam war sich wohl bewußt, daß ihren wenigen Leuten viele Probleme gegenüberstanden, aber sie wies rasch jede Vermutung zurück, daß die Toda dahinschwänden. „Erst voriges Jahr", sagte sie, „erschien ein Gelehrter aus den USA für eine Studie über uns. Bevor er wieder abreiste, sagte er, daß die Toda allmählich vergehen würden. Ich widersprach ihm und fragte: ‚Was macht einen Menschen zu einem Toda oder zum Angehörigen irgendeines anderen Stammes? Nicht die Kleidung. Nicht der Schmuck. Für uns ist es der heilige Büffel. Die Toda sind ein Büffel-Volk.'"

Jede Stufe des Toda-Lebens – von der Geburt über die Kindheit und das Erwachsenenalter bis zum Leben nach dem Tode – wird von einer Übergangszeremonie markiert, die den heiligen

Europa und Asien

Büffel einbezieht. Wenn ein Kind empfangen wurde, wird es in einer Zeremonie mit Büffelmilch für ehelich erklärt. Das Gesicht eines Kindes wird erstmals in der Nähe des Tempels öffentlich gezeigt, der von Lampen erleuchtet ist, die Ghee verbrennen, eine Art Büffelbutter. Und wenn ein Toda stirbt, wird ein Büffel geopfert.

„Es leben jetzt vielleicht nur 300 Toda-Familien. Wir kennen immer noch alle den Namen eines jeden Büffels und können den Stammbaum unserer Herde zehn Generationen weit zurückverfolgen. Unser Haupttempel ist seit Tausenden von Jahren nicht geschlossen worden, und die Lampen, die mit Büffel-Ghee brennen, sind dort immer angezündet. Erst wenn der Tempel geschlossen wird und all unsere Zeremonien aufgehört haben, werde ich zugestehen, daß die Toda vergangen sind. Erst dann."

Banjara-Frau in Hyderabad, Indien. Zahlreiche Zigeuner in der ganzen Welt stammen ursprünglich von den Banjara ab, die heute die Reste ihrer Heimat zu verlieren drohen.

Die Toda werden neuen Herausforderungen begegnen müssen, aber sie gehören noch zu den sicher lebenden unter den 150 Millionen eingeborenen Menschen Südostasiens. Das Überleben der Stammesangehörigen in Vietnam ist demgegenüber weniger durch westlichen Fortschritt gefährdet als vielmehr durch die Nachwirkungen des Krieges, des Napalmbombardements und der chemischen Entlaubung ihres Landes. In Kambodscha haben Stammesangehörige die Ausschreitungen der Roten Khmer in einem Gebiet ertragen müssen, das als die „Todesfelder" bekannt geworden ist. Und in Afghanistan hat die sowjetische Besatzung die meisten Stammesvölker des Landes vertrieben. Nach einem Bericht der Vereinten Nationen wurden sechs Millionen Afghanen zu Flüchtlingen – ein Drittel der Bevölkerung und beinahe die Hälfte des Flüchtlingsstromes der Welt.

Woanders wiederum sind viele Ureinwohner Asiens inmitten der explosionsartig wachsenden Bevölkerung anderer Kulturen untergegangen. Taiwan zum Beispiel wurde einst nur von eingeborenen Menschen bewohnt. Heute sind noch elf unterschiedliche Stämme mit etwa 330 000 Angehörigen auf der Insel zu finden, aber ihr Anteil an der Gesamtbevölkerung macht nur 1,7 Prozent aus.

Im Gegensatz dazu haben die Menschen auf den kleinen Andamanen-Inseln im Golf von Bengalen durch die Isolierung gelitten. Der größte Stamm, die Großen Andamaner, zählte im Jahre 1858, als die Briten das Land besetzten, 4000 Angehörige. Krankheiten und verhängnisvolle Kämpfe mit den Engländern haben die einheimische Bevölkerung heute auf weniger als 30 Menschen vermindert. Auf der isoliertesten Andamanen-Insel haben sich etwa 150 Negriten, keiner von ihnen größer als 1,50 Meter, ziemlich gut gegen das 20. Jahrhundert behauptet. Sie schießen mit Pfeilen auf Eindringlinge und wurden tanzen gesehen, wenn diese wieder gehen.

In Bangladesch und Birma haben die traditionellen Völker keine solche Festung halten können. Sie sind alle zu Bauern auf dem Schachbrett brutaler Kämpfe der verschiedenen ethnischen und religiösen Fanatiker ihrer Region geworden. Die Chakma, Tripura, Karen, Mon und eine Anzahl kleinerer Stammesgruppen in dieser Region sehen sich extremen Auswüchsen des Völkermordes gegenüber.

„Plötzlich standen wir im Wasser, dann versuchten wir, in der Flut zu schwimmen", sagte ein Mann aus den Chittagong Hills in Bangladesch. Um seine Identität zu verbergen, trug er eine dunkle Brille. Er saß mit gekreuzten Beinen neben mir auf dem Boden und erklärte, wie der Kaptai-Damm 100 000 seiner Leute entwurzelt hatte.

„Niemand warnte uns. Eines Tages schlossen sie einfach die Tore des Dammes, und das Wasser stieg. Viele Frauen und Kinder konnten nicht schwimmen und ertranken. Meine ganze Familie wurde entwurzelt. Wir sehen in dem Wasser des Sees die Tränen unseres Volkes."

„Starb irgend jemand aus Ihrer Familie?"

„Nein, meine Geschwister und meine Mutter flohen nach Indien und leben jetzt in einem Flüchtlingslager. Ich verlor alles. Ich habe kein Land oder Zuhause mehr. Ich bin wie ein Vagabund. Meine Leute haben ihre Redefreiheit verloren. Wir dürfen uns nicht mehr äußern. Wir haben alles verloren. Wir verlieren sogar unseren Mut."

Er sprach rasch und stoßweise, als könnte er jeden Augenblick unterbrochen werden. Er war ein Führer der gut ein Dutzend Stammesvölker, die in den Chittagong Hills in Bangladesch einheimisch sind. Wir trafen uns an einem sicheren Ort, und ich versprach, seinen Namen nicht zu nennen und ihn nicht zu identifizieren. Wenn Regierungsstellen erführen, daß er mit mir sprach, konnte er ermordet werden.

Eine Weile lang erzählte er von der Schönheit des einfachen, anspruchslosen Lebens, das seine Leute in den Chittagong Hills führten, die immer noch 600 000 von ihnen Heimat bieten. Vor langer Zeit lernten sie, einen dürftigen, aber ausreichenden Lebensunterhalt aus den Feldern des Hügellandes herauszuholen. Aber im Jahre 1963 entwurzelte der Kaptai-Damm nicht nur viele der Einwohner, er überflutete auch 40 Prozent ihres Ackerlandes. Dies war jedoch nur eine von mehreren Tragödien, die das 20. Jahrhundert für die Völker der Chittagong Hills markiert haben.

Eingeborene Musikanten in Indien.

Europa und Asien

Indischer Stammesangehöriger mit Enkel. Weniger als 15 Prozent aller Ureinwohner in Indien haben Zugang zu Schulen und medizinischen Einrichtungen.

Während der britischen Kolonialherrschaft in Indien lebten die Chittagong-Völker verhältnismäßig ungestört. Im Jahre 1900 versicherten die Briten ihnen sogar, daß Außenstehenden nicht genehmigt würde, sich in ihrem Gebiet niederzulassen. Aber als Indien im Jahre 1947 seine Unabhängigkeit erlangte, begannen ihre Schwierigkeiten. Mit dem Zerfall des britischen Weltreiches verkam das Chittagong-Gebiet zum bloßen Handelsobjekt. Da die Bewohner dieser Region überwiegend Christen und Buddhisten waren, wäre es logisch gewesen, ein Teil von Indien zu bleiben. Aber Kalkutta mit seiner beträchtlichen Moslem-Bevölkerung kam zu Indien; so wurden die Chittagong-Völker als ein Handelsangebot an Pakistan verschleudert, mit dessen moslemischen Bengalen sie keine kulturellen oder religiösen Bande hatten.

Pakistan war bald in einen blutigen Bürgerkrieg verwickelt. Moslems aus den benachbarten Bezirken zogen in die Chittagong Hills, und die pakistanische Armee unterstützte sie bei ihrem Raubzug gegen die ortsansässige Bevölkerung. Als der Krieg zu Ende war, gab es ein neues Land – Bangladesch. Die Leute aus den Bergen baten die neue Regierung, die von Pakistan genommenen Ländereien zurückzugeben. Darauf schickte Bangladesch Armee-Einheiten, um sogar noch mehr Stammesländereien zu beschlagnahmen.

Im Frühling 1977 plünderten bengalische Soldaten in einem typischen Angriff vier Dörfer; 54 Männer wurden in eine Grube abgeführt und erschossen, dann wurden 23 Frauen vergewaltigt und zu Tode gequält. Im Jahre 1978 brannten Soldaten drei Tage vor Weihnachten 22 Dörfer nieder. Die Soldaten nahmen im Dorf Gargajyachar alle jungen Männer zwischen 15 und 17 Jahren fest und schnitten sie mit ihren eigenen Messern in Stücke. Bis Ende des Jahres 1978 hatte die Regierung von Bangladesch 30 000 Stammesangehörige verkrüppelt oder getötet.

Trotz dieser Angriffe machten die Einheimischen immer noch 90 Prozent der Bevölkerung dieses Gebietes aus. Aber im Jahre 1979 wurde der Militärangriff mit einem Übersiedlungsprogramm verknüpft. Innerhalb von fünf Jahren schickte die Regierung 400 000 moslemische Siedler in die Berggebiete, die mangels Land begannen, die Dörfer der Stammesbevölkerung zu plündern.

„Eine Schreckensherrschaft machte sich in dem ganzen Gebiet breit", berichtete Uprendra Lal Chakma, ein Führer der Bergvölker. „Die vertriebenen Stammesangehörigen wagen es nicht, in ihre zerstörten und verwüsteten Dörfer zurückzukommen. Totschlag, Brandstiftung, Plünderung und Bedrohungen von den Siedlern dauern an."

Die Wirkungen der vom Militär unterstützten Siedlungspolitik blieben vor dem Rest der Welt verborgen. Während Bangladesch moslemische Siedler mit Landkrediten und Geld ermutigte, versicherte es den Vereinten Nationen wiederholt, daß es kein finanziell gefördertes Einwanderungsprogramm hätte. Dieser Komplott zur Auslöschung der Stammeskulturen setzte sich die 80er Jahre hindurch fort.

„Am 1. Mai 1986 kamen Siedler und besetzten mein Land", erzählt ein Chakma-Flüchtling. „Soldaten halfen ihnen, unsere Häuser zu verbrennen. Das ganze Dorf mit 60 Häusern wurde abgebrannt. Als wir das sahen, liefen wir durch den Dschungel und erreichten schließlich Indien."

„Etwa 50 Soldaten trieben das ganze Dorf auf einem Platz zusammen", erinnert sich eine 30jährige Flüchtlingsfrau. „Alle unsere Männer wurden festgenommen. Sie zogen mich nackt aus und banden meine Hände und Füße fest. Dann vergewaltigten sie mich vor den Augen meines Schwiegervaters. Drei weitere Mädchen wurden neben mir vergewaltigt."

Über 20 Jahre lang erfuhr die Welt von solchen Geschehnissen nur von denen, die bereits aus dem Land geflohen waren. Im Frühling 1991 entsandte die Chittagong Hill Tracts Commission die erste unabhängige Untersuchungsdelegation in die Region. Sie berichtete, daß „Einheimische getötet, gefoltert, vergewaltigt, verletzt und festgenommen werden ... Die Armee zwingt den Bergstämmen die bengalische Kultur und Verwaltung auf. Es ist äußerst schwierig für die Ureinwohner der Chittagong Hills geworden, ihre eigene Identität zu bewahren, selbst ihr rein physisches Überleben ist gefährdet ... der Völkermord bedroht noch immer die Bergstämme."

Ein Jahr nach der Freigabe des Berichtes der Kommission traf ich den Führer der Chakma. Sein Volk war gerade Opfer des größten Massakers seit 18 Jahren geworden.

„Wir hörten davon am 11. April, als wir uns zu einem Kulturfest versammelten. Wir hatten nichteingeborene Menschen – Anwälte, Richter, Journalisten, politische Führer, jeden Interessierten – zu unserer kulturellen Veranstaltung eingeladen. Wir wollten ihnen zeigen, wie wir leben. Wir wollten unsere Kultur mit ihnen teilen. Aber als wir hörten, was am Tage zuvor geschehen war, konnten wir nicht feiern. Ein Überlebender erzählte mir, daß bengalische Siedler und Soldaten mehr als 1200 Menschen getötet hatten. Sie schlossen sie in ihre eigenen Häuser ein und steckten diese dann an. Verbrannten sie einfach."

„Und wenn Ihre Leute diese Greueltaten öffentlich machen?"

„Wir wagen es nicht. Schon für friedliche Aktivitäten sind viele unserer Führer erschossen oder verhaftet worden. Einige sind in den Untergrund gegangen und kämpfen schon seit 18 Jahren. Sie haben keine andere Wahl. Sie mußten zu den Waffen greifen, um ihre Familien zu beschützen."

„Und Sie?"

„Ich bin ein demokratischer Aktivist, aber wie können wir bei dem Militär, das unser Leben beherrscht, Demokratie ausüben? Wir leben in einem Polizeistaat, einem Kriegsgebiet. Unser ganzes Gebiet ist unter militärischer Besatzung. Auf sieben von unseren Leuten kommt ein Soldat. Ich kann nicht zu Hause wohnen, sonst würde ich nicht lange überleben. Aber ich gehe oft zurück und besuche meine Familie, immer in verschiedenen Verkleidungen."

Seit 1971 sind 50 000 Stammesangehörige nach Indien geflohen. Diejenigen, die blieben, wurden von den Ländereien ihrer Vorfahren vertrieben und gezwungen, in militärisch kontrollierten Dorfeinheiten zu leben. Währenddessen bleibt die Regierung von Bangladesch abhängig von Auslandshilfe aus den USA, Japan und anderen Industrieländern sowie von der Weltbank und der Asia Development Bank.

„Wozu wird diese Hilfe verwendet?" fragte der Chakma-Führer und schüttelte seinen Kopf. „Wir sind doch keine Dummköpfe. Die Auslandshilfe unterstützt die Politik der Regierung, meine Leute auszurotten. Die Auslandshilfe unterstützt die Vergewaltigung unserer Frauen und Töchter, die Morde, das Niederbrennen von Häusern, die Vernichtung von Dörfern, die Besetzung unseres Landes, alles ..." Er hielt einen Augenblick inne: „Ich verlor mein Haus. Es wurde vom Militär zerstört."

„Und Ihre Familie? Sind Ihre Frau und Töchter denn sicher?"

„Meine Frau ... meine kleinen Mädchen ..." Er suchte nach Worten und brach in Tränen aus, er schluchzte, seine breiten Schultern bebten. „Ich weiß es nicht ... Ich muß einfach glauben, daß sie noch leben."

Nach einem Augenblick faßte er sich.

„Ich verstehe die bengalische Regierung nicht", sagte er beherrscht. „Wir sind keine Terroristen. Wir kämpfen um unser blankes Leben. Warum wollen sie uns in den Untergang treiben?"

Östlich von Bangladesch liegt Birma, ein Land mehr als doppelt so groß wie das heutige Deutschland. Seine 42 Millionen Menschen sprechen mehr als 100 Sprachen. Mit seinem fruchtbaren Boden, Hartholzwäldern, Öl, Jade, Rubinen und Saphiren war Birma einst das reichste Land in Südostasien. Aber jetzt ist es eines der ärmsten, denn sein Wohlstand hat sich in einem langen Bürgerkrieg erschöpft, der Millionen von Karen, Mon und andere Stammesvölker in Armut und Exil getrieben hat.

Einst eine britische Kolonie, gewann Birma im Jahre 1947 seine Unabhängigkeit infolge des Auftretens von Aung San, einem brillanten und charismatischen jungen Mann, der die meisten der mehr als 130 ethnischen Gruppen seines Landes in der Bemühung um Demokratie vereinte. Aung San strebte ein vereintes Birma an, in dem die eingeborenen Minderheiten vollwertige Partner sein würden. Aber während er an einer Verfassung für die neue Nation schrieb, wurde Aung San im Juli 1947 ermordet. Da es den einzigen Mann verloren hatte, der die grundverschiedenen kulturellen Gruppen vereinen konnte, fiel Birma in einen Abgrund der Unterdrückung und Revolution, aus dem es sich erst einmal wieder erheben muß.

Das Militär und die Geheimpolizei stiegen zu einer privilegierten Klasse auf, während eingeborene Führer ihre Widerstandsbewegungen in den Bergen organisierten und vom Exil aus regierten. Am 8. August 1988 marschierten Zehntausende von Menschen auf den Straßen von Birmas Hauptstadt Rangun, um friedlich für eine demokratische Regierung zu plädieren. Die Regierung eröffnete das Feuer auf die Demonstranten. Hunderte starben. Proteste breiteten sich in die ländlichen Regionen aus. Das Militär schlug zurück in Form des als SLORC bekannten *State Law and Order Restoration Council* (Staatsrat zur Wiederherstellung von Recht und Ordnung). In den folgenden Wochen wurden mehr als 5000 Kinder, Studenten, Arbeiter, Hausfrauen und Mönche erschossen.

An einem schwülen Sommertag im Jahre 1988 kehrte eine außergewöhnliche junge Frau in ihr Heimatland Birma zurück und weckte ein Gefühl von Hoffnung in diesem ins Chaos gestürzte Land: Aung San Suu Kyi, die Tochter von Aung San, der 40 Jahre zuvor die Freiheit nach Birma brachte. Suu Kyi war erst zwei Jahre alt gewesen, als ihr Vater getötet wurde. Obwohl sie in der Folge in England studiert, geheiratet und zwei Kinder großgezogen hatte, war sie ihren Leuten immer nahe geblieben. „Sie erinnerte mich ständig daran, daß sie eines Tages nach Birma zurückkehren müßte", schreibt ihr Mann, Michael Aris, in der Einleitung zu ihrem Buch *Freedom from Fear* (Freiheit von der Angst). „Von ihrer frühesten Kindheit an war Suu von ganzem Herzen mit der Frage beschäftigt, was sie tun könnte, um ihren Leuten zu helfen."

Die Gelegenheit kam unerwartet im Sommer 1988. Als ihre Mutter einen Schlaganfall erlitt, eilte Suu zurück nach Rangun. Während sie ihre leidende Mutter betreute, begann sie für demokratische Reformen zu arbeiten. Sie gründete die *National League for Democracy* (Nationale Liga für Demokratie), sprach sich kühn gegen das Militär aus und verlangte freie Wahlen. „Ein Leben in der Politik ist für mich nicht attraktiv", sagte sie im August 1988. „Im Augenblick diene ich als eine Art Vereinigungsfigur. Einmal, weil ich den Namen meines Vaters trage, und weil ich kein Interesse an irgendeiner bestimmten Position habe."

Als sie durch das Land reiste, fühlten die Menschen sich zuerst wegen der auffallenden Ähnlichkeit mit ihrem Vater von ihr angezogen – sie besaß dasselbe herzliche Lächeln, die wachen Augen und die offene Art zu reden. Aber es war doch ihre Botschaft einer gewaltlosen Aussöhnung, die den Beifall aller fand. Sie kritisierte mutig das brutale Vorgehen des Militärs. Im Gegenzug nahm die Regierung ihre Anhänger fest und tyrannisierte sie. Am 5. April 1989 befahl ein Hauptmann der Armee fünf seiner Männer, Suu Kyi zu erschießen. Als sie gerade feuern wollten, griff ein vorgesetzter Offizier ein, um den Meuchelmord zu verhindern. Drei Monate später wurde sie unter Hausarrest gestellt. Ihr wurde die Freiheit angeboten, wenn sie das Land verließe. Sie entschied sich zu bleiben.

Im folgenden Frühling führte Birmas Militärregime Landeswahlen durch, und Suu Kyis demokratische Partei gewann 392 von 485 Parla-

Hmong-Flüchtlinge in Thailand. 1993 gab es weltweit 14 Millionen Flüchtlinge, die meisten von ihnen Eingeborene.

mentssitzen. Dies war ein durchschlagendes Wahlergebnis für Demokratie und Frieden, aber der Sieg erwies sich als wertlos. Die Generäle bestanden auf der Billigung einer neuen Verfassung durch alle 135 ethnischen Minderheiten des Landes, bevor sie den Demokraten Macht übertragen würden – eine unmögliche Aufgabe. Die Generäle wußten sehr gut, daß die einzige Person, die eine solche allseitige Zustimmung und Mitwirkung erreichen konnte, die Frau war, die sie unter Hausarrest hielten.

Selbst in der Isolierung inspirierte Suu Kyi ihre Leute mit ihrem Mut und dem festen Glauben, daß Birmas grundverschiedene Kulturen zusammenleben konnten. „Es ist wichtig, daß alle ethnischen Gruppen im Lande in unserer Demokratiebewegung zusammenarbeiten", schrieb sie. „In meiner Jugend wurde mir beigebracht, mit Menschen aus anderen ethnischen Gruppen zusammenzuleben. Wir müssen ihnen Sympathie und Verständnis zeigen. Sonst wird Fortschritt für das Land unmöglich sein."

Im Oktober 1991 verlieh das Norwegische Nobelpreiskomitee Aung San Suu Kyi den Friedensnobelpreis – „für ihre unermüdlichen Bemühungen, die eine Stütze für die vielen Menschen in der ganzen Welt sind, die mit friedlichen Mitteln die Erlangung von Demokratie, Menschenrechten und ethnischer Aussöhnung erstreben".

Suu Kyi blieb unter Hausarrest. „Ich weiß nicht, ob der Friedensnobelpreis jemals jemandem in solch einer Situation äußerster Isolierung und Gefahr verliehen worden ist", sagte ihr Mann. „Suu befindet sich jetzt im dritten Jahr ihres Arrestes in den Händen von Birmas militärischen Herrschern. Uns, ihrer Familie, wird jeglicher Kontakt verweigert, und wir wissen nichts über ihre Verfassung, außer, daß sie ganz allein ist."

Inzwischen hat Birmas Militärregime seinen Angriff auf die eingeborenen Minderheiten verstärkt. In den bergigen Hochländern, die Birmas Grenze zu Thailand, Laos und China bilden, leben schätzungsweise noch 15 Millionen Karen, Shan,

Kayah, Akha und Mon. In diesen entlegenen Gebieten gibt es keine Städte oder Straßen, sondern nur Tausende von kleinen Dörfern, verbunden durch enge Pfade, die sich durch den tropischen Wald schlängeln.

Die birmesische Armee hat bereits mehrere 100 000 Dorfbewohner aus ihren Heimen vertrieben und sie in krankheitsverseuchten Umsiedlungslagern zusammengepfercht. Die Exilregierung der Karen berichtete, daß die SLORC im März 1992 20 000 Menschen aus 76 Dörfern in Umsiedlungslager trieb. Ein Soldat, der sich von der birmesischen Armee absetzte und den Karen-Widerstandskämpfern anschloß, sagte, daß seine Einheit zwei Dörfern mit insgesamt 1300 Einwohnern gerade zwei Tage Zeit für den Umzug gegeben hätte. „Wir brannten die Häuser ab und gaben den Menschen ein anderes Gelände. Sie nahmen eine kleine Menge Nahrung mit, nicht genug, um lange zu leben."

Das Militär vollzog die merkwürdige Rechnung, daß es für den Transport von Vorräten ins Hochland billiger kommt, Dorfbewohner zu versklaven als Packtiere zu kaufen. Seit 1988 hat es Zehntausende von Stammesangehörigen gezwungen, Träger zu werden. Einige von diesen werden freigelassen, wenn sie krank oder zu schwach sind, um die schweren Lasten zu tragen, aber in vielen Fällen werden die Schwächlichen erschossen oder einfach sterben gelassen. Einige Dorfbewohner werden als „menschliche Minensuchgeräte" der Truppen vorausgeschickt: eine vergrabene Mine ist gefunden, wenn sie ein Bein abreißt.

Frauen, die ebenfalls Vorräte die steilen Hänge hinaufschleppen müssen, werden in der Nacht häufig von einem oder mehreren Soldaten vergewaltigt. „Die Soldaten holten meinen Mann für Kulidienste und kamen noch in derselben Nacht zurück und vergewaltigten mich", erzählte im Jahre 1992 eine Mutter von fünf Kindern Amnesty International in Buthidaung. „Es waren vier. Sie brachten mich in ihr Lager, und ich wurde die ganze Nacht dort festgehalten."

Ein weiteres Opfer in Birmas Bürgerkrieg ist der einst riesige Hartholzwald dieser Region gewesen. Generationen von Karen haben Teak und andere Harthölzer geschlagen, aber sie nahmen nur alte Bäume und arbeiteten immer mit Handsägen und Elefanten, die erheblich weniger den Wald schädigen als schwere Ausrüstung. Das Geschick eines Holzfällers wurde zusammen mit der Ehrfurcht für den Wald als Lebensaufgabe vom Vater zum Sohn weitergegeben.

Aber im Jahre 1988 verkaufte Birma an thailändische Holzunternehmen die Rechte, insgesamt 45 große Landstücke abzuholzen, die den Karen, Mon, Kayah und Shan gehörten. Traditionelle Holzfäller wurden vertrieben. Die neuen Straßen der Holzarbeiter helfen dem militärischen Vorrücken. Nachdem ihre Wälder gefällt sind, hat die ansässige Bevölkerung weniger Nahrung und keinen Ort mehr, um sich zu verbergen. Und mit makaberer Ironie hat Birma das Geld aus dem Verkauf der Holzfällungsrechte dafür benutzt, Waffen für den Einsatz gegen die eingeborenen Menschen zu kaufen.

„Wenn das so ungehindert weitergeht, wird unser Wald innerhalb der nächsten fünf Jahre für immer vergangen sein", sagte Dr. Em Marta, ein Führer der Karen, den Vereinten Nationen im Jahre 1990. „Wenn unsere Wälder verloren sind, werden die Karen und andere Volksstämme ebenfalls dahinschwinden."

45 Jahre Bürgerkrieg in Birma haben bereits das Leben einer halben Million eingeborener Menschen gefordert, die meisten von ihnen einfache Dorfbewohner, die friedlich in den schönen, bewaldeten Hochländern lebten.

Südostasien

Banjara-Frau in Indien.

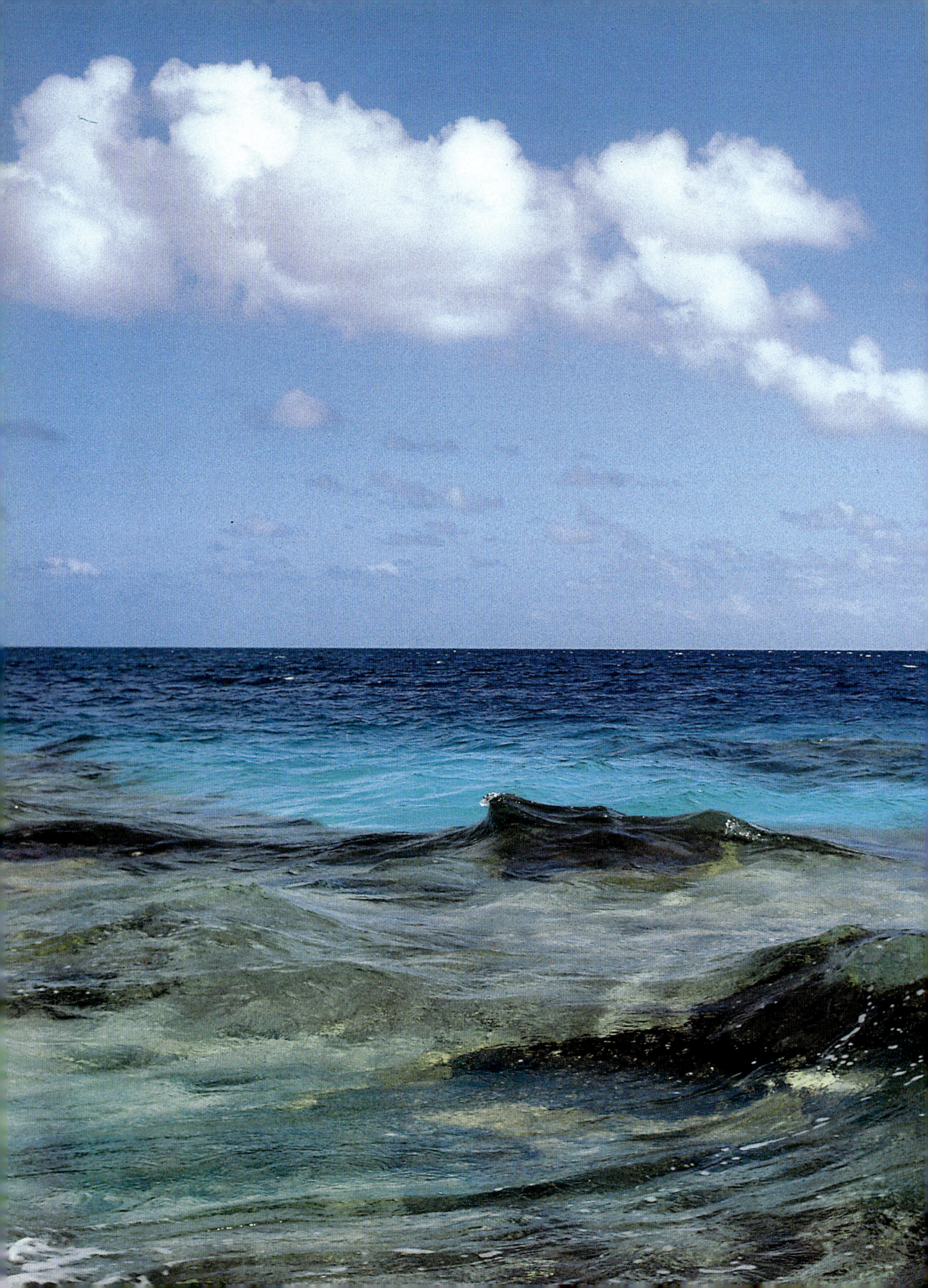

PAZIFIK

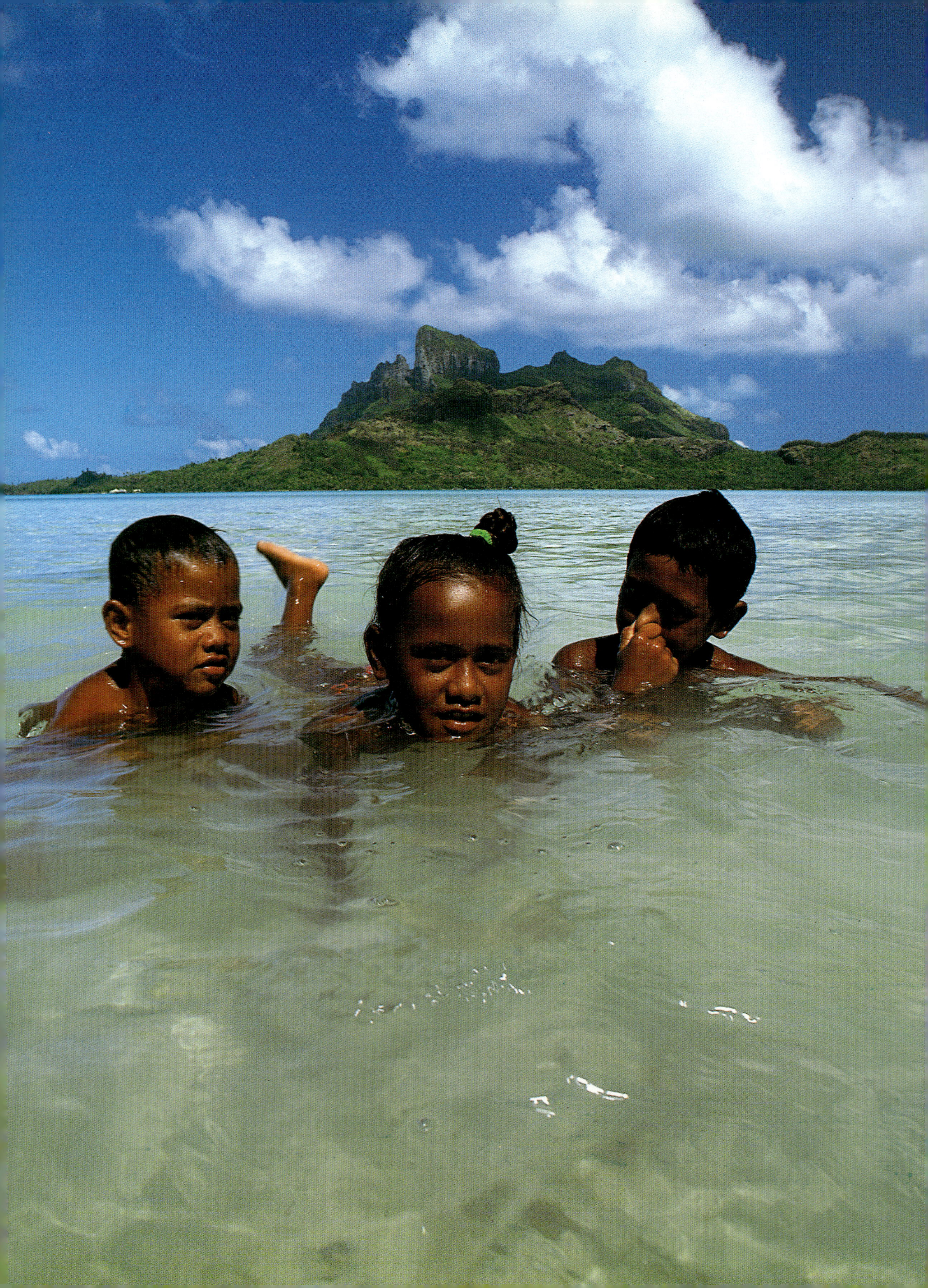

DIE PAZIFISCHEN INSELN

DIE WIEDERHERSTELLUNG VON SOUVERÄNITÄT

Kinder in der Bora-Bora-Lagune. Der Pazifische Ozean bedeckt ein Drittel der gesamten Erdoberfläche. Auf seinen zahlreichen Inseln leben sechs Millionen Eingeborene – Melanesier, Mikronesier und Polynesier.

Seite 152/153: Ein traditionelles Auslegerboot wird aus jungen Stämmen angefertigt, die mit Kokosfasern verbunden und mit dem Saft der Brotfrucht versiegelt werden.

Am 16. Januar 1993 erteilte der hawaiische Gouverneur John Waihee den Befehl, die amerikanische Flagge an diesem Tage nicht über den Staatsgebäuden in Hawaii zu hissen. Veteranen protestierten. Touristen blickten bestürzt. Waihee, erster Gouverneur hawaiischer Abstammung, sagte einfach: „Es ist wichtig, sich an die Ereignisse vor hundert Jahren zu erinnern, die damals ein Land stahlen, und uns heute der Korrektur dieses Unrechtes zu widmen."

Am 16. Januar vor 100 Jahren landete ein mit Karabinern und Kanonen bewaffnetes Truppenkontingent der US-Marine in Honolulu und marschierte durch die Straßen zum Iolani-Palast, dem symbolischen Sitz von hawaiischer Souveränität. Als Hawaiis Königin Lili'uokalani aus ihrem Fenster schaute, sah sie die Schußwaffen auf den Palast gerichtet. Lili'uokalani protestierte, daß Hawaii eine souveräne Nation sei und die Invasion den Bruch von Staatsvertrag und internationalem Gesetz darstelle. Um Blutvergießen zu verhindern, gab sie ihre Macht auf, aber nur solange, bis die USA den Sachverhalt überprüfen und die Souveränität ihres Volkes wieder einsetzen konnten.

„Ihr rechtschaffenen Amerikaner", flehte Lili'uokalani, „als Christen hört mich um meines unterdrückten Volkes willen! Unsere Regierungsform ist uns lieb, so wie euch eure kostbar ist. So sehr ihr euer Land liebt, so lieben wir auch unseres."

Ihre Bitten wurden jedoch von denjenigen Opportunisten ignoriert, die Hawaii lediglich mit der Autorität ihrer eigenen Habsucht und Dreistigkeit an sich gerissen hatten. Nach der militärisch erzwungenen Abdankung der Königin verkündete Henry Cooper, ein amerikanischer Anwalt, der nicht einmal ein Jahr auf den Inseln gelebt hatte, daß er und seine Freunde die „provisorische Regierung" von Hawaii übernehmen würden. Um den Staatsstreich zu vollenden, ernannten sie Sanford B. Dole, den Gründer der Dole Fruit Company, zu ihrem Führer und baten die Vereinigten Staaten, Hawaii zu annektieren.

Präsident Grover Cleveland verurteilte ihre Verschwörung als einen „ohne Machtbefugnis durch den Kongreß begangenen Kriegsakt. Die Regierung eines schwachen, aber freundlichen und vertrauenswürdigen Volkes war gestürzt worden. Damit war ein bedeutendes Unrecht geschehen. Ohne den falschen Anschein der unrechtmäßigen Besetzung von Honolulu durch das US-Militär hätte die Königin niemals nachgegeben ... Lili'uokalani wußte, daß sie den Vereinigten Staaten keinen Widerstand leisten konnte, glaubte aber fest daran, deren Rechtssystem trauen zu können."

Solange Cleveland Präsident war, blieb Hawaiis Status in der Schwebe. Aber sobald McKinley ins Amt kam, unterschrieb er die Annexion und ernannte seinen Freund Dole zum Gouverneur. Dole wiederum verschaffte seinen Freunden einträgliche Regierungsämter und Aufträge, und eine als „die großen Fünf" bekannte Händlerverbindung schuf örtliche Monopole im Schiffsverkehr, Finanzwesen, Nachrichtenwesen, Transport und Handel. Ein Dutzend Männer beherrschte Hawaiis Hotels, Versorgungsbetriebe, Banken, Zuckerindustrie und die Regierung selbst. Eine Handvoll amerikanischer Geschäftsleute hatte die Hawaiianer erfolgreich ihrer Freiheit beraubt.

Die Einheimischen wurden schon früh zur Minderheit im eigenen Land. Als Kapitän James Cook im Jahre 1778 auf Hawaii landete, hatten Hunderttausende eingeborener Menschen auf den Inseln gelebt; im Jahre 1893 waren nur noch 35 000 übrig. Ohne eine Zuzugsbegrenzung wurden einheimische Hawaiianer bald von Einwanderern überwältigt. Bis zu den 40er Jahren wußte eine neue Generation eingeborener Hawaiianer kaum etwas von dem rechtswidrigen Umsturz; viele wußten nicht einmal, daß Hawaii ein unabhängiges Land gewesen war. Das Jahr 1959 lenkte mit der Aufnahme als Bundesstaat der USA erneut das wirtschaftliche Interesse zu der Inselgruppe. Viele der noch unentwickelten Gebiete des Landes wurden von Investoren aus Kanada, den USA, Japan und den arabischen Ländern gekauft. Planungsbüros, Bauunternehmer und Grundstücksmakler konkurrierten in einem Taumel aus Kauf und Verkauf, Zusammenlegung und Zerstückelung, Vermietung und Verpfändung, so daß der Landpreis für die eingeborenen Hawaiianer in unerschwingliche Höhen stieg.

Mein Freund Jonathan Tolintino, der in einem kleinen Dorf auf Maui lebt, war in diesem Trubel gefangen. Während er eine Sanitäterausbildung absolvierte, half er seiner Frau und den beiden Töchtern beim Anbau von Papayas. Jonathan und ich spazierten zwischen den hohen Bäumen und versuchten mit einem langen, an einem Ende gepolsterten Stock die reife Frucht abzulösen, die bis zu 7 Metern über dem Boden wachsen konnte. Der Trick bestand darin, den Stock in einer Hand zu halten und mit der anderen Hand die Papaya zu fangen, bevor sie auf den Boden fällt, und dabei die ganze Zeit auf Taranteln zu achten, die mit der Frucht herunterfallen könnten. Obwohl Jonathans Familie seit vielen Generationen in diesem Gebiet gelebt hatte, mußte er, um einen halben Hektar Land mit Papayas zu bepflanzen, einen Vertrag mit nichthawaiischen Landbesitzern abschließen, von denen die meisten Tausende von Kilometern entfernt lebten und ihr Land selten besuchten.

Vor einigen Jahren verbrachte ich Weihnachten mit Jonathan und seiner Familie, und ich bemerkte damals, wie ihr Leben das Alte und das Neue miteinander verbindet. Auf den ersten Blick konnte man denken, daß ihre Familie völlig modern war. Jonathan betrieb die Gesundheitspraxis, Pake erteilte Volleyball-Training in der Schule, und ihre Mädchen waren aufgeweckte, lebhafte Schülerinnen, die fast überall hinpaßten. Aber sie kannten die Geschichte ihres Volkes, und sie wußten, was es heißt, jeden Tag schwer zu arbeiten, nur um durchzukommen, während Touristen mit anscheinend unbegrenzten Geldmitteln über ihre Insel schwärmten. Jonathans Familie hatte guten Grund, verbittert und feindselig zu sein, aber sie lebten den alten hawaiischen Geist von Aloha, des Teilens und der Freundlichkeit.

Eine Nacht blieben wir auf und redeten nur, und unsere Gespräche wandten sich schließlich dem alten Glauben und den Geschichten der *Acunas* zu, den alten hawaiischen Priestern, Männer mit großer Weisheit und Geist. „Einige der Geschichten aus jener alten Zeit klingen fremd für unsere Ohren", höre ich Pake sagen. „Aber wenn ich mich hinsetze und unseren alten Leuten wirklich *zuhöre*, klingt soviel Klarheit und Weisheit aus dem, was sie sagen."

Das eigentliche Wesen der hawaiischen Kultur, die Menschen wie Jonathan und seine Familie zu leben versuchen, ist die Jahre hindurch oft getreten und in Verruf gebracht worden. Poka Laenui, ein leidenschaftlicher Vertreter der Einheimischen, sagt: „Unseren Kindern wurde verboten, öffentlich die Sprache ihrer Vorfahren zu sprechen. Unsere Kinder wurden gezwungen, amerikanisch geleitete Schulen zu besuchen. Der traditionelle Hula wurde entwürdigt. Unsere Heilmethoden mit Kräutern und Gebeten wurden verspottet und *heidnisch* genannt. Unabhängigkeit wurde nicht mehr gefördert, und die Menschen wurden statt dessen dazu verleitet, für Geld zu arbeiten."

Mit dem Geld der Touristen, das in die Inseln floß, entstanden Golfplätze, Tennisplätze, Eigentumswohnungen und Glaspaläste, die sich über Tarobeete und Gemüsefelder erheben und manchmal heilige Stätten vernichten. „Inzwischen schlafen viele von uns in Autos oder Parks und hoffen, so einer Verhaftung wegen widerrechtlichen Betretens zu entgehen", sagt Laenui. „Die tragischste Folge dieser Art der Kolonialisierung ist der Schaden, der unserer Lebensweise zugefügt wurde. Unsere Leute waren einst mutig und phantasiereich, jeder Herausforderung gegenüber aufgeschlossen. Aber jetzt sind wir fügsam geworden und fürchten gar, nicht überleben zu können, wenn die Vereinigten Staaten den Geldhahn nach Hawaii zudrehen würden."

Traditioneller hawaiischer Ackerbau und Fischerei sind importierten Nahrungsmitteln gewichen. Die Wirtschaft des Landes hängt jetzt an der Zucker- und Ananasindustrie, an Tourismus und Militärgeldern. In manchen der Bergtäler lagern Atomwaffen. Ein Viertel der Insel Oahu ist vom Militär besetzt. Die ganze Insel Kaho'olawe ist vom Militär für Übungszwecke besetzt worden.

Mit der Zeit hat der Verlust von Land und Sprache, zusammen mit dem subtileren Druck der US-amerikanischen Lebensweise, viele Hawaiianer überzeugt, daß ihre Kultur unvermeidlich entschwindet. „Viele von uns haben diese Form der Gefangenschaft akzeptiert und unsere Freiheit und Würde gegen ein paar Silberstücke und Staatsbür-

Einwohnerin der Cook-Inseln beim Winden eines Blütenkranzes.

gerschaft in einer Nation eingetauscht, die uns ständig ausgebeutet und uns Gefahr und Zerstörung ausgesetzt hat", sagt Laenui. „Unsere Sprache, unsere Kultur, unsere religiösen Bräuche sind schwer geschädigt worden. Wir, die Lahui Hawaii, haben nur diesen Ort, doch er wird beinahe unerkennbar für uns. Wir sind wie Fremde in unserem eigenen Land."

Aber der Wunsch, ihre Ländereien und Kultur zurückzufordern, blieb bestehen. Anfang der 70er Jahre ersuchten die Hawaiianer den US-Kongreß erstmals, sich ihren eingeborenen Rechten zu widmen. Der Kongreß reagierte mit solch einer Gleichgültigkeit, daß die Hawaiianer nun selber die Initiative ergreifen mußten. Im Jahre 1978 überzeugten sie einen Verfassungsnormausschuß, das *Office of Hawaiian Affairs (OHA* – Amt für hawaiische Angelegenheiten) als juristisches Organ der eingeborenen Hawaiianer zu gründen. Dessen Aufgabe ist es, die im Jahre 1893 verlorene

Pazifik

Obst- und Gemüsestand in Bora Bora.

Souveränität soweit wie möglich wiederzugewinnen. Als eine Art Übergangsregierung in Wartestellung, hat die OHA damit begonnen, Ländereien in treuhänderischer Verwaltung für die Hawaiianer zurückzufordern. Unter der bisherigen Rechtsprechung haben eingeborene Hawaiianer praktisch keinen Nutzen aus ihren eigenen Ländereien ziehen können. Tatsächlich sind die meisten Gebiete ohne Entgelt von der US-Regierung für Militärbasen, die Lagerung von Atomwaffen und Bombengebiete gebraucht worden.

Mittlerweile gibt es eine allgemeine Übereinkunft zwischen den eingeborenen und den nichteingeborenen Hawaiianern, daß der Umsturz im Jahre 1893 ein rechtswidriger und unmoralischer Akt gegen ein souveränes Volk war. Aber wie sind Entschädigungen zu leisten, und wie wäre die Souveränität der eingeborenen Hawaiianer wiederherzustellen?

Das Office of Hawaiian Affairs hat eine Art eingeborener Regierung innerhalb des Staates Hawaii beantragt. Wenn vom Kongreß genehmigt, könnte eine Mehrheit eingeborener Wähler den endgültigen Rahmen zur Souveränität billigen. Dann könnten sie wieder in eigener Regie ihr traditionelles Jagen und Fischen regeln, Land zuteilen, Ländereien verwalten, Steuern erheben und Recht sprechen.

„Ob die Souveränität für die hawaiischen Ureinwohner funktioniert, liegt dann ganz an ihnen", sagte Clayton Hee, Präsident des OHA. „Und aus dieser Sicht ist es eine gute Sache. Wir wollen unsere Entscheidungen treffen, für die wir verantwortlich sind, wie in alten Zeiten vor dem Umsturz. Wir sollten das Recht haben, erfolgreich zu sein oder zu versagen."

Einige eingeborene Hawaiianer entschieden, daß sie nicht auf den US-Kongreß warten könnten, um ihre Nation wiederzubeleben. Im Jahre 1978 schrieben 250 Aktivisten ihre eigene Verfassung für eine „Souveräne Nation von Hawaii". „Es liegt in unserer Verantwortung, Souveränität zu definieren, Modelle von Souveränität zu begutachten und zu entscheiden", sagte Mililani Trask, eine eingeborene hawaiische Anwältin und Führerin dieser neuen Nation. „Unsere traditionelle Kultur wird immer die Grundlage und das Licht unseres Lebens sein."

Ein US-Senator soll zu ihr gesagt haben: „Sie wissen, Miss Trask, vor 100 Jahren hat Amerika Ihr Königreich gestürzt. Wann werden Sie das als Tatsache erkennen und akzeptieren?" Trask fragte daraufhin: „Wann werden Sie erkennen, daß wir nicht verschwinden werden, daß wir uns nicht angepaßt haben und das niemals tun?"

Diese dunkelhaarige Frau, mit einer Stimme, die rasch von Ärger zu Herzlichkeit schwenkt, gab mir vor einiger Zeit ihre Karte. Darauf steht: „Mililani Trask: Governor of the Sovereign Nation of Hawaii". Sie sagte: „Wir müssen erkennen, daß wir alle eine kleine Familie sind, eingeborene und nichteingeborene Menschen gleichermaßen. Wir müssen kulturelle, religiöse und rassische Barrieren überschreiten. Wir müssen um unserer selbst willen zusammenarbeiten – und weil die Erde bedroht ist."

Es gibt Inseln in den fernen Weiten des Südpazifik, die noch jenseits dieser Welt, jenseits der Zeit zu sein scheinen. Die Tage werden nicht nach Geschäftsstunden und den Ampelschaltungen gemessen, sondern nach dem Aufkommen der Passatwinde und dem Wechsel der Gezeiten über den Korallenriffen. Jedoch jede Insel, ganz gleich wie abgeschieden, ist jetzt verwundbar durch die Umweltverschmutzung in und aus den hochentwickelten Ländern.

Es betrifft nicht nur die Fischer, die Plastik in ihren Netzen und Teerklumpen an ihren weißen Sandstränden finden. Die Verschmutzung des Meeres und der Atmosphäre ist eine tagtägliche Wirklichkeit in ihrem Leben. Globale Erwärmung, für einige eine akademische Debatte, ist für viele Inselbewohner eine Sache auf Leben und Tod. Der bloße Gedanke an ein Schmelzen der polaren Eiskappe und den daraus resultierenden Meeresspiegelanstieg ängstigt die Inselbewohner, deren Inseln sich kaum über das Meer erheben. Wenn der Meeresspiegel auch nur um einen halben Meter steigt, werden einige Inseln einfach überschwemmt. Die Zeit wird es zeigen, ob die globale Erwärmung Inseln versinken läßt, aber ab jetzt müssen die Inselbewohner mit dieser Furcht leben. Ihre Besorgnis wird noch durch die Erinnerung daran verschärft, daß Regierungen die Folgen der Atomtests in ihrem Teil der Welt leugnen.

In den 40er Jahren kamen die USA in die abgelegenen Marshall-Inseln, schafften die eingeborenen Menschen gewaltsam auf andere Inseln und begannen, Atomsprengköpfe zu testen. Eine Anzahl kleiner Inseln wurde völlig vernichtet. Im Jahre 1963 wählte Frankreich ein Gebiet in der Nähe von Tahiti, um 41 Atomtests auszuführen. Als sich viele nichtatomare Länder bei den Vereinten Nationen beschwerten, wandte sich Frankreich unterirdischen Tests zu – mehr als 30 sogenannten *friedlichen Explosionen*.

Obwohl die Tests eingeschränkt worden sind, fürchten viele Bewohner der Pazifischen Inseln, daß ihre Wiederaufnahme nur eine Frage der Zeit ist. Jedoch ungeachtet dessen, ob jemals wieder eine Bombe in ihrem Gebiet detoniert, werden die Inselbewohner vom Trauma vergangener Explosionen und der von ihnen ausgelösten Strahlung verfolgt.

„Unsere Inseln befinden sich in einer gefährlichen Lage", sagt der tahitische Führer Myron Matao. „Einige von uns schauten sich nach einem unterirdischen Test das Mururoa-Atoll unter Wasser genauer an. Sie entdeckten Risse im Meeresboden. Diese Insel sinkt. Und ich glaube, wenn sie sinkt, wird die angesammelte Strahlung frei und unsere ganze Umgebung vergiften."

Matao behauptet, daß Krebs, früher unter seinen Leuten sehr selten, jetzt epidemische Ausmaße annimmt. „Von 1093 Menschen, die in einer Zeitspanne von drei Jahren starben, hieß bei 70 die Todesursache Krebs. Das ist viel zuviel. Ein Onkel von mir starb daran. Er lebte auf einem etwa 150 Kilometer von Mururoa entfernten Atoll. Krebs hat es auf seiner Insel zuvor nie gegeben. Ich bin sicher, er war durch die Atomtests verstrahlt. Polynesier essen viel Fisch. Mein Onkel aß jeden Tag Fisch. In der Gegend um Mururoa kann man nichts mehr essen, was vom Land oder aus dem Meer kommt. Doch es sind nicht nur die Menschen bei uns bedroht. Viele Fischarten aus unserem Territorium legen große Strecken zurück. Radioaktive Schildkröten sind bereits in Peru gefangen worden. Was sollen wir also tun? Wir können nur mit Worten kämpfen. Aber Worte genügen manchmal nicht."

Der Konflikt zwischen den traditionellen und modernen Werten verstärkt sich im ganzen Pazifik. In einigen Fällen zeichnen sich die Alternativen klar ab. Sollte zum Beispiel ein Inselstaat wie die Fidschis weiterhin Urlaubshotels bauen, die gewinnbringend sind, aber kaum in den Besitz der Fidschianer gelangen können? Oder sollte das begrenzte Land der Insel zur Entwicklung des Landbaus im kleinen Umfang verwendet werden, um die örtlichen Bedürfnisse zu befriedigen?

Reklame, Konsumgüter, Fernsehshows, Filme, Illustrierte und allgegenwärtige Touristenherden vermitteln die Botschaft, daß die äußerst verschwenderische westliche Lebensweise das „wahre Leben" ist. Aber die, die sich die glitzernden Produkte nicht leisten können, fühlen oft ihr Selbstwertgefühl entschwinden. Alles trägt einen Preis, und einige Inselbewohner beginnen sich zu fragen, ob es notwendig ist, mit den entwickelteren Gesellschaften über deren Technologien, Institutionen und Bürokratien Schritt halten zu müssen.

„Erfolg in der modernen Welt", überlegt Jane Dakuvulu von den Fidschis, „ist nur erreichbar auf Kosten der Aufgabe der Werte, die wir schätzen: der Herzlichkeit und Stärke der Beziehungen in unserer Großfamilie, dem Respekt vor unseren Ältesten und Führern, unserer freieren Einstellung zur Zeit. Wenn wir nicht zuviel von unseren alten Werten auf dem Altar der Modernisierung opfern wollen, dann sollten wir vorsichtiger darin sein, Qualität mit Quantität gleichzusetzen und den Wert von Menschen nach ihrem Besitz einzuschätzen."

Dieses grundlegende Dilemma entsteht in einem Inselstaat nach dem anderen. Die Inselbewohner der Salomonen sind eine von vielen Inselkulturen im Übergangsstadium zwischen traditioneller und moderner Lebensweise. Es gibt rund eine viertel Million von ihnen, und wie alle Menschen wollen sie überleben – und zwar auf ihre eigene Weise.

„Ich spüre, daß unsere Probleme nur von innen heraus angegangen werden können", sagt Francis Gugotu, ein Führer der salomonischen Inselbewohner, die östlich von Papua-Neuguinea leben. „Das Problem der Unterdrückten muß von den Unterdrückten gelöst werden, die zunächst einmal ihre Lage als solche akzeptieren müssen und dann verwandeln. Um Stolz und Identität wiederzuerlangen, müssen wir die Hohlheit des westlichen ‚Fortschritts' klar erkennen. Salomonen brauchen sich und die Vergangenheit nicht nur um der Symbole willen anzuschauen, sondern wegen der Stärke, die ihre Kolonisatoren mittlerweile verloren haben, wegen der Weisheit und der Grundwerte, die Menschen gerade jetzt überall zu suchen scheinen."

Während die wirtschaftlichen Folgen von Kolonialismus oft allzu offensichtlich sind, schlüpfen die psychologischen Wirkungen meist heimlich in das Leben von Menschen. Ob der Kolonisator ein Völkerstaat oder eine multinationale Gesellschaft ist, allein über die Verlockung, neue Werte und eine neue Lebensweise anzunehmen, kann Willfährigkeit und Unterwürfigkeit bei eingeborenen Menschen gefördert werden. Wie Gugotu es ausdrückt: „Wir müssen den Glauben an uns und unsere Kultur bewahren." Er regt an, die „neue, von den blendenden Lichtern der Zivilisation herbeigeführte Dunkelheit" hinter sich zu lassen und auf diese Weise die Stärke der traditionellen Lebensweise erneut zu bekräftigen. Kommunale Landrechte, die in vergangenen Jahren halfen, die Gemeinde abzugrenzen und Menschen zusammenzuziehen, könnten Privatbesitz ersetzen, zumindest in einigen Gebieten. Gemeinsame Verantwortung kann die Grundlage für Zusammenarbeit in geschäftlichen Unternehmungen und bei Entwicklungsprojekten bilden. Dies müßte erweitert werden auf die gemeinsame Verantwortung für die Jungen, Kranken und Älteren und so die Abhängigkeit vom Wohlfahrtssystem ersetzen.

In vielen Fällen beginnt die Wiedereinführung traditioneller Werte mit einer sorgfältigen Betrachtung der Technik, die die Veränderung

Die Pazifischen Inseln

traditioneller Arbeitsweisen bewirkt hat. Jede Technik bringt einen sozialen Wert mit sich und oft auch unerwartete Folgen. Etwas anscheinend so Harmloses wie ein Kühlschrank kann Werte und Beziehungen in einer Gemeinde verändern. In der Vergangenheit fuhren vielleicht 20 Inselbewohner zum Fischen hinaus, und die zwei oder drei, welche Glück hatten, teilten ihren Fang mit den anderen. Die Menschen halfen einander. Niemand aß, während andere hungrig waren. Aber sobald der erste Kühlschrank ankommt, kann sein Besitzer seinen Fang einen weiteren Tag aufbewahren. Sehr bald muß jeder einen Kühlschrank haben, und der Brauch, den Fang des Tages zu teilen, ist verloren. Wenn einige Dorfbewohner sich einen Kühlschrank leisten können und andere nicht, schleicht sich ein Gefühl von Arm gegen Reich ein. Und bei Dorfbewohnern, die von der neuen Technik abhängen, muß die Gemeinde die finanziellen Mittel finden, um mehr Elektrizität zu erzeugen. Die Kette des mit dem ersten Kühlschrank begonnenen sozialen Umbruchs geht immer weiter.

Wie befreit ein einzelner oder eine Gemeinde sich von solchen Zyklen kultureller Entfremdung? Zuerst muß die Entscheidung fallen, es überhaupt zu wollen. Und dann beginnt der Prozeß, *alle* Folgen einer Entwicklung zu untersuchen. Für eingeborene Menschen des Südpazifiks, und auch woanders, ist Entwicklung eng mit dem Wunsch nach Freiheit verbunden. Materielle Besitztümer sind weit weniger wichtig als die Freiheit, ein erfülltes Leben zu führen. Auf den Salomoninseln fühlen sich einige eingeborene Menschen mehr zu einem städtischen, geldbestimmten Leben hingezogen. Aber die Mehrzahl möchte immer noch, *sie selbst* bleiben und eine neue Lebensweise dadurch entfalten, daß sie das traditionelle Dorfleben verfeinern und ihm einen neuen Sinn geben.

„Die Herausforderung für Insulaner des Pazifik", sagt Mugoto, „liegt nicht darin, mit großen Augen am Rande der Arena zu stehen und verständnislos zuzusehen, wie unsere Interessen von Ausländern manipuliert werden, sondern in der Mitte des Ringes beteiligt zu sein."

Kinder des Atomzeitalters. Amerikaner, Engländer und Franzosen zündeten über 200 Atombomben im Südpazifik.

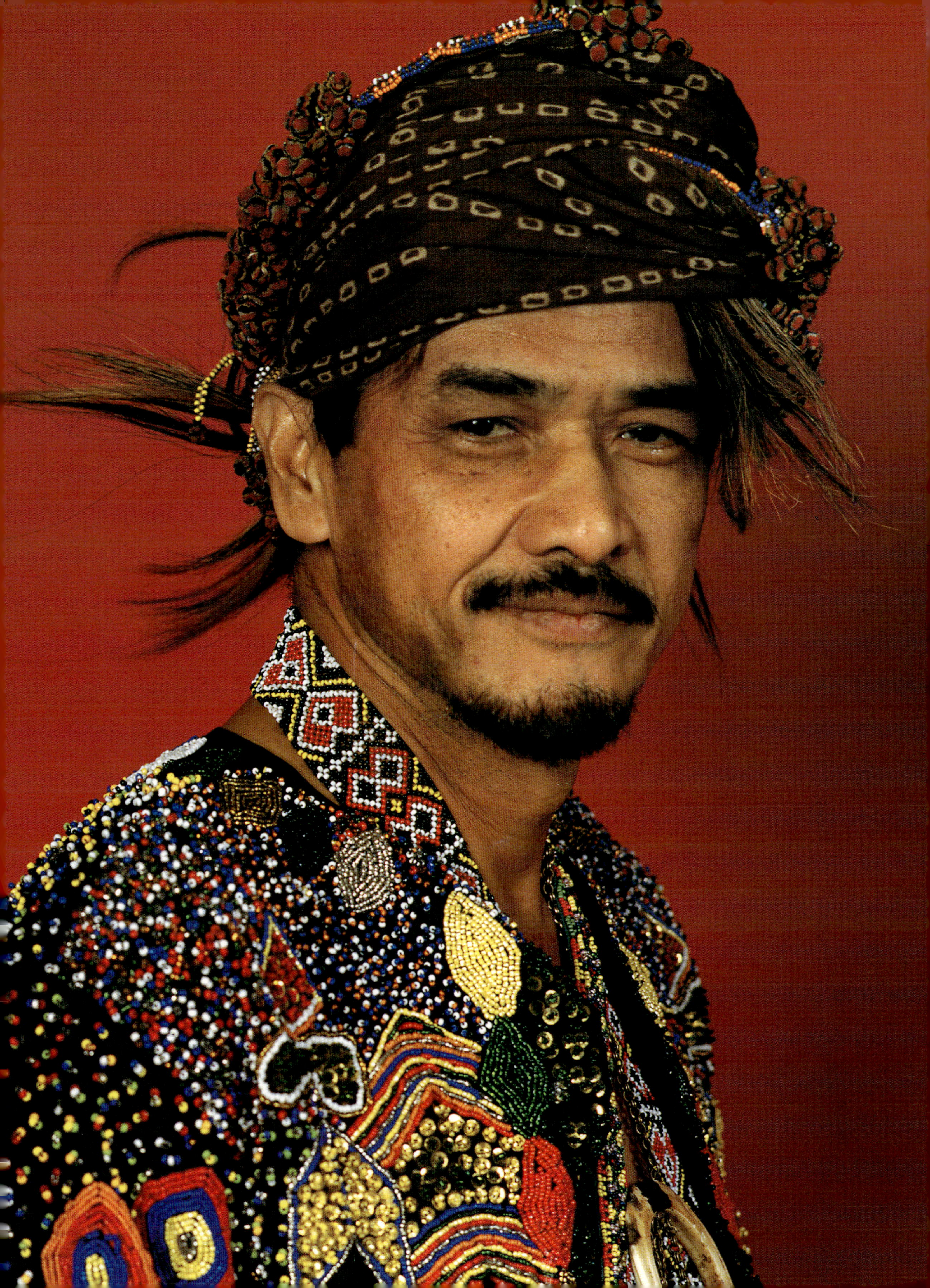

IGOROTEN

VÖLKERMORD AUF DEN PHILIPPINEN

A m Morgen des 24. April 1992 fand ich mich in einen Jeep gezwängt, der eine enge Gebirgsstraße in den philippinischen Kordilleren hinaufkroch. Die *Cordillera People's Alliance* (CPA), der Dachverband eingeborener Organisationen, hatte mich zu seinem Kordilleren-Jahrestag eingeladen. Seit dem Verlassen der Stadt Baguio rumpelten wir schon über eine Stunde die einspurige Erdpiste entlang, vorbei an kleinen Siedlungen behelfsmäßiger Holz- und Blechhäuser. Hühner, Schweine und Kinder hasteten beim Klang unserer Hupe davon. Die Straße endete plötzlich am Fuße eines Berges. Eine eingeborene Frau überprüfte unseren Ausweis, dann stiegen wir mit anderen einen felsigen Zickzackpfad zum Berggipfel hinauf, wo einige tausend Igoroten bereits lagerten.

Für diese eingeborenen Igoroten war der Kordilleren-Jahrestag nicht so sehr ein Fest, sondern eine Zeit der Einheit und Solidarität in Gedenken ihres geliebten Macliing Dulag. Zwölf Jahre zuvor hatte Dulag den Widerstand gegen Pläne der Marcos-Regierung organisiert, die mehrere Wasserkraftwerke am Chico-Fluß vorsahen. Dulag, 48 Jahre alt, Vater von sechs Kindern und ein hochgeachteter Ältester, bat die Regierung, die Dämme nicht zu bauen, da sie mehr als 85 000 seiner Leute obdachlos machen würden.

Die Regierung beschied Dulag, daß die Igoroten keinen Landanspruch besaßen. Dulag erwiderte, daß ihre Eigentumsrechte von ihren Vorfahren stammen würden. „Ihr müßt fortziehen", hieß es kurz und bündig. „Das werden wir nicht", sagte Dulag. „Sie fragen uns, ob wir das Land besitzen, und verspotten uns gleich mit der nächsten Frage nach unserer Besitzurkunde. Es ist arrogant, vom Besitz des Landes zu sprechen, wenn es doch das Land ist, das uns besitzt. Wie kann man besitzen, was einen überlebt?"

Monatelang reiste Dulag den Chico-Fluß hinauf und hinunter und drängte die Dorfbewohner, sich zu widersetzen. Am 24. April 1980 erschien eine kleine Gruppe von Regierungssoldaten im Dorf Bugnay, um ihn zu suchen. Seine Frau erinnert sich, daß sie und Macliing in der Nacht von lautem Klopfen an der Seitentür geweckt wurden. Während er sich anzog, gab der Türriegel dem Hämmern der Gewehrkolben nach. Als er nach dem Riegel griff, durchschlugen Kugeln die Tür und trafen ihn in der Brust. Er starb auf der Stelle.

Dulags Tod spornte den Widerstand gegen die Dämme an. Die Proteste nahmen zu. Ausrüstung für die Dammbauten wurde zerstört. Und Gewalt brach aus.

Dieser Mann ist einer von sechseinhalb Millionen Eingeborenen aus über 50 verschiedenen Kulturen auf den Philippinen.

„Die Morde, die nun in Kalinga nach Macliing Dulags Ermordung geschehen, werden nicht aufhören, bis nicht die Arbeiten an den Dämmen des Chico-Flusses völlig gestoppt werden", schrieb der Bischof von Malaybalay an den philippinischen Präsidenten Ferdinand Marcos. „Die Regierung muß den Leuten klar zeigen, daß sie sie nicht ausrotten will."

Der Soldat, der Macliing Dulag erschoß, wurde schließlich vor Gericht gestellt und verurteilt; seine Strafe: Versetzung in ein anderes Gebiet. Die Feindseligkeiten in der Umgebung der Dämme des Chico-Flusses dauerten an, bis die Bauarbeiter ihre Arbeit wegen ihrer Gefährdung verließen. Die Menschen in den Kordilleren glauben aber, daß sie zurückkehren werden, wenn das Militär ihr Gebiet unterwirft.

In Gedenken an Dulags Mut feierten die Igoroten den 24. April als Kordilleren-Jahrestag. Mit mindestens 4000 Menschen, die auf dem Berggipfel lagerten, war die Versammlung im Jahre 1992 die bisher größte. Während ich mich während des Kordilleren-Jahrestages unter die Menschen mischte, wurde mir klar, daß ich der einzige Amerikaner dort war. Jeder war freundlich zu mir, ich nahm jedoch ein starkes Gefühl des Unmuts gegenüber den USA wahr.

„Sie denken vielleicht, wir wären froh, die US-Militärbasen in unserem Land zu haben", sagte Minnie Degawau, die energische Leiterin der internationalen Programme der CPA. „Ja, die Basen bringen viel Geld in die Philippinen, aber sie stellen die Unterdrückung dar, die wir zu überwinden versuchen. Wir brauchen Wahlen ohne militärische Bedrohung. Wir müssen uns von dem Gefühl der ständigen Kontrolle und Einschüchterung befreien. Und wir müssen unsere riesigen nationalen Schulden loswerden. Es sind bereits mehr als 35 Milliarden Dollar, das meiste davon schulden wir den USA. Um die Schulden zu verringern, will die Regierung die Bodenschätze der Kordilleren ausplündern. Wenn wir Widerspruch erheben, beginnen die Regierungstruppen, mit Unterstützung der USA, uns zu unterdrücken. Wir befinden uns dann im Zustand einer Kolonie."

Minnie erklärte, daß viele der gegenwärtigen Probleme ihres Landes in seiner kolonialen Vergangenheit wurzelten. Als die Spanier im Jahre 1565 ankamen, waren die Philippinen kein einheitlich geschlossenes Land, sondern ein riesiges Puzzle aus Hunderten von Territorien verschiedener Stämme, die miteinander handelten und sich bekriegten. Unter der Kolonialherrschaft verdrängte der Katholizismus schließlich traditionelle Glaubensrichtungen.

Während einige eingeborene Stämme sich anpaßten und für die Spanier arbeiteten, widersetzten sich andere, und keine heftiger als die fünf eingeborenen Völker in den Kordilleren, die als Igoroten bekannt waren. Die Spanier brannten ihre Häuser nieder, verwüsteten ihre Felder, vergewaltigten ihre Frauen und versuchten, ihnen ihr Land zu nehmen. Aber in den 350 Jahren spanischer Besatzung haben sich die Igoroten niemals ergeben.

Inzwischen entstand in den Tiefländern eine reiche Klasse von Filipinos, die gemeinsam mit den Spaniern die Ausbeutung des Landes und der ärmeren Menschen vorantrieb. Als um die Jahrhundertwende die Vereinigten Staaten die Herrschaft übernahmen, wandte sich die Führungsschicht sogleich den Amerikanern zu. Für ihre Zusammenarbeit wurde ihnen der Zugang zu einheimischen Bodenschätzen und zu den amerikanischen Märkten erleichtert. Am 4. Juli 1946 übertrugen die USA der Republik der Philippinen die Souveränitätsrechte, aber das Land war kaum frei, wie auch ein US-Militärexperte bestätigte: „Trotz ihrer Unabhängigkeit sind die Philippinen natürlich militärisch, wirtschaftlich und politisch äußerst abhängig von uns. Im Augenblick besteht ihre Unabhängigkeit hauptsächlich aus Fassade."

Mit zunehmender Dauer wurde ich von der festlichen Stimmung des Kordilleren-Treffens gefangengenommen. Dorfgruppen sangen, und Tänzer wogen sich zu den tiefen Klängen der igorotischen Gongs. Aber bei all der Freude an Musik und Tanz gab es auch ernste Probleme zu besprechen. Die Dorfbewohner waren nicht wegen der herrlichen Aussicht zum Berggipfel gekommen, sondern weil hier, zumindest an diesem einen Tag, ein sicherer Ort zum Sprechen war.

Igoroten-Familie bei der Arbeit auf ihrem Reisfeld.

„50 Familien sind aus unserem Dorf evakuiert worden", sagte eine alte Frau aus der Bergprovinz, wo Regierungstruppen sich mit der Anfang der 60er Jahre gegründeten New Peoples Army (NPA) erbitterte Gefechte leisten. „Vor neun Tagen gab es ein Schußgefecht – wir wußten nicht, ob wir vom Militär oder der NPA (Neue Volksarmee) getötet würden."

„Wenn unsere Leute Pamplona verlassen wollen, um nach Hause zurückzukehren, werden sie erschossen und im Fluß ertränkt", sagte ein Mann aus dem Marag-Tal an der Nordküste. „Unsere Leute wollen nach Hause gehen. Ein paar von ihnen sind im Marag-Tal übriggeblieben, aber sie verstecken sich im Wald."

Eine ältere, schlicht gekleidete Frau kam auf mich zu. „In meinem Dorf in der Nähe von Sagada haben acht Soldaten eine Frau vergewaltigt", flüsterte sie in langsamem, aber klarem Englisch. „Sie war verheiratet und schaffte es irgendwie, zu ihrem Mann nach Hause zu kommen. Sie erzählte ihm, was geschehen war, und starb. Er war ein sanfter Mensch gewesen, aber der Gedanke, daß all diese Soldaten seine Frau vergewaltigten, machte ihn rasend. Er schloß sich der NPA an und ist für seine waghalsigen Angriffe auf das Militär bekannt."

Ich traf drei Flüchtlinge, die die *Cordillera Peoples Alliance* in der Stadt Baguio beschützt hatte. Sechs Monate zuvor hatten Soldaten gedroht, ihre Frauen zu vergewaltigen, falls sie sich nicht einer paramilitärischen Einheit anschlössen. Sie wurden beschuldigt, Sympathisanten der New Peoples Army (NPA) zu sein.

„Wir wollten nur unsere Kultur verteidigen, und dafür drohen sie, uns zu töten", sagte einer der Flüchtlinge. „Wir kämpfen nicht nur um unser Leben, sondern auch für unser Land und die Zukunft unseres Volkes. Wir wissen, daß der Einmarsch des Militärs in diese Region erst der Anfang ist. Wenn sie uns beherrschen, werden die Arbeiter zurückkommen, die Dämme bauen, und unser Dorf wird verschwinden."

Den ganzen Tag über kamen Berichte von überall in den Kordilleren. Aber das Gebiet in der Umgebung des Dorfes Conner blieb irgendwie ein schwarzes Loch, das keine konkreten Informationen lieferte. Im vorigen Jahr hatte das Militär den CPA-Mitarbeiter in Conner ermordet. Jetzt gab es nur Gerüchte von Vergewaltigungen, Bombardierungen und niedergebrannten Häusern, aber keine Berichte, keine Fakten. Am Ende des Kordilleren-Tages wurde ein Untersuchungsausschuß gebildet, und die Regierung erteilte später ihre vorläufige Genehmigung, das Gebiet zu betreten. Ein ärztliches Team würde eine Woche später folgen.

Ich wurde eingeladen, mich der Delegation nach Conner anzuschließen mit der Warnung, daß das Militär einen Amerikaner möglicherweise nicht hineinläßt; und falls sie es zuließen, müßte ich meine Augen für die NPA offenhalten, die bereits eine amerikanische Geisel besaß. Wir fuhren von Baguio nach Norden durch die staubigen, mit Ponywagen und motorisierten Dreirädern gefüllten Straßen von Tuagargao und passierten eine Reihe militärischer Kontrollpunkte. Die letzte Straßensperre war ein Soldatenlager mit verschiedenen in den USA hergestellten Truppentransportern, deren Namen in großen Buchstaben aufgemalt waren: *Ultimate Warrior, Texas Tornado, Bushwhacker, Legion of Doom.*

Die Soldaten liefen mit ihren Maschinengewehren in Hüfthöhe umher. Ich wurde gebeten, beiseite zu treten.

„Sie sind Amerikaner?" fragte der Wachposten. „Warum wollen Sie hier hereinkommen?"

„Nun, ich bin an Eingeborenenkulturen interessiert, und dies scheint eine gute Gelegenheit zu sein, einige Dorfbewohner zu treffen und ihr Leben mit dem der eingeborenen Menschen in Alaska zu vergleichen", sagte ich und versuchte, wie ein Student der Anthropologie zu klingen.

„Ich fürchte, dies ist nicht der richtige Ort für Sie."

„Warum nicht?"

„Wissen Sie nicht, daß hier ein Krieg stattfindet? Die NPA ist überall in dem Gebiet. Wir können Sie nicht beschützen."

Anstatt nach Conner zu gehen, verbrachte ich den Tag mit Pater Mike, einem ausgewanderten amerikanischen Priester, der seit 30 Jahren auf den Philippinen lebte. Wir fuhren nach Pamplona an der Nordküste.

„Diese Menschen sind sehr herzlich und freundlich", erzählte Pater Mike mir. „Sie können aber auch sehr grausam sein. Die Gegensätze kommen nahe zusammen."

Zufällig fiel unsere Ankunft in Pamplona mit einem Besuch von General Robert Manglongbat zusammen, der versuchte, die Unterstützung des Erzbischofs in der Verhandlung mit den NPA-Rebellen zu gewinnen. In einem frischen Polohemd und einer sportlichen Hose sah Manglongbat aus, als wäre er gerade von seinem Golfclub zurück. Ich mußte mich daran erinnern, daß dieser leutselige, jungenhaft aussehende Mann derjenige war, den sie den „Tiger von Marag" nannten, der einzige militärische Befehlshaber, der imstande war, Marag Valley einzunehmen. Seine Truppen konnten sich „rühmen", 88 Häuser verbrannt zu haben. 300 Familien lebten nun als Flüchtlinge im Wald. Manglongbats neue Aufgabe waren die Kordilleren.

„Mit einem neuen Kommando kam ich hierher", erzählt Manglongbat mir. „Ich zog langsam ein, errichtete Lager. Und ich erforschte die Situation, ehe ich meinen Plan entwarf."

„Welche Art von Plan?" fragte ich, und seine Augen funkelten.

„Ich sehe dies als einen Volksaufstand an, also ist er als ein solcher zu führen", sagte er. „Sie müssen die Leute einbeziehen. Die Geistlichkeit und Zivilisten hineinziehen. Ein bißchen Fortschritt anbieten und zugleich die NPA bekämpfen."

„Was, glauben Sie, will die NPA von diesem Bürgerkrieg?" fragte ich.

„Dies ist kein Bürgerkrieg!" schoß er zurück. „Dies ist nur ein Aufruhr. Und um ihn zu bekämpfen, gebe ich den Dorfbewohnern etwas. Ich komme und verpflichte ortsansässige Leute, beim Bau einer Schule zu helfen. Die Leute erkennen langsam, daß wir ihre Freunde sind."

„Sind nicht einige der Dorfbewohner Freunde der NPA?" fragte ich.

„Natürlich. Wenn Männer mit Waffen erscheinen, was werden Sie tun? Sie geben ihnen Essen."

„Wer wird also siegen? Sie oder die NPA?"

„Wir natürlich. Die Philippinen können weder die NPA noch irgendeine andere Armee in unserem Land dulden. Wir werden sie überreden, sich zu ergeben, oder sie auf eine andere Art vernichten."

„Wie sieht es mit den Landreformen für diese Menschen aus?" fragte ich. „Ich kann mir gut vorstellen, daß es für sie wichtig ist, das Land ihrer Vorfahren zu besitzen."

„Landreform. Landreform. Die NPA versteht nicht, was Landreform wirklich ist. Man kann nicht mit einer generellen Reform herauskommen und sie auf das ganze Land anwenden. Die Bedingungen der Landreform werden in jeder Provinz unterschiedlich sein."

„Glauben Sie, es ist sicher genug für mich, wenn ich mich mit den Rebellen-Soldaten treffe?" fragte ich, so gelassen, wie ich es fertigbrachte.

„Oh, sie werden Sie mögen", sagte eine Filipino-Frau in seiner Begleitung. „Sie sind Amerikaner", sagte sie lachend. „Diese Rebellen rechnen damit, daß sie eine Menge Geld bekommen können, wenn sie Sie entführen. Auch nur ein paar tausend Dollar sind ein Vermögen für sie."

An dem Abend entschied ich, das Zusammentreffen mit der NPA zu vermeiden, aber am Morgen kam die Conner-Delegation mit einem schrecklichen Bericht zurück. Die Dorfbewohner waren täglichen Bombardierungen ausgesetzt. Junge Mädchen waren vergewaltigt worden. Männer waren verschwunden. Am Kordilleren-Jahrestag hatte das Militär ein Dorf bis auf den Boden niedergebrannt. Ich war bestürzt über die Fotos der Menschen, die die verkohlten Überreste ihrer Häuser nach einem Topf, Werkzeug oder überhaupt etwas Brauchbarem durchsuchten. Als ich zu einer Untersuchungsdelegation nach Tanlag eingeladen wurde, wo die Rebellen und das Militär sich bekämpften, sagte ich sofort zu.

Am nächsten Tag gingen wir zu sechst auf die Reise nach Tanlag. Eine dreistündige Fahrt mit dem Jeep von Tabuk aus führte uns durch Reisfelder, die von Kleinbauern und ihren Wasserbüffeln bearbeitet wurden, dann hinauf über weite, grasbedeckte Hügel und schließlich in die steile Schlucht des Chico, wo unser Fahrer mit Begeisterung um unübersichtliche Kurven schlidderte, so daß Staub und Kieselsteine hochflogen. Von dieser Gratstraße aus erreicht man Tanlag gewöhnlich, indem man gut tausend Meter hinuntersteigt, den Chico-Fluß durchschwimmt und dann am anderen Ufer emporklettert. Aber jetzt herrschten keine normalen Zeiten, und unser Weg nach Tanlag würde etwas komplizierter sein. Die Regierungssoldaten beherrschten die Straßen. Die Rebellenkämpfer befanden sich irgendwo draußen in den Wäldern. Die Dorfbewohner waren dazwischen gefangen.

Um das Militär zu meiden, überquerten wir den Chico-Fluß mehrere Meilen stromabwärts und bahnten uns langsam unseren Weg auf einem selten benutzten Pfad nach Tanlag. Stellenweise hatten Erdrutsche den schmalen Pfad zerstört, und wir mußten uns an den Klippen entlangschieben und uns an Bambussprossen halten.

Nachdem wir den größten Teil des Tages durch die Hitze gelaufen waren, sahen wir hinter einer Kurve die üppigen, hellgrünen Reisterrassen von Tanlag vor uns liegen. Während wir uns dem Dorf näherten, wurde ich von zwei widersprüchlichen Gefühlen übermannt. Einerseits fühlte ich, einen Winkel der Welt zu betreten, an dem der Tumult des 20. Jahrhunderts vorübergegangen war. Ohne Straße oder Autos, Radios oder Fernsehen, besaß das Dorf eine ungewöhnliche stille Heiterkeit. Kinder lachten bei ihren Spielen auf den staubigen Wegen. Ein Teenager stimmte seine Gitarre, während Freunde Volksballaden und Lieder wie „Let it Be" und „A Bridge Over Troubled Water" sangen.

Gleichzeitig war das Gefühl der Heiterkeit mit Furcht verflochten, die jeden der hier lebenden 300 Menschen zu ergreifen schien. Eine Frau erzählte mir, sie hätte Angst, auf den Feldern zu arbeiten. Ein Mann sagte, wenn er die Straße hinaufginge, könnte er von Soldaten erschossen werden. Sie zeigten mir das Grab eines Mannes, der getötet worden war, weil er sich für das Dorf eingesetzt hatte.

Ein 80jähriger Mann und seine Frau luden mich zu sich nach Hause ein. Erst vor zwei Wochen waren sie am frühen Morgen von Gewehrschüssen geweckt worden. Die Kugeln waren durch die

Wände ihres kleinen Hauses gedrungen. Sie hatten den Angriff überlebt, indem sie sich zwischen ihren Schweinen versteckten.

„Dies ist ein sehr schlechter Ort. Wir sind hier alle bedroht", sagte der alte Mann. „Wir haben keine Straße, keine Verbindung mit der übrigen Welt."

„Können Sie nicht die Regierung um Hilfe bitten?" fragte ich.

„Als einer unserer Führer sich dafür einsetzte, erschoß die Regierung ihn", antwortete er. „Meine Frau und ich sind jetzt alt, aber wir möchten noch gern leben. Bitte, sagen Sie niemandem meinen Namen – wenn sie herausfinden, daß ich mit Ihnen gesprochen habe, kommen sie und töten mich."

Der alte Mann sprach in seiner Heimatsprache, und seine Worte wurden von Tina Dumalyong übersetzt, einer jungen Frau Anfang 20. Ein flüchtiges Lächeln ließ ihr Gesicht aufleuchten, aber es lag Angst in ihren Augen.

„Haben Sie jemals Angst?" fragte ich sie.

„Eigentlich habe ich sogar jetzt Angst", sagte sie. „Wann immer Soldaten in der Gegend sind, kann alles mögliche geschehen. Früher konnten wir gehen, wohin wir wollten. Aber jetzt haben wir Angst auf den Reisfeldern zu arbeiten, weil die Soldaten kommen könnten. Aber wenn wir nicht auf die Felder gehen können, werden wir alle hungern."

„Wen betrachten die Menschen hier als ihren Feind?" fragte ich. „Die NPA oder die Regierungssoldaten?"

„In Tanlag wünschen wir uns, daß das Militär nach Hause geht," sagte sie. „Wir haben keine Mittel, um gegen sie zu kämpfen. Je mehr wir protestieren, um so mehr werden wir gequält. Daher versuchen wir, ruhig zu sein, uns einfach still zu verhalten. Niemand hört unser Leiden und unseren Kummer."

In dem Augenblick näherte sich ein Mann, der uns beobachtet hatte, und bedeutete mir, ihm zu folgen. Als wir außer Hörweite der anderen waren, flüsterte er: „Im Dorf ist ein Soldat der NPA. Er möchte mit Ihnen sprechen."

Er führte mich einen Schlängelpfad entlang zu einem kleinen, verdunkelten Haus. Ein Mann, der Ende 20 zu sein schien, erhob sich, als wir eintraten. Er war schlank, sein Gesicht hager. Mein Führer verließ mich, und ich war allein mit dem Rebellen-Soldaten.

„Ich möchte mich für mein schlechtes Englisch entschuldigen", sagte er und unterbrach damit einen Augenblick verlegener Stille.

„Nun, ich spreche nicht einmal ein Wort in Ihrer Sprache", sagte ich.

Als wir unser Gespräch begannen, fand ich seine angenehme, irgendwie scheue Art entwaffnend. Ich mußte mich daran erinnern, daß in diesem Augenblick einige seiner Mitstreiter eine amerikanische Geisel festhielten. Der Mann vor mir hatte ein Maschinengewehr bei der Hand, und ein langes Messer hing an seinem Gürtel. Wir wußten beide, daß er mich leicht als Geisel nehmen konnte.

„Wie sind Sie dazu gekommen, sich der New Peoples Army anzuschließen?" fragte ich.

„Als Student war ich sechs Jahre lang ein Aktivist. Danach machte ich mein Ingenieurexamen und bekam eine Anstellung, aber ich versuchte mich weiterhin für soziale Veränderungen einzusetzen. Wir brauchen viele Dinge. Aber die Regierung ist taub für die Bedürfnisse der Menschen. Es gibt keine wirkliche Demokratie auf den Philippinen. Politik und auch Wirtschaft werden von wenigen extrem reichen Leuten beherrscht. Daher schloß ich mich schließlich der NPA an, und wir kämpfen für die Grundwerte der Demokratie."

„Was meinen Sie mit den Grundwerten der Demokratie?"

„Eine Chance zu haben, unsere Zukunft zu bestimmen. Eine Chance, unsere Meinungen zu äußern, ohne getötet zu werden. Und wir wollen, daß die Schätze unseres Landes den Filipinos zugute kommen. Amerikanische Gesellschaften ziehen die natürlichen Ressourcen aus unserem Land ab – Holz, Minerale, alles von Wert. Und die USA schicken Militärhilfe zurück. Und gegen wen wird sie angewendet? Nicht gegen andere Länder. All die Gewehre, Panzerwagen und Flugzeuge werden gegen philippinische Menschen eingesetzt, die armen Menschen, wie die, die Sie hier in Tanlag sehen."

„So, und was fühlen Sie gegenüber den Amerikanern?" fragte ich, und versuchte meine Nervosität zu unterdrücken.

„Machen Sie sich keine Sorgen", sagte er lächelnd. „Ich hasse Sie nicht, weil Sie Amerikaner sind. Wir betrachten nicht die amerikanischen Menschen als unsere Feinde, nur diejenigen in der Regierung oder in der Wirtschaft, die uns beherrschen und ausbeuten wollen."

„Haben Sie jemals Angst?" fragte ich.

„Ich hatte sie gewöhnlich. Aber jetzt nicht mehr. Sehen Sie, vor dem Eintritt in die NPA mußten wir bereit sein, für unsere Überzeugungen zu sterben. Bei unserer Aufnahme in die NPA geloben wir: ‚Ich will sterben für das Wohl des Volkes und für die Ziele der Demokratie.' Ich habe also bereits akzeptiert, getötet werden zu können."

„Haben Sie Kinder?"

„Nein, aber ich hoffe doch eines Tages. Wer in den Untergrund geht, muß alles opfern. Seine Familie verlassen. Manchmal ist es sehr schwierig für mich. Aber ich habe Hoffnung . . ."

Er verstummte. Er blickte auf den Boden hinunter, was einige Minuten lang zu dauern schien, dann blickte er auf und über mich hinaus. So als ob er mit jemand anderem sprach, sagte er: „Ich muß die Hoffnung haben, daß wir eines Tages frei sind."

Angehörige des Ifugao-Stammes in den Philippinischen Kordilleren.

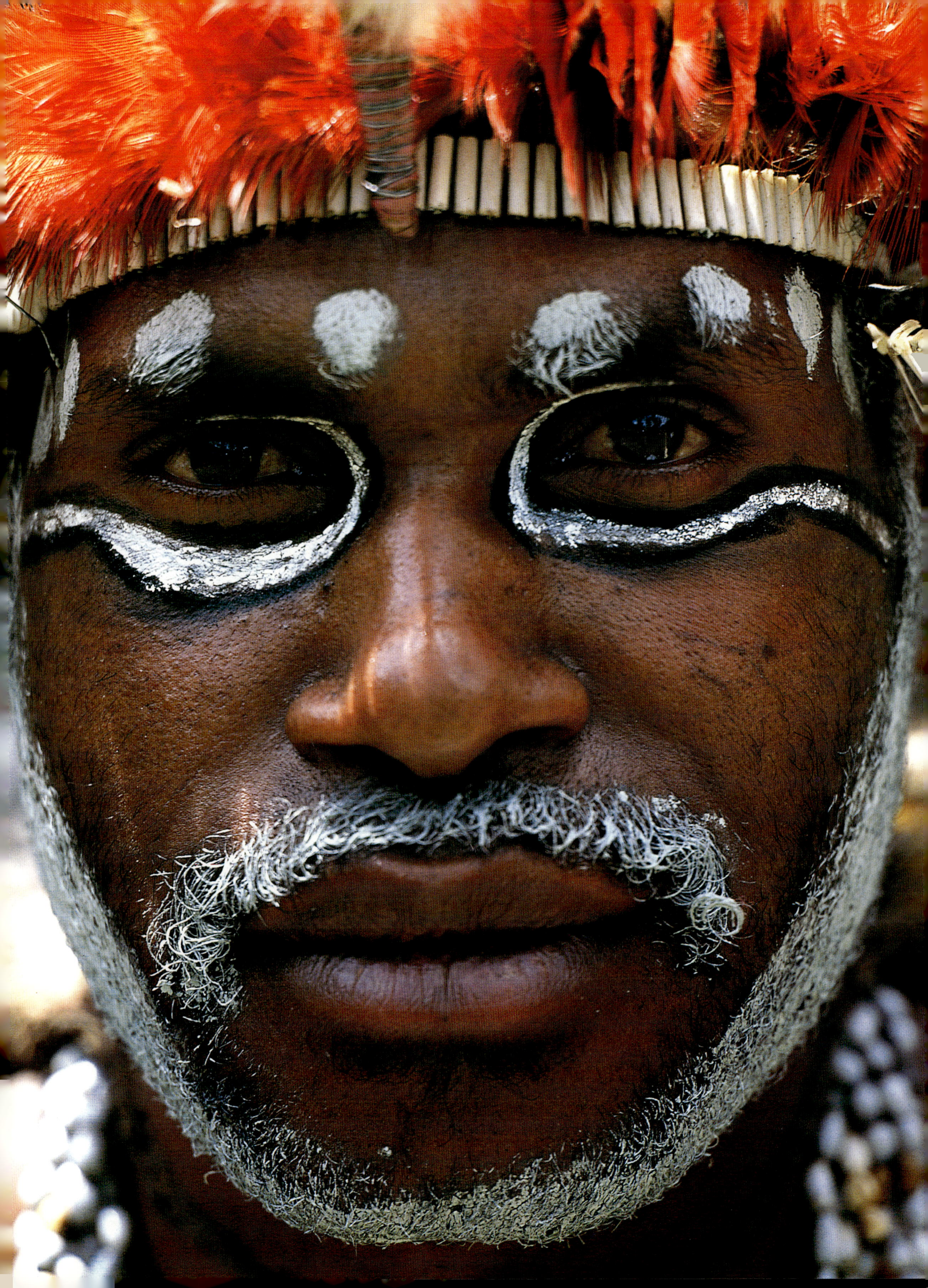

INDONESIEN

DIE POLITIK DES VÖLKERMORDES

Die große Flucht. Bali und Indonesien bieten jedem Reisenden etwas Geeignetes, von herrlichen Stränden bis zu zerklüfteten Vulkanen, von günstigen Einkäufen bis zu fabelhaftem Essen", heißt es in einer Reisebroschüre. „Unternehmen Sie eine Kreuzfahrt zu den sagenhaften Gewürzinseln", empfiehlt ein anderer Reiseunternehmer, der verspricht, „den Reisenden zur Insel Timor zu bringen, Dörfer zu besuchen, die selten Besucher sehen."

Aber jenseits der Gewürzinsel-Romantik liegt ein anderes Indonesien.

„Wir sind verzweifelt", sagt eine Dorfbewohnerin über das Vorgehen der Regierung gegen ihre Leute. „Sie haben das Land und alles darauf Befindliche zerstört, den Wald aus alter Zeit, der so riesig war. Für uns Älteren ist die Zeit bald abgelaufen, aber wir müssen an unsere Kinder und Enkel denken – wo werden sie Nahrung finden? Wo werden sie leben?"

Eine Tour zur indonesischen Insel Siberut bietet eine Gelegenheit, „primitive Stammesangehörige mit Tätowierungen zu besuchen, die nur mit Lendentüchern bekleidet sind". Aber den Leuten auf Siberut ist es verboten, ihre Lendentücher zu tragen, wenn keine Touristen in der Gegend sind. Und was den „Genuß" einer Tour nach Osttimor angeht, so schreibt ein katholischer Priester in einem von dieser Insel geschmuggelten Brief, daß „ein grausamer Rassenmord an unschuldigen Menschen stattfindet. Die Leute von Timor haben Indonesien nicht angegriffen. Aber jetzt wird Timor durch eine Invasion ausgelöscht, eine brutale Eroberung, die unzählige Tote, Verkrüppelte und Verwaiste zur Folge hat."

Um Indonesiens lange dauernden Kampf mit seinen eingeborenen Menschen zu verstehen, hilft es, zurückzuschauen, wie dieses Land aus den Nachwirkungen des Zweiten Weltkrieges hervorgegangen ist. Am 17. August 1945 verkündete Präsident Sukarno Indonesiens Unabhängigkeit und verlangte die Kontrolle der weitabgelegenen Inseln des früheren holländischen Ostindiens. Einer seiner obersten Berater warnte, daß der Versuch, solch ferne und unterschiedliche Menschen zu beherrschen, „nicht gelingen wird.

Stammesangehöriger auf Neuguinea, der Heimat von beinahe tausend Kulturen mit ihren unterschiedlichen Sprachen, die etwa ein Fünftel aller weltweit existierenden Kulturen und Sprachen ausmachen.

• 171 •

Sie sind völlig andere Menschen, total andere Kulturen. Wir sollten nichts mit ihnen zu tun haben."

Aber Sukarno war entschlossen, diese verstreut liegenden 13 000 Inseln und Hunderte von unterschiedlichen Kulturen zu einer Nation zu schmieden. Er ließ sich mit seiner Regierung in Djakarta auf der Insel Java nieder und regierte mit eiserner Hand, das Auge auf Expansion gerichtet. Eins seiner ersten Ziele war Neuguinea, der kulturell mannigfaltigste Ort auf der Welt. Die Insel Neuguinea beherbergt beinahe 1000 unterschiedliche Sprachen und Kulturen – ein Fünftel der Gesamtanzahl in der Welt.

Erst in den 30er Jahren wagten sich die Europäer in das gebirgige Landesinnere. Sie suchten nach Gold und entdeckten unerwartet eine verlorene Welt – Millionen von Stammesangehörigen, die im 20. Jahrhundert ein Leben der Steinzeit führten. Sie scheinen seit 50 000 Jahren dort gewesen zu sein und haben vermutlich schon vor den ersten Kultivierungsversuchen in Mesopotamien regelmäßig Feldfrüchte angebaut.

Aber Sukarno hatte keine alten Kulturen im Sinn, als er hinter Westpapua[1)] her war – er sah eine mit Hartholzwäldern bedeckte Insel, deren Hochländer reich an Bodenschätzen waren. Im Jahre 1962 begab er sich zu den Vereinten Nationen, um das sogenannte „New Yorker Abkommen" durchzusetzen: In sechs Jahren würden die Papuas entscheiden, ob sie eine unabhängige Nation werden wollten. Einige Monate nach der Unterzeichnung des Abkommens nahm jedoch Sukarno die Angelegenheit in seine eigenen Hände. Während die USA Druck auf die Holländer ausübten und die Vereinten Nationen wegschauten, besetzte er Westpapua und benannte es um in Irian Jaya. Das profitorientierte Regime in Djakarta hatte die ertragsreichste Quelle der Welt hinsichtlich kultureller und biologischer Vielfalt in seine Gewalt bekommen.

Niemand weiß, wie viele Arten Vögel, Insekten, Reptilien, Blumen und Kräuter sich in den dichten Dschungeln und Hochlandwäldern Neuguineas entwickelt haben. Aber hier leben auch 700 000 Papuas, die zu etwa 260 Stämmen gehören, die je eine andere Sprache sprechen. Die Menschen jeder Gruppe sind einzigartig und folgen dem eigenen Evolutionspfad ihrer Kultur. Heute sind die Papuas jedoch in den Stromschnellen der Veränderung gefangen, die sie gerade erst zu verstehen beginnen. Sie sehen die Dinge, die ihnen teuer und heilig sind, davontreiben.

Angeblich gibt es einen Stamm, der noch keinen Kontakt zur Zivilisation hat. Missionare und Anthropologen haben Geschenke, wie Spiegel, Stoffe und Werkzeuge, an den Rand ihres Territoriums gelegt, um sie aus dem Wald herauszulocken. Aber wenn sie zurückkehren, finden sie ihre Angebote zertrampelt und über den Boden zerstreut. Einige behaupten, daß diese scheuen Menschen die Geschenke der Zivilisation deshalb ablehnen, weil sie befürchten, daß ihr Geist sie sonst verlassen würde und sie verloren sein werden.

Ob diese Abneigung gegen die moderne Welt mythische Gründe hat oder einfach aus der Beobachtung des Schicksals anderer Stämme entsteht, sie hat geholfen, ihre schützende Isolierung zu verlängern. Anderen, so wie den Moi, ist es nicht so gut ergangen. Die etwa 4000 Angehörigen der Moi leben auf der westlichen Spitze der Insel. Sie werden, wie auch die Dani, die Asmat und die anderen Ureinwohner, wahrscheinlich schon innerhalb von fünfzig Jahren ausgelöscht sein.

„Unseren Wald niederzureißen ist wie unser Herz herauszureißen", flehte ein Moi-Stammesangehöriger, als Holzfäller begannen, den Wald in der Nähe seines Dorfes abzuholzen. „Alle Flüsse sind ausgetrocknet und schlammig geworden", sagte ein anderer. „Und die Fische, die wir gewöhnlich fingen, sind einfach weggeblieben. Das Wasser ist nicht mehr klar. Auch die Paradiesvögel sind verschwunden; sie sind in andere Gebiete geflogen."

Die Moi sind Waldbewohner, die Süßwassergarnelen fischen, Kängoruhs und Wildschweine jagen, Vögel fangen und von Grüngemüse, Früchten und dem Mark der Sagopalme leben. Sie sind völlig vom Wald abhängig. Aber die staatlich geförderte

---

1) Im folgenden verwenden wir die Bezeichnung „Westpapua" für die Westhälfte von Neuguinea, die heute unter indonesischer Herrschaft „Irian Jaya" genannt wird. Die Ureinwohner Westpapuas bezeichnen wir als „Papuas", um den völkerkundlichen Aspekt zu unterstreichen.

Diese Dani-Frau sagt: „Wir sind sehr verzweifelt, weil sie den heiligen Wald mit seinem unermeßlichen Reichtum vernichtet haben. Es gibt keine Fische mehr, keine Vögel, nichts ist mehr übrig."

Intimpura-Gesellschaft holzt 3400 km² Wald mitten in ihrem Ahnenrevier ab. Holzeinschlaggebiete sind gewöhnlich für Außenstehende verschlossen, aber im Januar 1992 schaffte es Ian McKenzie vom kanadischen *Endangered Peoples Project,* in das Gebiet der Moi zu gelangen. Er sah, daß Intimpura neben der Abholzung sorglos Straßen durch die Flüßchen baute. McKenzie glaubt, „daß die größte Gefahr wohl in der alleinigen Existenz dieser Straßen liegt; sie werden mehr Holzfäller eindringen lassen, legale und illegale, Wilderer und Siedler. Wenn das Abholzen nicht eingestellt wird, werden die Moi schon in zehn Jahren verschwinden."

Die Moi haben praktisch keine Möglichkeit, sich gegen diesen Angriff von Holzfällern, Straßen und Siedlern zu wehren. Klans und Gemeinschaften der Moi „besitzen" das Land, und keine Einzelpersonen, aber Indonesien erkennt ihre Landrechte nicht an. „Sie behandeln uns, die Besitzer des Landes, als ob wir ein Niemand seien", erzählte ein Dorfbewohner einem Besucher, als keine Soldaten in der Nähe waren. „Sie behandeln uns wie wertlose Menschen ohne Rechte. Aber wir *sind* Menschen und besitzen ein absolutes Recht auf dieses Land. Warum sind sie bloß gekommen und haben alles auseinandergerissen?"

Solche Proteste öffentlich zu machen, heißt ein Unheil heraufzubeschwören. Die indonesische Armee ist angewiesen, „die Landesentwicklung zu unterstützen", und diejenigen, welche sich ihr widersetzen, können der Subversion für schuldig befunden werden. Das Militär verhaftet oder ermordet die, die sich der „Entwicklung" in den Weg stellen. Bis zum heutigen Tag kämpfen mit Pfeil und Bogen bewaffnete Ureinwohner mit dem Mut der Verzweiflung gegen Soldaten, die Maschinengewehre tragen.

Niemand weiß, wie viele Zehn- oder vielleicht Hunderttausende von eingeborenen Menschen in den Massakern gestorben sind. Indonesien hat sich größte Mühe gegeben, solche Informationen vor der Außenwelt zurückzuhalten. Nachdem Ian McKenzie über die Auswirkung der ausgedehnten Abholzung auf die Moi und andere Papuas berichtete, setzte die Regierung seinen Namen auf die ständig wachsende Liste der Journalisten mit Einreiseverbot.

Und im Jahre 1992 wurde ein schwedischer Filmregisseur, der versuchte, die papuanische Unabhängigkeitsbewegung zu dokumentieren, mit aufgeschlitzter Kehle auf einem Pfad gefunden. Seine Brieftasche war unberührt, aber seine Videobänder fehlten. McKenzie sagte: „Dies war eine klare Botschaft der Regierung an alle, die eine Enthüllung der Lebensumstände eingeborener Menschen beabsichtigen."

In diesem perfekt inszenierten Klima der Angst bleiben daher die Greueltaten an den Papuas sowie ihr abzusehendes Schicksal eher unberichtet und unbemerkt.

„Andere mögen über unsere Bräuche lachen und über unsere enge Verbindung zum Land und allem, was auf ihm wächst", so begann ein Papua-Ältester seine Mahnung an die jungen Menschen seines Stammes. „All die Bäume, Tiere,

Pazifik

Stammesangehöriger aus Papua-Neuguinea. „Die Indonesier bemühen sich nach Kräften, uns Eingeborene auszurotten", sagt der Freiheitskämpfer Viktor Kaisiepo. „Aber wir bemühen uns, alles, was mit unserer Kultur zu tun hat, zu schützen."

Fische, Insekten und sogar Berge haben eine besondere Bedeutung für uns. Lange bevor der weiße Mann kam, waren diese Dinge sehr heilig, denn sie sind Teil unseres Wohlergehens. Viele Jahre lang haben wir, wie unsere Ahnen vor uns, ein gutes und glückliches Leben geführt. Wir hatten unsere eigenen Herrschaftsformen, die die Führer eines jeden Klanes überwachten. Wir arbeiteten und feierten zusammen und machten viele Dinge gemeinsam. Aber wir können nicht mehr ein so gutes Gemeindeleben führen wie in jenen guten alten Zeiten. Ich bin sehr traurig, sagen zu müssen, daß ihr euer Land der Ahnen an habgierige Regierungen verlieren könntet. Ihr werdet erkennen, daß ihr mit dem Verlust des Landes fast alles verloren habt. Als alter Mann, der bereit zu sterben ist, möchte ich euch eines sagen, meine Kinder: ‚Was immer ihr tut, verliert niemals, und ich wiederhole, niemals, euer traditionelles Recht an eurem ererbten Land.'"

Wenn Indonesiens Anschlag auf das eigene Land und seine Menschen noch aufgehalten werden soll, ehe die Wälder und ihre Bewohner verschwunden sind, so muß die Hilfe von außen kommen. Ein Mann, der sein Leben dieser Aufgabe gewidmet hat, ist Viktor Kaisiepo, ein Papua, der in den Niederlanden im Exil lebt.

Im Mai 1992 begegnete ich Viktor in Kari-Oca, Brasilien, bei einer großen Open-air-Versammlung am Rande von Rio de Janeiro, wo 500 eingeborene Führer sich zur ersten Weltkonferenz der Eingeborenen trafen. Schon auf den ersten Blick erweckte er mein Interesse: Der dunkelhäutige Mann mit dichtem krausem Haar und Vollbart trug ein leuchtend rotes Hemd und gestikulierte beim Sprechen lebhaft mit den Händen. Viktor war zum Führer der Englisch sprechenden Gruppe gewählt worden und ein sehr geselliger Typ. Er widmete sich mal dem einen, mal dem anderen, lockte jeden aus der Reserve, war einen Augenblick ernsthaft und versprühte im nächsten seinen Witz. Als die Versammlung zu Ende war, erhielten Viktor und ich die Gelegenheit, über seine Hoffnungen für die Menschen von Westpapua zu sprechen.

„Meine politische Arbeit ist jetzt das Wichtigste in meinem Leben", begann Viktor. „Ich habe meine Stelle gekündigt, nur um diese Arbeit zu tun. Es macht mir nichts aus, meine Pension zu verlieren. Vielleicht bin ich morgen schon tot, da nutzt mir die Pension auch nichts. Ich bin hier in Brasilien, um zu sehen, ob wir Papuas nur alleine oder ob auch andere Ureinwohner vor denselben Problemen stehen. Und sie haben alle dieselben Probleme. Daher müssen wir eine gemeinsame Strategie fürs Überleben finden. Es hat keinen Zweck, das Problem an einem Ort zu lösen und dabei die Grundprinzipien der Ausbeutung zu ignorieren."

Viktor trat in die Fußstapfen seines Vaters, eines Stammesführers, der sein ganzes Leben lang für die Unabhängigkeit der Papuas gekämpft hatte. Seine Familie mußte zu der Zeit, als Viktor 14 Jahre alt war, in die Niederlande ins Exil gehen. Beinahe 20 Jahre lang jonglierte Viktor mit seinen Aktivitäten für die Unabhängigkeit der Papuas und seiner Karriere als Verkaufsleiter für eine große Fabrik. Als er 35 Jahre alt wurde, traf er eine Wahl. „Ich beschloß, mich ganz für Westpapua einzusetzen, obwohl ich keinen Pfennig damit verdiene."

„Meine Leute waren Piraten."

„Wir kämpften gegen die Portugiesen, gegen die Spanier und Holländer. Wir fuhren umher, handelten und kämpften, wenn es sein mußte. So lernten wir, uns mit der Außenwelt auseinanderzusetzen. Bei einer Konfrontation ziehen sich einige Menschen zurück, aber wir stehen sie durch. Das ist unsere Einstellung. Ich bin geradezu vernarrt in meinen Stamm. Aber in erster Linie bin ich Papua und ich kämpfe für die Unabhängigkeit aller Stämme."

Das Streben der Papuas nach Unabhängigkeit kann jedoch unterhöhlt werden durch eine hinterhältige und für Ureinwohner völlig unverständliche Strategie – Transmigration, ein Programm, Menschen anderer Landesteile in abgelegenen Regionen, meist Gebiete mit eingeborener Bevölkerung, anzusiedeln. In Westpapua bedeuten Einwanderer billige Arbeitskräfte für die Holzindustrie. Der eigentliche Hintergrund ist jedoch, die Kontrolle der Regierung über die eingeborenen Menschen auszudehnen. Aus der Geschichte weiß die indonesische Staatsmacht, daß, wenn sie den eroberten Territorien ihre kulturelle Identität läßt, mit Aufständen zu rechnen ist. „Die verschiedenen ethnischen Gruppen werden bei dieser Form der Integration auf kurz oder lang verschwinden", sagt der zuständige Minister für die Transmigration. „Und dann gibt es nur noch ein Volk."

„Tausende von Familien werden nach Westpapua geschickt", erzählte mir Viktor. „Das erste, was sie brauchen, ist Land. Aber all das Land ist unser traditionelles Land. Wir können es nicht verkaufen. Wir können ohne es auch nicht leben. Nun ist die indonesische Regierung raffiniert. Sie erzählt der Welt, daß *alles* Land uns Eingeborenen gehört. Das klingt gut. Aber die Sache hat einen Haken. Das Land gehört uns nur so lange, bis die Regierung es braucht. Dann gehört es dem Staat. Das bedeutet, daß wir überhaupt keine Rechte besitzen. Wenn die Regierung dein Land will, mußt du abziehen. Einfach so."

Bei seinem systematischen Versuch, die eingeborenen Menschen zu beseitigen, hat Indonesien erklärt, daß keine rassischen Unterscheidungen mehr gemacht werden dürfen. „Es ist mir und meinen Landsleuten verboten, einander als Papuas zu bezeichnen", sagte Viktor. „Es ist verboten, weil wir uns sonst auf unsere eigene kulturelle Identität beziehen würden, und das ist illegal."

„Akzeptieren einige Papuas diese Regelung?"

„Nein. In keiner Weise. Etwa 99,9 Prozent stimmen nicht zu. Und dieser Konflikt zwischen asiatischen und melanesischen Kulturen ist die Wurzel der meisten Probleme, denen wir heute gegenüberstehen. Folgt man den Indonesiern, sind Papuas primitiv und rückständig. Die Vorurteile der moslemischen Indonesier sind extrem. Wir haben ein System der Apartheid. Die Leute verurteilen Apartheid, wenn es um Weiß gegen Schwarz geht. Aber nicht, wenn es Gelb gegen Schwarz oder Schwarz gegen Schwarz ist. Wie kommt das? Diskriminierung ist Diskriminierung!"

Um das Unabhängigkeitsstreben anzukurbeln, veröffentlicht Viktor eine zweimonatliche Zeitschrift unter dem Titel „Suara Papua: Die Stimme der Papuas" und schmuggelt Exemplare davon nach Westpapua. „Wir erklären, daß wir nicht den indonesischen Einwanderern oder japanischen Touristen die Schuld an unserer unglücklichen Lage geben können", erläutert mir Viktor, „sondern daß es die indonesische Regierung ist, die uns ausbeutet. Und es sind die Weltbank und die westlichen Industrienationen, die ein enormes Interesse an der Erschließung unseres Landes haben."

„Es muß doch mitunter ein erschütterndes Gefühl sein."

„Ja, aber wir müssen riskieren, es auszusprechen. Manchmal werden wir durch Angst isoliert. Jemand kann verhaftet, gefoltert, sogar getötet werden, wenn ein Exemplar unserer Zeitschrift bei ihm gefunden wird. Ich bekam einmal einen Brief von einem Gefängnisinsassen, in dem stand: ‚Könnten Sie mir bitte die Zeitschrift schikken?' Aber ich konnte es nicht tun, denn das hätte ihn erledigen können."

„Warum saß er im Gefängnis?"

„Für das Hissen der Flagge von Westpapua. Zwanzig Jahre."

„Zwanzig Jahre für das Hissen einer Flagge?"

„Zwanzig Jahre. Sie sagen, daß es sich dabei um ein nationales Interesse handelt. Indonesien hat kürzlich ein Gesetz erlassen, das jede Art von Protest als einen Akt der Subversion strafbar macht."

„Diese Verurteilung müßte doch helfen, Ihre Leute zu vereinigen."

„Die Papuas, die im Exil leben, repräsentieren den diplomatischen und politischen Arm unserer Bewegung. Ich kann nicht mehr zurückgehen. Man würde mich erschießen. Im Land selber kämpfen wir gegen das Militär. Aber wir haben auch erkannt, daß die Industrienationen uns schädigen.

Schauen Sie die Freeport-Bergbaugesellschaft an. Dies ist eine multinationale Gesellschaft aus den USA, mit Sitz in Philadelphia, glaube ich. Sie nahm im Jahre 1967 in Westpapua ihre Aktivitäten auf. Das Unternehmen befürchtete, daß bei einer Unabhängigkeit Westpapuas ihr Schürfen nach Kupfer wegen politischer Instabilität gefährdet wäre. Daher nahm sie Einfluß auf die Regierung, um unsere Unabhängigkeit zu verhindern. Und der Freeport-Bergbau hat Milliarden Dollar aus den Bodenschätzen unseres Landes gewonnen. Nichts davon sickert zu den Einwohnern zurück."

Bei der Erschließung von 25 Millionen Tonnen Kupfer im Tagebau besetzte Freeport ein riesiges Gebiet auf den traditionellen Ländereien der Amungme. Dieser Stamm lebte an den Flanken eines Berges, der ihnen heilig war. Der Berg ist nun dem Erdboden gleichgemacht worden, die Menschen haben ihre Heimat verloren, und Abwässer aus der Mine haben die Gewässer stromabwärts verschmutzt.

„Wir wissen, daß Bergbau- und Holzfirmen sich weder um uns noch um demokratische Prinzipien kümmern, aber man sollte denken, daß beispielsweise die Amerikaner es noch immer tun", sagte Viktor. „Wir haben Amerika immer als das Herz der Demokratie angesehen, aber wir wissen nicht, ob die Amerikaner sich überhaupt noch für ihre Prinzipien einsetzen. Unsere größte Enttäuschung war, mitzuerleben, wie die USA als ein stiller Teilhaber davon profitieren, daß unsere Unabhängigkeit unterdrückt und unsere Wälder und Menschen zerstört werden."

„Doch will ich die Japaner nicht ausschließen. Nachdem sie mit den Wäldern auf Borneo fertig waren, sind sie zu uns gekommen und fällen die Mangrovenwälder in unseren Küstenregionen. Die Marubeni-Gesellschaft hackt Bäume gleich zu Holzspänen. Sie nehmen einfach alles. Doch keine Gesellschaft gibt den Menschen etwas zurück. Und die indonesische Regierung hilft ihnen, unser Land zu stehlen, Stück für Stück. Japan und die USA sagen nichts dazu."

„Augenscheinlich schert sich niemand den Teufel darum, was mit Ihnen geschieht?"

„Ja genau. Und sehen Sie, es sind nicht nur mein Stamm oder nur die Papuas, die für ihre Menschenrechte kämpfen. Es sind alle eingeborenen Menschen von Indonesien. Wir benötigen die Unterstützung der Industrienationen. Unsere eingeborenen Kulturen werden nicht mehr viel länger bestehen. Auf keine Weise. Daher bin ich betrübt . . . so versuche ich . . ."

Viktor verstummte. Für einen Augenblick konnte er keine Worte hervorbringen. Dann fuhr er fort: „Ich versuche unseren Leuten zu sagen: ‚Seht, wir müssen für unsere Unabhängigkeit kämpfen. Viele Nationen fallen auseinander. Wo ist die Sowjetunion jetzt? Jugoslawien. Sehr bald wird es Indonesien sein. Es mag zehn Jahre dauern oder 30. Wir dürfen die Hoffnung nicht verlieren.'"

Indonesiens Behandlung der Maubere in Osttimor gibt einen weiteren Hinweis darauf, wie lang und qualvoll der Weg zur Freiheit für Westpapua sein kann.

Die Maubere sind keine Eingeborenenkultur, die plötzlich ins 20. Jahrhundert geworfen wurde, sondern Überlebende einer 350 Jahre währenden portugiesischen Kolonialherrschaft. Sie leben hauptsächlich vom Anbau von Reis, Mais und Knollenfrüchten und der Aufzucht von Büffeln, Schweinen und Ziegen.

Als die Portugiesen im Jahre 1975 Osttimor verließen, kamen die Maubere in den Genuß einer einwöchigen Unabhängigkeit. Doch kaum hatte sich die linksgerichtete Koalition im Amt niedergelassen, da schlug Indonesien zu. Die indonesische Armee startete eine Attacke, die wahrscheinlich der verheerendste Angriff auf eingeborene Menschen in diesem Jahrhundert war.

Nur zwölf Stunden vor dieser Invasion in Osttimor kam US-Präsident Gerald Ford in Indonesien an. Offiziell wurde gesagt, daß sein Besuch nichts mit der bevorstehenden Attacke zu tun hatte. Ford wurde von Staatssekretär Henry Kissinger begleitet, der den US-Botschafter in Indonesien informierte, nicht über Timor zu sprechen, „weil die Vereinigten Staaten gegenwärtig in genug Problemen von größerer Wichtigkeit verwickelt wären".

Der US-Botschafter erzählte wiederum Kollegen, daß die Vereinigten Staaten hofften, Indonesien würde seine Invasion „wirksam und schnell beenden und keine US-Waffen gebrauchen".

Doch die Waffen der USA wurden von Anfang an eingesetzt, und Brandbombenangriffe mit amerikanischen Kampfflugzeugen richteten in Dörfern und auf Feldern Verwüstungen an. US-Beamte behaupteten, daß amerikanische Waffen nicht zu Angriffszwecken gebraucht wurden, was eine Übertretung von US-Gesetzen gewesen wäre. Später bekannte George Aldrich, ein Rechtsberater des Außenministeriums, daß die Indonesier „ungefähr zu 90 Prozent aus unserer Ausrüstung bewaffnet waren".

Die Indonesier führten einen langen Krieg. Das Jahr 1976 hindurch hatten sie bei Bombenangriffen Tausende von Timoresen verletzt oder getötet. Dann zerstörten sie absichtlich die Felder, und in der anschließenden Hungersnot starben wieder Tausende. Die Überlebenden mußten ihre Dörfer verlassen. Viele flohen in die Berge und behaupteten sich dort gegen die indonesische Armee, bis zu der Offensive des Jahres 1978. Während dieses massiven Boden- und Luftangriffes setzte die indonesische Armee chemische Waffen und Napalm ein. Von Unterernährung und Krankheit überwältigt, ergaben sich viele Maubere und wurden in „Siedlungslager" geschickt.

„Wenn man in die Lager geht, sind die Dinge völlig hoffnungslos", berichtete ein Zeuge

Nach alter Sitte trennte diese Dani-Frau sich nach dem Tod jedes nahen Verwandten einen Teil eines Fingers ab.

Amnesty International. „Hier gab es nur eine Prozedur, die Gefangenen oder diejenigen, die sich ergeben hatten, zu verhören. Während der Verhöre wurden sie gewöhnlich gefoltert . . . indem sie mit einem stumpfen Gegenstand geschlagen wurden, man ihnen brennende Zigaretten ins Gesicht drückte und Elektroschocks auf die Genitalien versetzte. Ein höherer Offizier entschied, wer nach dem Verhör getötet wurde. Die meisten der Führer oder die etwas Gebildeteren wurden getötet. Ihre Frauen wurden ebenfalls verhört, gefoltert und getötet."

Indonesiens systematische Ausrottung der Menschen in Osttimor kommt den Todesfeldern von Kambodscha und den Konzentrationslagern des nationalsozialistischen Deutschland gleich. Aber es kann kaum einfach als das Werk eines wahnsinnigen Diktators abgetan werden. Es waren schließlich die Vereinigten Staaten, die die Machtübernahme von Suharto stützten, der im Jahre 1968 Präsident wurde. Und in den folgenden Jahren zog die amerikanische Furcht vor dem Kommunismus die Vereinigten Staaten bis hin zur Komplizenschaft mit diesem antikommunistischen Führer, der eine der brutalsten Regierungen des 20. Jahrhunderts leitete.

„Ich weiß von den großen Fortschritten Indonesiens beim Aufbau einer Nation unter Ihrer Führung", sagte Präsident Reagan 1982 bei der Begrüßung von Suharto in den USA. „Ich bin sicher, daß unsere Gespräche während Ihres Staatsbesuches weiterhin die Bande unserer Freundschaft und gegenseitigen Respektes zwischen unseren beiden Ländern stärken werden. Die Vereinigten Staaten begrüßen Indonesiens Streben nach dem, was Sie die ‚nationale Einigung' nennen."

Ronald Reagan sollte nicht allein für diese Kritik herausgegriffen werden, denn seit Gerald Ford hat jeder US-Präsident, durch Handeln oder Nichthandeln, Indonesiens Krieg gegen seine eingeborenen Menschen unterstützt. Die Lieferung von US-Waffen wurde fortgesetzt. Und seit dem Jahre 1976 haben die USA zehn Resolutionen der Vereinten Nationen abgelehnt, die die unrechtmäßige Invasion von Osttimor verurteilen.

Im Jahre 1986 sandte Indonesien 15 000 Soldaten nach Osttimor und startete die „Operation Auslöschung", um wegen der Angriffe von Widerstandsbewegungen Vergeltungsmaßnahmen an unschuldigen Zivilisten auszuführen. Doch die Maubere wehrten sich weiterhin. 1988 erhöhten die Indonesier ihre Streitkräfte auf 25 000. Im Jahre 1990 hatten sie 40 000 Soldaten in Osttimor und setzten das Transmigrations-Programm fort, das vorsah, Hunderttausende von Javanern auf der Insel anzusiedeln. Vor der Invasion im Jahre 1975 gab es 650 000 Timoresen im Ostteil der Insel Timor. Bis zum Jahre 1993 sind mindestens ein Drittel von ihnen getötet worden.

Damit die Maubere überleben können, muß der Frieden wiederhergestellt werden. Und damit Frieden eintritt in Osttimor, müssen die Menschenrechte der Maubere geschützt werden. In der Minderzahl, waffenmäßig unterlegen und ohne Aussicht auf militärischen Sieg, weigern sich die Maubere immer noch, aufzugeben. „Die Kampagne des Völkermordes", sagt ein Widerstandsführer, „hat die Entschlossenheit der Maubere verstärkt, gegen die fremde Besetzung zu kämpfen."

Indonesiens Einverleibung von Osttimor gleicht im gewissen Sinne der versuchten Übernahme Kuwaits durch den Irak im Jahre 1990. Eine Resolution der Vereinten Nationen rief im Jahre 1975 „alle Staaten auf, die territoriale Unversehrtheit von Osttimor zu respektieren, wie auch das unübertragbare Recht seiner Menschen auf Selbstbestimmung". Aber diese UN-Resolution hat keinen „Befreiungsversuch" bewirkt. Seit beinahe 20 Jahren sind weder die Vereinigten Staaten noch irgendein anderes Land vorgetreten, um die Menschen in Osttimor zu unterstützen.

Es kann sein, daß die Maubere, die Dani, die Moi und andere eingeborene Völker von Indonesien bald über die Schwelle getrieben werden, von wo aus es kein Zurück mehr gibt. Es besteht kein Grund zu der Annahme, daß die Regierung plötzlich ihren Kurs ändert. Aber so verzweifelt wie die Lage ist, sie kann umgekehrt werden.

Diejenigen von uns, die in der industrialisierten Welt leben, teilen ein großes Maß der Verantwortung für den Angriff auf diese Menschen und ihr Land; und wir sind die einzigen mit der Macht, dieses zu stoppen. Wir können fordern, daß keine Hilfsgelder mehr nach Indonesien gelangen, bis es seine eingeborenen Menschen beschützt. Wir können darauf bestehen, daß die Weltbank aufhört, Länder zu unterstützen, die Transmigration und andere Taktiken zur Rassenbeseitigung gegen eingeborene Menschen anwenden. Wir können auf die Annahme der UN-Erklärung über die Rechte eingeborener Menschen dringen. Wir können aufhören, Kabinettschränke, Tische, Stühle und andere aus tropischen Hartholzbäumen hergestellte Dinge zu kaufen. Und wir können Indonesien wissen lassen, daß wir nicht wieder auf Bali Urlaub machen werden, ganz gleich, wie verlockend eine „kulturelle Nacht auf der mondbeschienenen Freilichtbühne Balis" auch klingen mag.

Indonesien

Stammesangehöriger der Dani. Die Jungen dieses Volksstammes durchbohren sich im Alter von 14 Jahren die Nase. Als Erwachsene tragen sie dann oft während traditioneller Zeremonien Stoßzähne von Wildschweinen in der Nase.

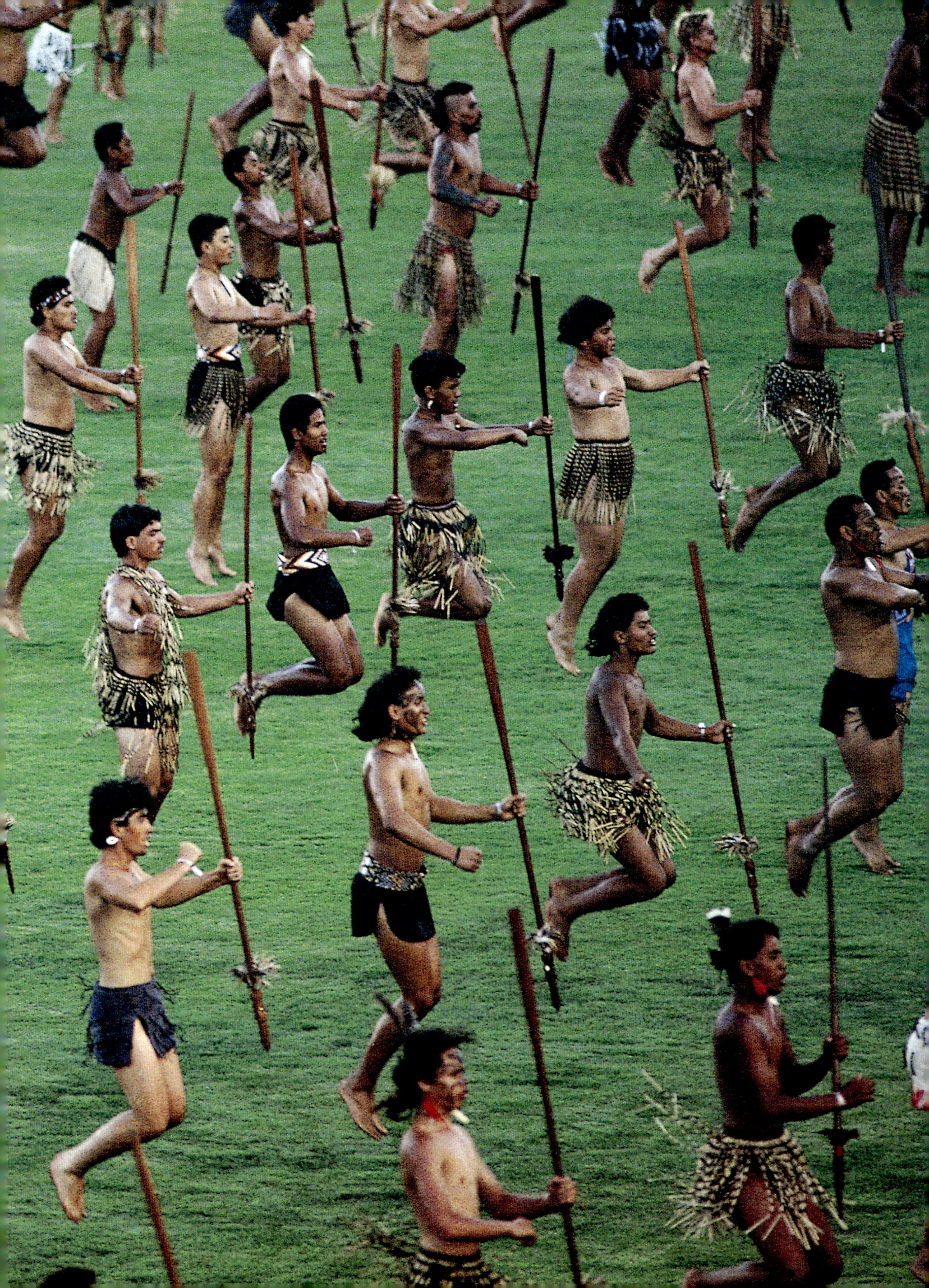

MAORI

„GEBT UNS AOTEAROA ZURÜCK"

„Wie wär's mit einem Spielchen?" fragte eine Stimme hinter mir. Ich ließ meinen Tennisschläger sinken und drehte mich um. Der Mann war etwa dreißig, lange schwarze Haare fielen ihm bis auf die Schultern. Ich hatte reichlich Zeit, und so sagte ich: „Gerne." Er stellte sich als Terangi Wharamate vor, ein Maori aus Neuseeland – ziemlich weit von zu Hause weg, wenn man bedenkt, daß wir in meiner Heimatstadt Anchorage waren! An diesem Tag spielten wir einige Sätze, am nächsten Tag noch ein paar, und innerhalb kurzer Zeit waren wir gute Freunde. Wir teilten unsere Neigung zum Sport, fuhren im Kajak die alaskische Küste entlang, bauten uns Hütten und sprachen nächtelang einfach über das Leben. Mit der Zeit verband uns eine echte Liebe – keine romantische, sondern eine wie zwischen zwei Brüdern. Wir teilten alles und waren immer füreinander da. Dies war eine völlig neue Erfahrung für mich.

Schließlich kehrte Terangi nach Neuseeland zurück – oder besser: nach Aotearoa, wie die Maori ihre Heimat nennen –, und es vergingen einige Jahre, bevor ich ihn dort besuchte. Eine Stunde nach meiner Landung in Auckland war ich mit Terangi und seinem 74jährigen Vater schon dabei, am neuen Haus mitzubauen. An diesem Abend schien irgend etwas meinen Freund zu bedrücken, und er schlug einen Spaziergang vor. Die Nacht war sternenklar. Auf einer Wiese nicht weit vom Haus blieb er stehen und sagte: „Art, ich muß dir was gestehen. Weißt du noch, wie ich dir bei unserem ersten Treffen erzählte, ich sei auf eine englische Schule gegangen?"

„Ja, richtig. War das nicht sogar in Eton?"

„Das hab' ich dir erzählt, aber es stimmt nicht. Ich habe es einfach erfunden, um mich ein bißchen wichtiger zu machen und dein Freund zu werden."

Ich sagte Terangi, das sei mir völlig egal. Wir umarmten uns, und damit war die Sache erledigt. Oder doch nicht? Je besser ich Terangis Familie und andere Maori kennenlernte, desto klarer wurde mir, daß seine kleine Etikettenlüge symptomatisch für das Minderwertigkeitsgefühl stand, das die Maori unter den weißen Neuseeländern entwickelt hatten.

Anläßlich der Eröffnung der Commonwealth-Spiele 1990 in Auckland führten die Haka einen Kriegstanz auf. Zur Zeit leben in Neuseeland 300 000 Maori, die 9 Prozent der Gesamtbevölkerung bilden.

• 181 •

Pazifik

Terangi Wharamate sagt: „Innerhalb der Generation unserer Väter gab es keine Feindseligkeiten. Was heute in Neuseeland passiert, ist der sicherste Weg in die Katastrophe. Die Veränderung muß von innen kommen."

„In der Schule fühlte ich mich immer als Außenseiter; ich gehörte nie richtig dazu", erzählte mir Terangi, ein begabter Schüler und Sportler. „Manchmal wünschte ich mir, ein Weißer zu sein, um auch all die kleinen und großen Vorrechte zu genießen. Weißt du, es war ein herrliches Gefühl, als ich Neuseeland verließ."

Terangi war der Sprung nach draußen gelungen, aber die meisten seiner Generation hatten nicht soviel Glück. Einige ließen ihren Lebensmut sinken und hingen fortan am Tropf der Sozialhilfe. Andere konnten ihre ohnmächtige Wut nicht beherrschen und landeten im Gefängnis. Die jungen Maori mußten das Gefühl bekämpfen, sie seien mit irgendeinem Fehler, irgendeiner natürlichen Minderwertigkeit behaftet.

An einem freien Tag fuhr ich mit Terangi, seiner englischen Frau Jo und ihren zwei kleinen Kindern hoch zur Bay of Islands, wo Terangi aufgewachsen war. Auf satten, grünen Weiden tummelten sich Schafe, Rinder und Pferde im warmen Wind. „Schön hier, findest du nicht?" fragte Terangi. „Aber unter der Oberfläche brodelt es. Jeden Tag geschehen hier Überfälle, Vergewaltigungen oder Morde. Diese Gesellschaft wird von einem bösartigen Geschwür zerfressen."

Er schüttelte den Kopf. „Weißt du, in Neuseeland bahnt sich ein Unheil an. Unser Holz, unsere Rechte am Fischfang – die Regierung hat uns all das einfach genommen. Die Maori auf dem Land haben so gut wie nichts mehr – ist es da ein Wunder, daß sie die Weißen hassen? Zwanzigjährige leben von der Sozialhilfe; ihre Kinder werden von der Sozialhilfe leben und ihre Enkel auch. Hier ballt sich ein Konflikt zusammen, der uns Gewalt in großem Ausmaß bringen kann."

Ich fragte Terangi nach seiner persönlichen Lage; schließlich hatte er eine weiße Frau.

„Das ist schwer zu sagen. Ich persönlich komme mit allen Leuten gut zurecht, aber ich kann den Haß und das Mißtrauen verstehen. Auf Aotearo gibt es zwei Kulturen, die das Leben auf ganz unterschiedliche Weise betrachten. Meine Kultur ruht auf Erfahrung. Die weiße Kultur scheint sich nur um Geld zu drehen und darum, wie man es möglichst schnell anhäufen kann. Wir achten unsere Alten, aber was macht ihr mit euren? Sie könnten eure besten Lehrer sein, euch die Welt und die Liebe erklären – aber was geschieht mit ihnen? Ihr schließt sie weg, verbannt sie in Altenheime."

In Waitangi gingen wir über die breiten Rasenflächen am Ufer, von wo man die Bucht überblicken konnte; Segelboote schaukelten auf den Wellen. Vor 200 Jahren hätten wir von hier aus vielleicht auf riesige Kriegskanus der Maori geschaut, jedes mit 180 Kriegern an Bord. Genau hier entschied sich im Februar 1840 die Geschichte der Maori – der Vertrag von Waitangi wurde unterzeichnet. Es war ein Vertrag zwischen zwei Nationen: den Briten und den Maori. Aber man hatte den Vertrag in zwei Sprachen aufgesetzt. 30 Männer unterschrieben den englischen Text, mehr als 500 unterzeichneten die Maori-Version. Letztere sagte eindeutig, daß die Nutzungsrechte der Ressourcen und die Selbstverwaltung der Maori nicht angetastet würden – *te tino Rangatiratanga* in ihrer Sprache. Aber in den folgenden 150 Jahren ließen sich die Neuseeländer immer neue Tricks einfallen, das Land der Maori an sich zu reißen.

Die Landverordnung von 1909 sollte den Maori nützen. Aber selbst der Kronanwalt bestätigte, daß sie es europäischen Siedlern erleichterte, an Maori-Land zu kommen. Die Regierung rief einen Fonds ins Leben, um den Eingeborenen bei der Landerschließung zu helfen, aber noch mehr

Maori-Mann mit traditioneller Tätowierung. Die Freiheitskämpferin Pauline Tangiora von den Maori sagt: „Ich glaube, daß die Menschen überall Reichtümer und Weisheiten besitzen. Aber viele Kulturen gehen heute in der Hast der materialistischen Welt unter."

Geld gab man den weißen Siedlern, die das Land der Maori kaufen wollten.

Nach dem Zweiten Weltkrieg griff man den Heimkehrern mit billigen Krediten und Zuschüssen zum Landkauf unter die Arme – allerdings nur den *Pakeha,* also den weißen Neuseeländern. „Unsere Leute haben ihr Leben doch genauso riskiert", sagte Terangi. „Aber ihnen half man nicht. Nach dem Krieg verloren wir immer mehr von unserem Land und unseren Fischgründen. Wir waren doch nur Kanonenfutter im Krieg des weißen Mannes."

Eine Besserung der Lage scheint nicht in Sicht. Am 10. Dezember 1992 erklärte Dr. Timothy Reedy der UN-Vollversammlung, daß durch den jahrzehntelangen Mißbrauch des Waitangi-Vertrages 40 Prozent der Maori heute arbeitslos seien, viermal soviel wie im Landesdurchschnitt. Und er verwarf einen Gesetzesentwurf, der den Zwangsverkauf von Fischereirechten der Maori ermöglichen soll, die im alten Waitangi-Vertrag ausdrücklich festgeschrieben wurden. „Dieses Gesetz verletzt nicht nur Vertragsvereinbarungen, sondern bereitet den Boden einer weiteren Entrechtung der Ureinwohner. Es werden den Maori elementare Menschenrechte vorenthalten. Unsere Regierung mißachtet in krasser Weise die Rechte ihrer eingeborenen Minderheit."

Während ich durch Aotearoa reiste, erzählten mir die Maori, wie ihr Leben sich durch die *Pakeha*-Kultur geändert hatte. Ich verbrachte einen Tag mit Terangis Vetter Nigil, dem jüngsten Mitglied, das je im Ältestenrat von Nord-Auckland saß. „Maori füllen die Gefängnisse", erklärte er. „Also müssen wir uns fragen: ‚Werden Maori als schlechte Menschen geboren?' Oder ist vielmehr das System ungeeignet für uns? Meine Eltern waren wunderbare Menschen. Doch man verspottete sie und schlug sie auf Hände und Beine, wenn sie sich in unserer Sprache unterhielten."

Eines Abends trafen Terangi und ich uns zum Essen mit Pauline Tangiora, einer engagierten Maori-Aktivistin. Ihre 36 Enkel, so sagte sie mir entschlossen, „werden alle stolz darauf sein, zu den Maori zu gehören". Für Pauline heißt das, „immer du selbst zu sein, wenn du es willst, und nicht dafür verfolgt zu werden, daß deine Socken nicht zusammenpassen oder du dein Haar lang trägst". Sie glaubt nicht mehr daran, daß die Maori all ihr Land zurückbekommen, fordert aber, „endlich anzuerkennen, daß in Neuseeland zwei Völker nebeneinander leben. Wenn die Pakeha das zugeben und einsehen könnten, daß auch wir einen Existenzanspruch haben, dann hätten wir das schönste Land der Welt. Aber die Angst, ihre Macht zu verlieren, läßt sie noch zögern."

An einem anderen Tag besuchte ich eine Schule, an der einer von Terangis Brüdern die Sprache und Kultur der Maori unterrichtet. Hone ist ein großer, etwas wild dreinblickender Mann, der sein Leben ganz der Erziehung von Kindern gewidmet hat – Maori und Pakeha gleichermaßen. Als ich ihn nach den Zukunftsaussichten der jungen Maori fragte, erklärte Hone, daß die Schulen die Pakeha-Kultur immer als überlegen dargestellt hätten. „Maori fühlen sich minderwertig. Die meisten meiner Maori-Schüler wurden schon in den ersten Schulklassen seelisch schwer geschädigt. Maori-Kinder sind entwurzelte Menschen. Sie wissen, daß sie keine Europäer sind; sie sehen eben wie Maori aus. Aber sie wissen nicht, was das bedeutet und wer sie wirklich sind. Eine ganze Generation haben wir schon verloren." Nach einer Pause fügte er hinzu: „Es könnte sogar zum Bürgerkrieg führen. Sobald die Kinder merken, daß man sie nicht will, so wie sie sind, droht Anarchie."

Eine andere Maori-Lehrerin sagte: „Man übergab mir keine Maori-Klasse zur Ausbildung, sondern eine Klasse zerbrochener junger Menschen in Pflege. Nach acht Jahren im Schulsystem kommen diese Mädchen seelisch zerrüttet auf die High School. Selbstbewußtsein haben sie so gut wie keines. Ihr Verhalten spiegelt ihren inneren Schmerz und ihre Verwirrung. Und wie hilft ihnen die Schule? Die Kinder werden angebrüllt, bestraft und der Schule verwiesen."

„Ja, wir waren ein bedrohtes Volk", sagte Hone. „Aber langsam ziehen wir uns aus dem Sumpf." Dann beschrieb er die Revolution der Maori – eine friedliche Revolution ohne Soldaten, Politiker oder Rechtsanwälte, dafür mit Kindern im Vorschulalter! Angesichts des raschen Verfalls ihrer Sprache und Kultur haben einige ältere Maori das erste *kohungareo* gegründet, ein „Sprachnest", in dem Maori-Kinder die Sprache und Lebensweise ihres Volkes spielerisch lernen. „Diese Initiative entstand aus dem Wunsch der Menschen, ihre Identität zu finden", erklärte Hone. „Wir wollen unsere Kinder nicht verlieren."

Eines Nachmittags beobachtete ich die Kinder einer solchen Vorschulgruppe; schon die Kleinsten, die gerade erst laufen konnten, plapperten ihre ersten Maori-Wörter im fröhlichen Spiel. Ellemain Emery leitet die *kohungareos* bei Auckland. Sie erzählte mir, daß sie sich an ihre eigene Kindheit erinnerte, als sie zum ersten Mal von den Sprachnestern hörte. „Ich wußte sofort: Das ist es! Genau das hat uns all die Jahre gefehlt. Also stand ich auf und sagte zu meinem Mann: ‚Räum' die untere Etage aus!' ‚Warum?' fragte er zurück. ‚Und diese Wand hier – die muß ein paar Meter weiter 'rüber.' Zuerst wollte mein Mann nicht mitmachen; das sei doch viel zu teuer, meinte er. Darauf sagte ich: ‚Das ist es nicht. Wir müssen das einfach tun – für die Kinder und für uns alle.'"

Kinder waren in Ellemains Haus überall zugegen. Ihre eigenen neun gingen während unseres Gespräches in der Küche ein und aus, und ein weiteres Dutzend kleiner Maori sauste durch die unteren Klassenräume. Vielleicht wird es diesen Kindern gelingen, ihre bikulturelle Erziehung bis zur High School zu behalten.

„Es mag sonderbar klingen, aber das Wiedererlernen unserer Sprache ist eine echte Therapie für unser Volk", erklärte Ellemain. „Unsere wichtigste Aufgabe ist es, die Welt wieder aus den Augen der Maori zu sehen. Wir müssen wieder zu Menschen werden, die sich um andere kümmern. Lernen, auf Maori-Art freundlich zu sein, dankbar das Gegenwärtige zu nehmen, statt gierig immer mehr zu wollen. Fühlen, wenn dein Nachbar durch Schmerz, Krankheit oder Kummer bedrückt ist.

Sehen Sie, wir lehnen ja nicht alles ab, was britisch ist. Wir wollen nicht in den Wald zurück und uns von Wurzeln und Beeren ernähren. Das geht nicht. Aber wir müssen die Dinge wieder ins Gleichgewicht bringen. Wenn wir das nicht schaffen, dann wird es mit uns weiter bergab gehen, bis wir eines Tages verschwunden sind."

Ich fragte Ellemain, was sie von den Pakeha erwarte. „Mehr Bereitschaft, sich in unsere Lage zu versetzen", war ihre Antwort. „Sie sollten erkennen, daß sie in einem Land leben, das ihre Vorfahren den Maori gestohlen haben. Wir sagen ihnen: ‚Ihr sollt euch an der Situation nicht schuldig fühlen, sondern sie zu verstehen suchen. Und dann laßt uns gemeinsam an einem friedlichen Miteinander arbeiten. Fangen wir mit den Kindern an.'"

Ellemain Emery, Sprachlehrerin aus Auckland, sagt: „Wenn wir den Untergang unserer Kultur und unserer Lebensweise verhindern wollen, müssen wir unsere Kinder die Sprache der Maori lehren und ihnen beibringen, stolz auf ihre Herkunft zu sein."

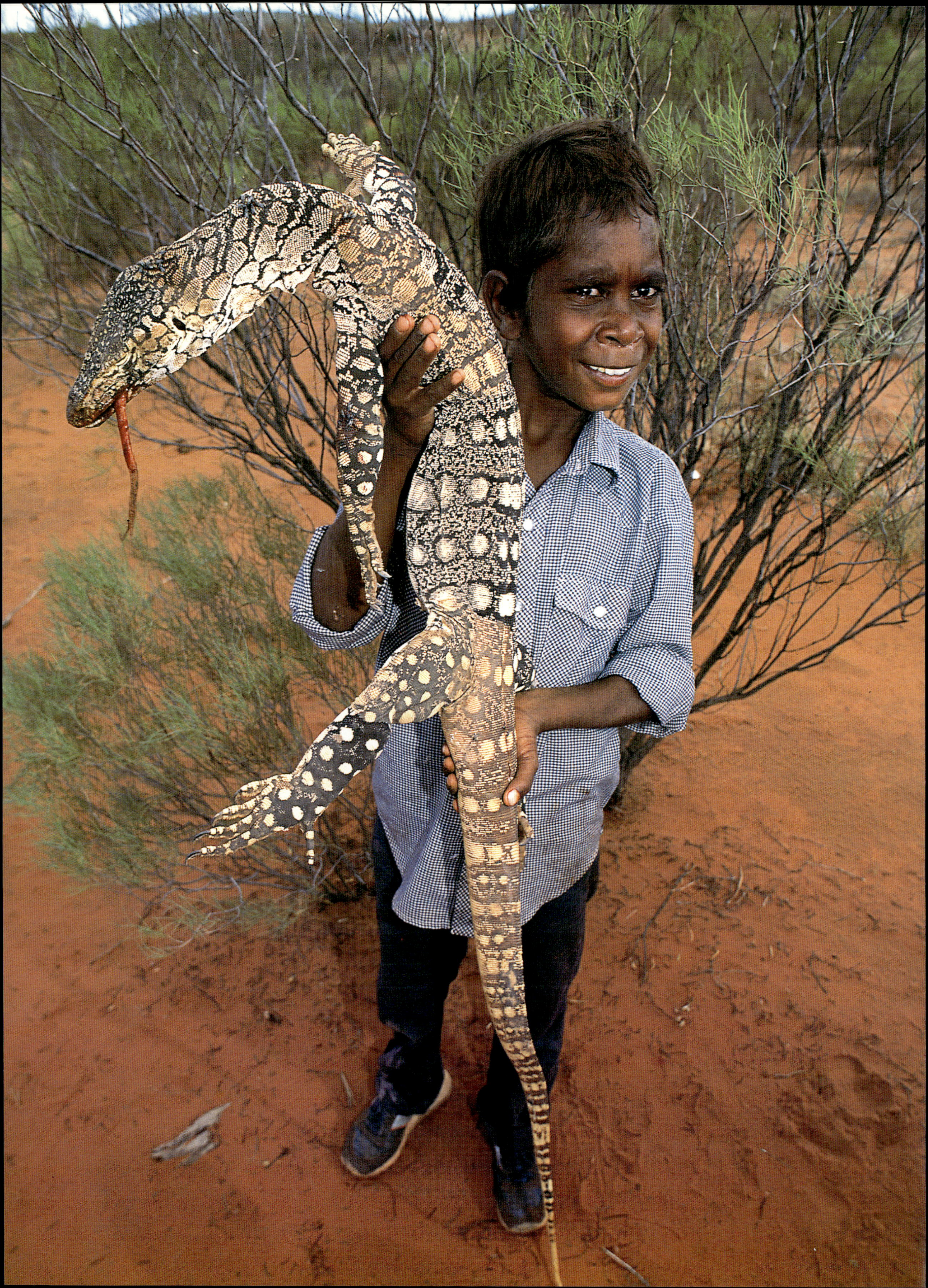

ABORIGINES

„WIR LEBEN NOCH"

Schon seit meiner Kindheit in einer Kleinstadt Colorados faszinieren mich die australischen Aborigines. Noch heute sehe ich einige Bilder vor mir, die ich damals in einem alten *National Geographic*-Magazin fand – nackte Kinder, die unbeschwert an einem Fluß spielen, ein einsamer Aboriginal, der die Wüste durchwandert, die stillen, geheimnisvollen Augen im dunklen Gesicht eines alten Mannes. Diese Menschen schienen viel natürlicher zu leben als ich, frei und ohne Sorgen. Erst Jahre später, als ich schon nach Alaska gezogen war, las ich den Artikel eines Aboriginal-Autors, J. T. Patton, der das Leben der australischen Ureinwohner in all seiner Härte ohne romantische Verklärung beschrieb: Meine Kindheitsträume über ein paradiesisches Leben zerplatzten wie Seifenblasen!

„Man hat uns die Selbstachtung genommen und versucht, uns auszulöschen", schrieb Patton in einer älteren Ausgabe der *Abo Call,* der ersten Zeitung für Aborigines, die er 1938 gegründet hatte. „Man hat uns eine ‚sterbende Rasse' genannt, aber wir haben nicht die Absicht zu sterben. Wir wollen leben und unseren Platz als gleichberechtigte Bürger in der australischen Gesellschaft übernehmen. Die Gemeinschaft der Weißen muß einsehen, daß wir, genau wie sie selbst, menschliche Wesen sind. Wir wollen nicht zurück in die Steinzeit. Und wir verlangen nicht Gnade, sondern Recht. Auf dieses große Ziel wollen wir hinarbeiten, egal, wie viele Jahre es dauert."

J. T. Patton, so erfuhr ich, war einer der Gründungsväter der Bürgerrechtsbewegung der Aborigines. Ebenso wie Gandhi in Indien und Martin Luther King in den USA hatte man ihn oft verhaftet, weil er sein Volk immer wieder zur Wahrung seiner Rechte ermuntert hatte. Viele tausend Kilometer von Australien entfernt lebend, hat erst eine Zufallsbegegnung im Dezember 1991 Pattons Welt mit meiner zusammengebracht. Auf einer Konferenz von Eingeborenenführern in Paris wurde ich einer Aboriginal-Frau vorgestellt: Pauline Gordon, der Tochter von J. T. Patton.

„Ich bin ein ganz normaler Mensch, der durch die Weltgeschichte reist und mit Leuten spricht – mal hier, mal dort", erzählte sie mir. „Ich gehöre zum Stamm der

Dieser australische Eingeborene hat eine große Goanna-Eidechse gefangen, eine traditionelle Delikatesse.

Alter Aboriginal. Cecil Patton sagt: „Solange die australische Regierung die Souveränität der Aborigines nicht anerkennt, können sie reden, so lange sie wollen. Wir werden kämpfen, bis wir unsere Unabhängigkeit wiedererlangt haben."

Bunjalung an der Küste von New South Wales; das ist meine Heimat. Meine Mutter hat das Opossum als Totem, mein Vater hatte die Goanna-Echse, und mein Mann hat den Dingo. Er sagt immer, ich rede zuviel."

Und reden kann sie wirklich. Während des Mittagessens plauderte Pauline mit warmer Stimme und lebhaftem Akzent über alles mögliche, von den Träumen der Aborigines, ihren Festen und Riten, bis zur Geburt ihrer Enkel. Ihr Bruder Cecil arbeitet in der Rechtsberatung für Ureinwohner in Sydney. Ihre Söhne Kenny und Shane, die sich dem Initiationsritus ihres Stammes unterzogen haben, spielen das Didgeridoo und malen. Ich spürte, daß Paulines ganze Familie auf die eine oder andere Art die Arbeit fortführte, die J. T. Patton vor 60 Jahren begonnen hatte. Unser Mittagessen dauerte 7½ Stunden – mein persönlicher Rekord! Und als wir uns verabschiedeten, bestand Pauline darauf, daß ich ihre Familie in Australien einmal besuchen müsse.

Und tatsächlich: Im darauffolgenden März flog ich nach Sydney, und von dort weiter die Ostküste hinauf nach Grafton. Auf dem letzten Teil meiner Reise saß eine gutgekleidete Frau neben mir im Flugzeug. Wir kamen ins Gespräch, und ich erzählte, daß ich Freunde in einem Fleckchen namens Baryulgil besuchen wolle. „Wie ist es da denn so?" fragte ich dann.

„Aber . . . da ist doch gar nichts", stotterte sie und konnte es gar nicht fassen, daß jemand nach Australien kam, nur um ein Dorf der Aborigines zu besuchen. „Da müssen Sie sich in acht nehmen; ich bin nur 50 km von Baryulgil aufgewachsen und noch nie dort gewesen."

„Wie denken denn die Leute hier über diese Aborigines?" wollte ich wissen.

„Tja, manche wollen sie dort vertreiben, andere warten, daß sie von selbst verschwinden, und andere, so wie ich, gehen ihnen einfach aus dem Weg."

Auf der Fahrt nach Baryulgil kam ich durch einige der schönsten Landschaften, die ich je gesehen hatte. In allen Grünschattierungen schimmerte das Land: Goldgrün die weiten Wiesen und Weiden und silbergrün die Blätter der Gummibäume. Dunkle Fichten sprenkelten die Hügel, und glitzernde Bächlein plätscherten durch die Täler. Hin und wieder flatterten bunte Papageienpärchen kreischend vorbei.

Als ich die kleine Siedlung von Baryulgil erreichte, führten mich Pauline, ihr Mann Linc und ihre Söhne gleich zu einem Fluß, der sich in der Nähe durch sein glattgewaschenes Felsbett wand. Die Söhne sprangen barfuß von Stein zu Stein. Auf einem größeren Felsen in der Mitte des Flusses begann Shane, auf seinem Didgeridoo zu spielen; geheimnisvolle Töne mischten sich ins Rauschen des Wassers. Als er das hohe Ende des Instrumentes in einen Felsspalt hielt, änderte sich der Ton zu einem tiefen Summen, das direkt aus der Erde zu kommen schien. Der Stein wurde zur Verlängerung des Instrumentes, der Musik und des jungen Musikanten selbst.

Pauline erklärte mir: „Ein altes Sprichwort der Aborigines sagte: ‚Nicht das Land gehört uns,

Der Aboriginal bemalt sein Gesicht für den Tanz mit hellem Ocker.

sondern wir gehören dem Land.' Wir sehen uns als Hüter dieses Landes; für uns ist es mehr als nur Steine und Erde. Es ist die ganze Schöpfung. Alles Land, das Wasser und die Luft, das Leben und die Menschen, all diese Dinge sind in der Traumzeit miteinander verbunden. Aborigines sind Teil des Landes, und das Land ist Teil von ihnen. Nimmt man uns das Land, nimmt man uns einen Teil von uns selbst."

Am 26. Januar 1788 erreichten die Europäer die Bucht von Sydney. Die ersten Siedler, zumeist britische Strafgefangene in der Verbannung, sahen im weiten Australien nur eine *Terra Nullis*, ein leeres Land. Anders als die wehrhaften Maori leisteten die sanftmütigen Aborigines den Eindringlingen keinen nennenswerten Widerstand. Deshalb verschwendeten die Weißen auch keine weitere Zeit mit Verträgen oder Vereinbarungen. J. T. Patton schrieb dazu: „Seit den ersten Siedlern von 1788 hat die britische Krone unser Land fortgesetzt gestohlen – ohne Vertrag, ohne Bezahlung und ohne jegliche Entschädigung." Heute, 200 Jahre später, gilt *Terra Nullis* weiterhin als das Leitprinzip australischen Rechts. Und immer noch leiden die Aborigines unter den menschenverachtenden Untaten, die im Namen der *Terra Nullis* begangen werden.

„Sie nannten unser Land *Terra Nullis*, weil sie ihren Raub rechtfertigen wollten", sagt Pauline. „Und welche Chance hatten die alten Abos gegen die Gewehre der Weißen? Die Siedler schlachteten uns einfach ab. Wie Tiere stufte man uns ein – Känguruhs oder Dingos. Genau dagegen hat mein Vater sein ganzes Leben gekämpft. Die Weißen erschossen die Schwarzen völlig willkürlich. Oder sie ertränkten sie in einem Fluß oder gaben ihnen pockenverseuchte Decken zum Schlafen. In den ersten Jahren gab es hier noch keine weißen Frauen, also befriedigten die Siedler ihre Lust an schwarzen Frauen. Der schwarze Mann war machtlos; stumm mußte er die Vergewaltigung seiner Frau mit ansehen. Die Verachtung der Weißen kannte keine Grenzen."

Die Demütigung war um so schlimmer, als die Aborigines ihre eigene Geschlechtlichkeit strengen Verhaltensregeln unterwarfen. Babies entstanden in ihrer Vorstellung nicht allein aus einer Verbindung von Mann und Frau, sondern auch aus einem Traumort irgendwo im Land. Pauline erzählt: „Eines Tages fragte ich meine Mutter: ‚Mama, wo ist denn mein Traumort?' Sie führte mich in die Berge und zeigte mir einen Wasserfall. ‚Dies ist dein Traumort', sagte sie mir. ‚Wenn du stirbst, wirst du dorthin zurückkehren und für immer dableiben. Du wirst im Wasserfall fortleben und wie die Geister deiner Vorfahren das Kommen und Gehen der Jahreszeiten beobachten. Du wirst ein Teil des Landes sein.' Darum lehren wir die Menschen auch, das Land nicht zu verletzen; jede Wunde, die wir dem Land zufügen, schneidet in unsere eigenen Körper."

Diese enge Verbindung der Aborigines zum Land begann mit ihren Ahnen der Schöpfung. Diese schwebten über der Erde, formten die Berge, ebneten die Wüste, schufen Flüsse, Bäume und Bäche. „Als die Schöpfung vollendet war", erzählte Pauline, gerade so, als ob sie dabeigewesen wäre, „kehrten die mächtigen Wesen in eben diese Flüsse, Bäume und Schluchten ein. Das Land ist also nicht leer, sondern voller Leben – dem Leben unserer Ahnen.

Wenn Weiße einige Schwarze am Lagerfeuer sehen, denken sie: ‚Jetzt schaut euch diese faule Bande an.' Aber im Leben der Aborigines ist das Lagerfeuer sehr wichtig. Früher saßen die Stammesältesten und die initiierten Männer auf einer Seite des Feuers. Jedes Kind hatte seinen Platz. Und wenn die Männer von der Jagd zurückkamen, erzählten sie mit einem Tanz, was sie erlebt hatten. Das ganze Dorf schaute zu und freute sich mit den Jägern. Dann sprang der nächste auf und führte einen Tanz vor oder erzählte eine Geschichte.

Die Menschen lernten, nur das zu nehmen, was sie brauchten. Sie töteten nicht ein halbes Dutzend Kängurus und hängten sie zum Dörren auf. Jeden Tag aufs neue gingen sie auf die Jagd und teilten die Nahrung mit ihrem Stamm. Egoismus war die Sünde schlechthin; alles wurde miteinander geteilt.

Heute tragen wir zwar Kleidung, aber vieles machen wir noch so wie unsere Vorfahren. Nahrung tauschen zum Beispiel. Wenn wir im Frühling an einem Fluß unser Lager errichten, schlägt einer von uns vielleicht vor: ‚Laßt uns den Leuten flußabwärts doch etwas Fleisch bringen und gegen Früchte oder Muscheln tauschen.'"

Viele junge Aborigines wurden dem Stammesleben durch eine verhängnisvolle Politik der Assimilierung entrissen, bei der kleine Kinder per Regierungsbeschluß ihren Eltern weggenommen und in Internate geschickt wurden. „Wir wurden regelrecht entführt – Tausende in ganz Australien. Und alles natürlich im geheimen", erzählt Pauline mit überschlagender Stimme. „Ich werde den Tag nie vergessen, als man mich und meine Schwester in den Zug steckte, der mich von zu Hause fortbrachte. Ich war doch erst acht und fragte meine Mutter: ‚Was ist denn mit uns, Mama? Warum sind sie so schlecht zu uns? Ist es denn falsch, ein Aboriginal zu sein?'"

In meinen Gesprächen für dieses Buch habe ich diese Geschichten immer wieder gehört. Von Amerika über Afrika und Indonesien bis nach Australien scheinen die herrschenden Regierungen stillschweigend übereinzustimmen, daß man eingeborene Kulturen am wirkungsvollsten durch ihre Kinder zerschlagen kann.

Pauline lebte bis zu ihrem achtzehnten Lebensjahr in einem Mädcheninternat. „Man kann das von zwei Seiten sehen", sagt sie heute. „Einerseits hat mir das eine gute Ausbildung gebracht. Andererseits frage ich mich: ‚Ausbildung wozu? Um die Technik des weißen Mannes zu lernen, mein Volk, mein Land zu vernichten?' *Unsere* Erziehung, die Erziehung der Aborigines, lehrte das Überleben, das friedliche Miteinander von Mensch und Natur. *Ihre* Erziehung will uns die Seele der Weißen einpflanzen.

Die Welt heute ist die Welt des weißen Mannes, das ist mir völlig klar. Wir können nicht mehr im blutigen Buch der Geschichte zurückblättern. Aber wir können immer noch darum kämpfen, unsere Sprache und unsere Selbstachtung zu erhalten. Die Regierung schustert irgendwelche Programme zusammen, die natürlich nicht funktionieren. Und warum funktionieren sie nicht? Weil die weißen Machthaber unser Elend selbst verschuldet haben. Aber das wollen sie einfach nicht verstehen. Und wir kommen keinen Schritt voran. Eigentlich sehen wir uns schon als die letzte Generation."

Manchmal ging ich mit Linc und seinen beiden Söhnen in den Regenwald; weiches Licht schimmerte durch die Blätter, und winzige Vögel, unsichtbar in den Kronen verborgen, meldeten unsere Ankunft mit schrillem Pfeifen. Einmal schreckte ich einen riesigen Aal aus seinem schattigen Uferversteck, als ich durch das kalte, klare Wasser eines Flusses watete. Und eines Abends führten mich Kenny und Shane zu einer abgelegenen Lichtung an einem Flußufer. Dort, am Lagerfeuer unter funkelnden Sternen, tauchten wir ein in die jahrtausendealte Geschichte der Aborigines. „Die Australier haben keine Ahnung, daß wir all diese Dinge lebendig halten", sagte Shane. „Wie es die Tradition unseres Stammes gebietet, bleiben unsere Erlebnisse und Erfahrungen dieser Nacht verschlossen in unserer Erinnerung und der Unendlichkeit des Sternenhimmels."

Später sagte mir Pauline: „In der Welt des weißen Mannes können wir diese Traditionen kaum noch halten; zu lange wurde unsere Kultur

Aboriginal-Frauen beim Malen. „In den Augen der Aborigines ist das ganze Land lebendig", erklärt Pauline Gordon. „Die Berge und Landschaften erzählen uns Geschichten aus der Zeit ihrer Schöpfung."

bedrängt. Und noch heute versuchen sie, uns in ihre Welt aufzusaugen."

Dann sprach Pauline über ein Gefühl, das ich zum ersten Mal vor langer Zeit an den Küsten des Beringmeeres hörte. „Bitte versucht doch zu verstehen, daß wir auf eine Art leben wollen, die etwas anders ist als eure", hatten die Stammesältesten der Yup'ik aus Nightmute damals gesagt, und dieser Wunsch ist allen Ureinwohnern gemeinsam. Warum fällt es den Mitgliedern einer dominanten Kultur, auch meiner eigenen, so schwer, andere Menschen so zu akzeptieren, wie sie sind? Viele Ureinwohner halten diese Weigerung schlicht für Anmaßung. Aber unter der Überheblichkeit scheint sich auch Angst zu verbergen – die Angst, wir könnten weniger wichtig werden, wenn wir andere Lebensweisen gleichberechtigt bestehen lassen. Ich fragte Pauline, ob sie und ihre Familie jemals Verbitterung empfänden.

„Das ist ja das Merkwürdige: Aborigines kennen keinen Haß; dieses Gefühl ist uns fremd. Was ich ihnen aber nicht verzeihe, sind all die gestohlenen Jahre, die ich mit meinem Vater hätte haben können. Er starb, kurz nachdem ich aus dem Internat zurückkam.

Aber ich weiß noch, wie er uns sagte: ,Also, Kinder, kommt mal her. Siehst du den Stern da oben, Pauline?' Ich fragte: ,Wo?' ,Dort, neben dem Mond', sagte er. ,Beobachte ihn jeden Abend; er wird immer näher an den Mond rücken, und eines Nachts wird er die Spitze der Sichel küssen.' Dann erzählte er mir die Märchen und Traumgeschichten über diesen Stern und seinen Weg am Himmel.

So fremd uns Verbitterung ist, so gut kennen wir Trauer. Schau dir an, wohin diese wahnsinnige Anpassung geführt hat: Unsere Kinder betrinken sich sinnlos oder hängen an der Nadel. In den Slums von Sydney schlucken sie Drogen und Tabletten. Das macht mich traurig. Meine beiden Söhne führen diese Kinder durch den Busch und zeigen ihnen, wie man jagt oder nach Schildkröten taucht. Die jungen Schwarzen in den Städten verlieren viel zu rasch den Kontakt zu ihren kulturellen Wurzeln. Sie wissen nur so ungefähr, wer sie sind, aber sie brauchen mehr vom Geist der Aborigines in sich. Wir müssen ihnen dieses Lebensgefühl einimpfen."

Wieder einmal kamen mir die jungen Eskimos in den Sinn, die sich im hohen Norden zu Tode trinken und spritzen. Ich dachte an die zornige Jugend Südafrikas, die sich in ihrer Verzweiflung untereinander bekämpft. Ich dachte an die jungen Schwarzen der amerikanischen Großstädte, die sich in sinnlosen Bandenkriegen töten.

Und ich dachte an meinen Freund Harold Napoleon und seine Trauer über den Verlust seines Sohnes. Meine Reisen und die vielen tiefen Gespräche bestätigten mir immer wieder, daß die bürokratisierte Verachtung durch die Machthaber eine gewaltige Zerstörungskraft enthält, wenn die Menschen sie in ihr Wesen aufnahmen.

Kurze Zeit später besuchte ich Paulines Bruder Cecil in seiner Rechtsberatung für Aborigines in Sydney. Wir sprachen über das „Versöhnungsangebot" der Regierung, um das „Aboriginal-Problem" zu lösen.

„Klar, jetzt tönen sie über Versöhnung", sagte er in seiner sanften Stimme, die an seine Schwester erinnerte. Trotz des Grauschimmers im Haar war Cecil voll jugendlichen Elans. „Versöhnung setzt doch voraus, daß es irgendwann einmal eine Art von Freundschaft zwischen uns und den Siedlern gegeben hat. Aber diese Grundlage fehlt: Wir hatten nie Verträge oder Abkommen. Genau das wollen wir aber; nur muß uns die Regierung zunächst als selbständiges Volk anerkennen, sonst ist kein Vertrag möglich. Das ist der springende Punkt. Bevor man uns nicht als Menschen anerkennt, können wir über so etwas wie ,Versöhnung' nicht sprechen."

Die Versöhnung kommt natürlich für all jene zu spät, die schon verschwunden sind, deren Lieder und Weltbilder sich in der Geschichte verloren haben. Als die Europäer in Australien landeten, lebten dort 250 Aboriginal-Kulturen mit ihren eigenen Sprachen. 100 dieser Sprachen haben überlebt, aber 90 davon stehen kurz vor dem Verschwinden. Nach 200 Jahren eines brutalen Rassismus hat sich die düstere Prophezeihung der *Terra Nullis* fast erfüllt.

Und dennoch: Bevor ich zurück nach Alaska reiste, nahm Pauline mich zur Seite und sagte: „Art, ich will dir das sagen, was ich auch meinen Kindern sage. ‚Unsere Kultur ist nicht tot. Wir haben sie nie aufgegeben, und sie lebt mit uns weiter.' Das Land und die ewigen Gesetze sind noch hier. Sie leben. Draußen im Busch kannst du es spüren. Oh, mein Gott, manchmal könnte ich darüber in Tränen ausbrechen. Es ist ein so mächtiges spirituelles Gefühl, das dich bescheiden macht.

Weißt du, jeder Abo ist ein Stich ins Gewissen des weißen Mannes. Sie haben ihr Möglichstes getan, uns hinwegzufegen, aber es ist ihnen nicht gelungen. Wir sind immer noch da, und trotz ihrer Mühe, uns zu erziehen und anzupassen, sind wir immer noch stolze Aborigines."

Eingeborene Kinder.

EINE WELT FÜR ALLE

Als ich vor einigen Jahren mit der Arbeit an diesem Buch begann, hoffte ich, daß 1993 – das Jahr der bedrohten Völker – zu einem Wendepunkt im Überlebenskampf dieser Völker werden könnte. Aber seither haben die Mitgliedsstaaten der UNO außer hehren Absichtserklärungen wenig Konkretes geleistet, um die Rechte und Wünsche eingeborener Völker zu respektieren. Wir sind weit davon entfernt, den Fortbestand ihrer Kulturen zu gewährleisten – ja, wir fangen gerade erst an, das Ausmaß des Problems zu begreifen.

Schätzungen sprechen davon, daß jedes Jahr 200 000 Ureinwohner getötet werden – 200 000 Opfer eines fortgesetzten Mordens, und Millionen werden gedemütigt, gefoltert und von ihrem Land vertrieben. Linguisten sagen voraus, daß nicht einmal die Hälfte der gegenwärtig 6000 Sprachen dieser Welt die Generation unserer Kinder überdauern wird; vermutlich werden sogar 90 Prozent im kommenden Jahrhundert verschwinden. Das vielleicht Erstaunlichste an diesem Verlust menschlichen Kulturgutes ist, daß er kaum jemanden zu stören scheint. Nordamerika, zum Beispiel: Dort sind in den letzten 30 Jahren 51 Sprachen ausgestorben. Aber wer könnte auch nur eine benennen oder wüßte, wer die Menschen waren, die diese Sprache sprachen?

Wann werden wir den sprichwörtlichen Schlußstrich ziehen und sagen: „Jetzt reicht es?" Natürlich haben wir kein Patentrezept, keinen Schnellverband, um dieses Ausbluten der Menschheit sofort aufzuhalten. Aber Sprecher der Ureinwohner haben immer wieder darauf hingewiesen, daß wir uns in wichtigen Einzelschritten dem Ziel nähern können. Die UNO müßte endlich eine eindeutige Erklärung der Rechte eingeborener Völker abgeben. Multinationale Konzerne müßten regelmäßig die Auswirkungen ihres wirtschaftlichen Handelns auf die Ureinwohner prüfen. Die Industrienationen in Europa, Asien und Nordamerika könnten ihre Finanzhilfen an diejenigen Länder einstellen, in denen die Menschenrechte Eingeborener verletzt werden. Die Weltreligionen sollten anfangen, den Glauben, die Lieder und die Tänze der Ureinwohner zu respektieren. Die Weltbank und andere Kreditgeber müßten ihre wachstumsbesessene Weltsicht überdenken, die alle Entscheidungen bestimmt und die so viele eingeborene Völker in ihrer Existenz bedroht. Und jeder von uns könnte seine Regierung auffordern, das Land, die Lebensweise und die Religionsfreiheit der Ureinwohner zu schützen.

Ich fürchte jedoch, daß selbst die besten Gesetze, Vereinbarungen und Initiativen nur eingeschränkt wirken werden, wenn die Menschen nicht lernen, ihre Mitbürger zu achten und zu schätzen. Diese unsere humanitäre Verpflichtung muß zu Hause beginnen – bei den Kindern in den Schulen und in unserer Nachbarschaft. Nur wer Toleranz und Respekt im Alltag lebt, wird in der Lage sein, auch für die Weltgemeinde Verantwortung zu übernehmen.

Im weltumspannenden Handeln unserer Staaten und Wirtschaftsunternehmen verschwimmen die Grenzen dieser Verantwortung. In der hektischen Betriebsamkeit unseres eigenen Lebens entgeht uns allzu oft, was auf der anderen Seite der Erde geschieht. Dabei handeln wir nicht vorsätzlich und aus Bosheit, sondern uns fehlt einfach noch die Fähigkeit, Fremdes zu verstehen, das uns in der zusammenwachsenden Weltgemeinschaft immer häufiger begegnet.

Aber ist uns das Fremde denn wirklich so fremd? Streben wir nicht fast alle nach denselben Zielen – unsere Familien zu ernähren, zu schützen und zu kleiden, unsere Kinder in Frieden großzuziehen und in einer sauberen und gesunden Umwelt zu leben? Eingeboren oder nicht – wir alle wünschen uns Sicherheit und das Gefühl, nach unserem eigenen Verständnis leben zu können. Pauline Tangiora aus Aotearoa sagte mir einmal: „Europäer haben sich immer gegen das Gefühl gewehrt, zu uns zu gehören. Aber auch sie sind Menschen unserer Erde. Es ist Zeit, die Grenzen einzureißen und zu sagen: ‚Komm, mach mit.‘ Wenn ihr unsere Maori-Welt kennenlernt, unsere Sprache und unsere Denkweise, dann gewinnen wir beide. Denn eure Welt mußten wir bereits erfahren."

Also scheint die Lösung des Problems der kulturellen Völkervielfalt im Prinzip überwältigend einfach: Wir müssen erkennen, daß erst aus der Vielfalt die große Kraft der Menschheit entspringt, und dann gemeinsam daran arbeiten, diese Vielfalt zu erhalten. Wie sagte doch eine Aboriginal-Frau zu einigen wohlmeinenden Australiern: „Wenn ihr gekommen seid, uns zu erretten, dann geht wieder nach Hause. Wenn ihr aber gekommen seid, unsere gemeinsamen Probleme mit uns zusammen zu lösen, dann laßt uns gleich anfangen."

PARTNER IM KAMPF FÜR DIE RECHTE DER UREINWOHNER

Wenn dieses Buch Ihnen einen Anstoß dazu geben konnte, sich für die Grundrechte eingeborener Völker einzusetzen, dann wenden Sie sich bitte an eine oder mehrere der nachstehend aufgeführten Organisationen. Die meisten veröffentlichen sorgfältig recherchierte Berichte, Info-Briefe und Termine für geplante Aktionen. Alle leisten gute und ehrliche Arbeit und freuen sich über jede Unterstützung.

Gesellschaft für bedrohte Völker (GfbV) – Deutschland
Postfach 2024
D-37010 Göttingen
Tel.: 05 51-49 90 60
Fax: 05 51-5 80 28

Gesellschaft für bedrohte Völker (GfbV) – Österreich
Mariahilfer Str. 105/2/13
A-1060 Wien
Tel.: 00 43-222-5 97 11 76
Fax: 00 43-222-5 97 37 43

Gesellschaft für bedrohte Völker (GfbV) – Schweiz
Sennweg 1 (Länggasse)
CH-3012 Bern
Tel.: 00 41-31-24 85 55
Fax: 00 41-31-24 85 55

Die Gesellschaft für bedrohte Völker (GfbV) mit ihren Sektionen in Deutschland, der Schweiz, Österreich, Italien (Südtirol) und Luxemburg ist eine unabhängige Menschenrechtsorganisation und eine der wenigen Institutionen im deutschen Sprachraum, die sich für die Rechte verfolgter Minderheiten und Stammesvölker einsetzt. Sie wendet sich gegen Völkermord (Genozid) und gegen die kulturelle Unterdrückung von Minderheiten (Ethnozid).

Centre for Human Rights
Vereinte Nationen
Palais des Nations
CH-1211 Genf 10
Fax: 00 41-22-9 17 01 23

Die Hauptaufgaben der UNO-Organisation Centre for Human Rights sind die übergreifende Koordination aller Organisationen, die sich für bedrohte Völker einsetzen und deren Rechte verteidigen, sowie die Informationsverbreitung über deren Arbeit und die Situation der bedrohten Völker. In dieser Funktion hat das Centre for Human Rights die Organisation des internationalen Jahres für bedrohte Völker 1993 übernommen.

Amnesty International
322 8th Avenue
USA – NY, New York 10001
Tel.: 001-212-2 91 92 33

Amnesty International wendet sich direkt an die Regierungen und drängt sie, Verträge und internationale Vereinbarungen zum Schutz der Menschenrechte zu erfüllen.

Cordillera Peoples Alliance
Lock Box 596 GARCOM-Baguio
P.O. Box 7691 DAPO 1300
Pasay City
Philippinen

In der Cordillera Peoples Alliance haben sich Aktivisten für die Rechte und den Schutz der Igoroten zusammengeschlossen. Die C.P.A. informiert Sie gern über ihre Arbeit und ist für jede Hilfe im Kampf der philippinischen Urbevölkerung dankbar.

Endangered Peoples Project
Box 1516 Station A
Vancouver, British Columbia V6C 2P7
Kanada

Das Endangered Peoples Project wurde von einigen Natur- und Menschenrechtsschützern gegründet, die sehr wirkungsvolle Aufklärungsarbeit in den unterschiedlichsten Regionen geleistet haben, z. B. in Sarawak, Papua-Neuguinea, Brasilien, Guatemala und Zaire.

Human Rights Committee for Non-Burman Nationalities
P.O. Box 118
Chiang Mai 50000
Thailand

Diese Organisation arbeitet im thailändischen Exil; sie kämpft für die Menschenrechte der eingeborenen Völker in Birma.

Indian Council of Indigenous and Tribal Peoples
28 Mahadev Roaqd
New Delhi 110001
Indien

Eine nichtstaatliche Vereinigung, die mit zahlreichen Volksgruppen in ganz Indien zusammenarbeitet und wichtige Informationskampagnen durchführt oder direkte Hilfe leistet.

Indigenous Survival International
298 Elgin Street, Suite 105
Ottawa, Ontario K2P 1M3
Kanada
Tel.: 001-613-2 30 36 16
Fax: 001-613-2 30 35 95

Diese Organisation arbeitet mit Ureinwohnern in Alaska, Kanada und Grönland zusammen, um die Traditionen der Völker des Nordens zu erhalten.

International Working Group for Indigenous Affairs
Fiolstraede 10
1171 Kopenhagen K
Dänemark
Tel.: 00 45-33-12 47 24
Fax: 00 45-33-14 77 49

Die IWGIA deckt die Unterdrückung eingeborener Völker in der ganzen Welt auf. Sie recherchiert und veröffentlicht Unterlagen, Info-Briefe und Jahrbücher, in denen die aktuelle Lage vieler Ureinwohner umfassend dargestellt und analysiert wird.

OPM (Free Papua Movement)
P.O. Box 1 15 82
The Hague
Niederlande

OPM arbeitet im Exil für die Befreiung und die Rechte von über 300 Stämmen in Westpapua-Neuguinea.

Survival International
310 Edgeware Road
London W2 1DY
Großbritannien
Tel.: 00 44-71-7 23 55 35
Fax: 00 44-71-7 23 40 59

Survival International unterstützt bedrohte Völker durch Lobby-Arbeit mit Regierungen und Vor-Ort-Demonstrationen. Die Gruppe veröffentlicht über ihre Büros in England, Italien, Frankreich und Spanien Berichte, Info-Briefe und Hinweise zu geplanten Aktionen.

Vicente Menchú Foundation
Box 5274
Berkeley, California 9 47 05
USA
Tel.: 001-510-5 48 64 95

Die Stiftung wurde von Rigoberta Menchú gegründet; sie erstrebt friedliche Lösungen für kriegerische Konflikte und setzt sich für Menschenrechte ein. Die Stiftung sucht Unterstützung für Projekte zum Schutz kultureller und ethnischer Identität, von Menschenrechten, Landreform und Naturschutz.

World Council for Indigenous Peoples
555 King Edward
Ottawa, Ontario K1N 6N5
Kanada
Tel.: 001-613-2 30 90 30

Die WCIP wurde 1975 gegründet, um die soziale, kulturelle und politische Entwicklung von Ureinwohnern zu fördern. Die Organisation untersucht die Möglichkeiten einer sanften Wirtschaftsentwicklung und den Einfluß von nationalen und internationalen Projekten auf eingeborene Völker.

DANKSAGUNGEN

Für ihren Rat, ihre Hinweise und ihre Ermutigung danke ich Julian Burger, Jens Dahl, Minnie Degawan, Joe Friday, Elias Frenier, Pauline Gordon, Linda Gunnarson, Sarah James, Viktor Kaisiepo, Patricia Locke, Harold Napoleon, John Pinguyak, Jorge Terena, Mutang Urud, Marie Vasquez und Terangi Wharamate.

Dieses Buch hätte ohne die engagierte Teamarbeit einiger kreativer Leute nicht entstehen können. Besonders mein Verleger Ion Beckman von Sierra Club Books hat unser Projekt in jeder Phase unterstützt. Die Redakteure Suzanne Lipsett, Danny Moses und David Spinner haben, ebenso wie die Produktionsassistenten Daniella Gayle und Daphne Hougard sowie unser Setzer Steve Wozenski, Nächte und Wochenenden geopfert, um Abgabetermine einzuhalten. Es war eine Freude, mit dem ideenreichen Designer Charles Fuhrman zusammenzuarbeiten. Und mit den Fotografen! Art Wolfe und John Isaac überließen uns ihre Bilder kostenlos, während die anderen Fotografen ihre Honorare deutlich senkten, um dieses Buch zu stützen.

Dazu kommt die Hilfe vieler anderer. Besonders hervorheben möcht ich die Beiträge von Teresa Aparicio, Marren Bisilliat, Simon Brascoupe, Brad Bunnin, Jason Clay, Cabot Christiansen, Bernard Comrie, Ben Davis, Wade Davis, Jim Ennis, Mark Faeo, Candice Fuhrman, Dieter Hagenbach, Thom Henley, Holly Henning, Shane Kennedy, Lindsay Knight, Michael Krause, Roxanne Kremer, Diana Landau, Heidi Larson, Rachel Lund, Finn Lynge, Ian MacKenzie, Donna Manders, Jerry Mander, Pat Meyer, Betty Mindlin, Charles Murphy, Bill Namagoose, Herb und Sandy Newburger, Shiro Nishimae, Jim Parrish, Cecil Patten, Bill Perry, Chris Peters, Dalee Sambo, Karen Serieka, Tom Sexton, Richard Siddle, Tammie Smith, Beth Stienhorn, Nigil Tairua, Pauline Tangiora, Jim und Jan Thurston, Don Williams, Samantha Delay Wilson und Yuko Yoneda.

Zum Schluß einen besonderen Dank an Anna Phillip, eine engagierte Yup'ik-Streiterin, die meinem Leben während der Arbeit an diesem Buch wichtige Impulse gab.

BILDQUELLEN

Art Wolfe: Vorwort II-III, V, VIII, Ishi 11, Gwich'in 24, 27, 28, Anden 62, 64, 68, 69, Amazonien 70, 73, 74, 79, Afrika 80–81, Madagaskar 96, 98, 99, 101, 103, 104–105, Tibet 116, 117, 118, 119, 121, 123, Ainu 124, 127, 130, Sarawak 132, 137, 139, Pazifische Inseln 154, 158, 161, Indonesien 170, 173, 174, 177, 179, Marori 183, 185, Aborigines 186, 188, 191
John Isaac: Anden 67, Tuareg 82, 85, 86, 87, Massai 88, 91, 92, Tibet 114, Südostasien 140, 142, 143, 144, 145, 146, 149, 151, Igoroten 162
Art Davidson: Indianer Amerikas 42, Amazonien 76, Sarawak 134
Lionel Delevigne: Ishi 9, 13, Cree 35, 39
Paul Dix: Mittelamerika 56
Mark Downey: Vorwort x, Mittelamerika 61, Igoroten 165
Robert C. Gildart: Gwich'in 29, 31
Bob Hallinen/*Anchorage Daily News:* Yup'ik 18, 23
Erik Hill/*Anchorage Daily News:* Yup'ik 17, 20
Daphne Hougard: Pazifische Inseln 153–154
Ivan Hunter: Ishi 13
Cindy Karp/Black Star: Mittelamerika 52
Paul Liebhardt: Mittelamerika 55
Robert Madden/National Geographic Society: Amazonien 75, 77
Geoff Mason/Keylight: Maori 180
David Moore/Black Star: Aborigines 189, 193
National Geographic Society: Lateinamerika 50–51
Lito C. Ocampo: Igoroten 169
Photo Researchers: Ainu 128
Myron Rosenberg: Yup'ik 14, 19, Rußland 106, 110, 113
Kyle Rothenberg: Pazifische Inseln 157
Paul Souders/*Anchorage Daily News:* Rußland 109
Don B. Stevenson: Indianer Amerikas 49
Mario Tapla/Contact Press Images: Mittelamerika 59
R. Dixon, mit Genehmigung des Department of Library Services, American Museum of Natural History: Ishi 6
Fred Ward/Black Star: Cree 32
Ted Wood: Nordamerika 4–5, Indianer Amerikas 40, 45, Massai 95